MÉRIMÉE

ET

SES AMIS

OUVRAGES DU MÊME AUTEUR
PUBLIÉS PAR LA LIBRAIRIE HACHETTE ET Cie

BIBLIOTHÈQUE VARIÉE

AMOURS ANGLAIS, nouvelles. 1 vol.

CONTES DU CENTENAIRE, nouvelles. 1 vol.

VIOLETTE MÉRIAN, roman; 2ᵉ édition. 1 vol.

LE CHEMIN QUI MONTE, roman. 1 vol.

NOS GRANDS-PÈRES; 2ᵉ édition. 1 vol.

Chaque volume in-16, broché : 3 fr. 50

HISTOIRE DE LA LITTÉRATURE ANGLAISE. 1 vol. in-16, broché : 6 fr.
Ouvrage couronné par l'Académie française.

PROFILS ANGLAIS, études politiques; 2ᵉ édit. 1 vol. (*Calmann Lévy*).

L'ÉLÈVE DE GARRICK, roman historique. 1 vol. (*Armand Colin*).

Coulommiers. — Imp. PAUL BRODARD.

AUGUSTIN FILON

MÉRIMÉE

ET

SES AMIS

AVEC

UNE BIBLIOGRAPHIE DES ŒUVRES COMPLÈTES DE MÉRIMÉE

Par le Vte de Spoelberch de Lovenjoul

PARIS

LIBRAIRIE HACHETTE ET Cie

79, BOULEVARD SAINT-GERMAIN, 79

1894

Droits de traduction et de reproduction réservés.

A SA MAJESTÉ

L'IMPÉRATRICE EUGÉNIE

*Hommage de respectueuse reconnaissance
et d'inaltérable fidélité.*

PRÉFACE

Je trouve dans mes notes les lignes suivantes, datées de Fontainebleau, août 1868 :

« En entrant dans la Cour des Fontaines, j'ai aperçu l'Impératrice qui venait du jardin anglais. Un vieux monsieur marchait à côté d'elle en regardant les pavés. Mise soignée et même coquette ; pantalon gris, gilet blanc, ample cravate bleu ciel, d'ancien style. Un gros nez à bout carré, de forme curieuse ; le front haché de quatre profondes rides cruciales ; l'œil rond, froid, un peu dur, à l'ombre d'un sourcil épais et derrière le miroitement du pince-nez. L'allure générale très raide. Probablement un diplomate anglais. »

« L'Impératrice m'appelle pour me présenter. C'est Mérimée. »

Mérimée! Je ne sais si le public d'aujourd'hui se rend compte de l'effet que ce nom devait produire sur un normalien de la promotion de 1861. A partir de ce moment je fis tous mes efforts pour obtenir ses bonnes grâces, mais sans succès apparent. Se méfiait-il? Pressentait-il un futur biographe? Je ne le pense pas; mais j'avais vingt-six ans, lui près de soixante-cinq. Jamais vieillard n'a moins fait la cour aux jeunes gens; c'était un des traits nobles de son caractère. Il s'en tenait à ses vieux amis qui, en général, étaient des lettrés plutôt que des littérateurs. Quant à la nouvelle génération, non seulement il ne faisait aucun pas vers elle, mais il ne l'encourageait pas à franchir l'espace qui les séparait. Cependant comme j'avais la confiance de quelques-uns de ceux auxquels Mérimée avait, dès longtemps, accordé la sienne, je me suis trouvé en tiers dans des causeries presque intimes. J'y apportais, avec toute la modestie dont j'étais capable en ce temps-là, une paire d'oreilles très attentives et des yeux qui alors voyaient. Aussi m'est-il possible d'évoquer, comme une personne visible, vivante et toute prochaine, non pas sans doute l'auteur de *Clara Gazul* ou de *Colomba*, mais l'auteur de ce dernier roman de *Lokis* à la lecture duquel j'ai assisté.

Mérimée est mort depuis plus de vingt-trois ans. Le silence s'est fait autour de lui, interrompu à plusieurs reprises par la tardive réception de son successeur à l'Académie et par la publication de ses lettres aux deux « Inconnues » et à Panizzi. Ce silence ne durera pas, et certains symptômes annoncent que le temps approche, qu'il est venu de raconter Mérimée et de le classer, de déterminer son apport dans notre bilan de fin de siècle. De ces deux tâches, j'ai essayé de remplir la première et de préparer la seconde.

Pour étudier l'homme aussi bien que l'écrivain, j'ai dû, en partant de mes propres reminiscences, remonter assez loin dans le passé. Dans cette recherche des documents, j'ai été favorisé au point d'être parfois embarrassé de mes richesses, qui me livraient avec l'histoire d'un caractère celle de toute une époque. Sans parler de beaucoup de précieux témoignages qu'il m'a été donné de recueillir, j'ai pu glaner, après M. le comte d'Haussonville [1], dans la correspondance inédite de l'écrivain avec la comtesse de Beaulaincourt. J'ai eu entre les mains, grâce à l'obligeance de Mlle V. Stapfer, les lettres

---

1. Voir la *Revue des Deux Mondes,* 15 août 1879.

adressées par l'auteur de *Colomba* à son vieil ami de jeunesse, Albert Stapfer (1825-1870). Une très haute et affectueuse confiance, qui est, en ce monde, ma seule fierté, m'a permis de lire la correspondance complète de Mérimée avec la comtesse de Montijo (1839-1870).

Ces études, publiées en grande partie dans la *Revue des Deux-Mondes* (avril-juin 1893), ont attiré l'attention de ceux qui ont connu Mérimée et qui s'intéressent à sa mémoire. Ils ont bien voulu se mettre en communication avec moi et m'envoyer d'utiles renseignements dont je me suis hâté de profiter et dont je les remercie. Je citerai, dans le nombre, M. le comte Nigra, le diplomate érudit dont le long séjour parmi nous a laissé à la société parisienne tant de souvenirs et de regrets, ainsi que M. Bonnaffé, l'écrivain si distingué qui fait autorité en matière d'art. Sur les points où je me sentais le plus faible, le moins documenté, j'ai fait appel à d'indiscutables compétences qui m'ont gracieusement accordé leur concours. C'est ainsi que pour mieux faire connaître l'œuvre artistique de Mérimée, j'ai consulté les souvenirs de M. Émile Bœswillwald, qui a si bien continué cette œuvre et qui est, par conséquent, mieux en état que personne de l'apprécier. Je n'avais pas dit un mot de certaine tentative théâtrale que Mérimée fut amené à faire un peu malgré lui et j'ai pu, dans ce volume, la raconter avec quelque détail, grâce à l'admirable complaisance que j'ai trouvée chez MM. Arsène Houssaye, Jules Claretie et Edmond Got.

Un médecin de Cannes qui a connu personnellement Mérimée, M. le docteur Buttura, dont le nom et la physionomie sont familiers à tous les hôtes de cette station d'hiver, m'a révélé, au sujet des funérailles de Mérimée, des faits curieux qui m'étaient complètement inconnus. Mis ainsi sur la voie, j'ai procédé à une enquête qui m'a été facilitée par Mme veuve Hémon, héritière de miss Lagden et de Mrs Ewers, et, par conséquent, de Mérimée lui-même. J'ai dû, sinon changer le dénoûment de mon récit, du moins modifier quelque peu l'impression sous laquelle mes dernières lignes laissaient le lecteur.

Parmi tous les bienfaiteurs de ce livre — on voit que la liste en est longue, — je dois faire une place à part pour M. le vicomte de Spoelberch de Lovenjoul, qui, après avoir été le plus utile des conseillers, est devenu le plus précieux des collaborateurs. Sa bibliographie inédite de Mérimée est, je crois, la plus complète qui existe. Elle m'avait permis de corriger plusieurs erreurs et de combler diverses lacunes. M. de Lovenjoul me permet d'offrir, à mon tour, au public l'excellent instrument de recherche qu'il avait mis à ma disposition. On trouvera donc cette bibliographie à la fin du volume. Elle ajoute à mon livre ce caractère de précision érudite auquel la liberté du récit, le souci dominant des analyses intimes ou des tableaux de mœurs ne m'avaient permis ni d'atteindre ni même de prétendre.

Qu'ai-je fait de tous les documents livrés avec tant de générosité et de confiance ?

Je n'ai pas été assez maladroit pour découvrir un Mérimée inconnu, mais j'ai tâché de remettre à neuf l'ancien, qui est le seul vrai. Je me suis efforcé d'expliquer d'où il venait, où il allait et où il s'est arrêté, de déterminer son rang d'écrivain, son rôle à part de classique réaliste, son influence comme introducteur des génies étrangers; ses facultés, ses opinions, ses connaissances et dans quel ordre il les rangea; ses défauts, dont quelques-uns étaient charmants, et ses vertus, car il en eut, et, si l'on tient à trouver quelque originalité dans mon travail, je consens à avoir été nouveau sur ce point. J'ai analysé sa façon de goûter la vie, de juger la société et la politique, de comprendre la femme; cette singulière distribution morale d'un cœur fin et d'un esprit passionné; enfin l'étrange destinée qui donna comme scène finale à cette vie de dilettante et d'enfant gâté une agonie tragique, presque héroïque.

En tout et partout, il était homme d'esprit. C'est ce qui donne à une étude de Mérimée le genre d'attrait rétrospectif qui s'attache à l'anatomie et à la physiologie des espèces disparues. Parmi les écrivains qui sont arrivés à la réputation depuis vingt ans, trois ou quatre ont de l'esprit, mais ils en ont trop. Pour les jeunes gens un homme d'esprit est une manière de bouffon qui florissait encore sous le second Empire, un malheureux qui faisait des mots comme le parasite romain, ou des culbutes comme l'homme de joie (*gleeman*) des banquets saxons. On les étonne quand on leur apprend que cette subtile essence se mêlait à tout, même à la religion, même à l'amour ; que l'esprit est proprement la vivacité, rapide et sûre, de la fonction intellectuelle, cette force de projection qui fait de la pensée un « trait » : mot très suggestif dont le sens s'est effacé par l'abus.

Pour être si mal vu, l'esprit a dû commettre bien des crimes. A moins qu'il ne doive cet ostracisme à des raisons connues des Athéniens. Il semble, tout balancé, qu'il a empêché plus de sottises qu'il n'en a inspirées. Telle grosse bêtise qui fait en ce moment son chemin dans le monde des idées aurait été arrêtée au premier défilé par une douzaine de railleurs, armés à la légère, et on n'est pas très tranquille à la pensée de ce qui arrivera lorsqu'il n'y aura plus personne pour se moquer du monde.

« L'esprit sert à tout et ne suffit à rien. »

Qui a laissé tomber ce mot si plein, si précis et si juste? Qui a ainsi jugé l'esprit? Celui des Français qui en a eu le plus. Mérimée, qui ne prendra pas sa place très loin ni très au-dessous de lui, prouve la vérité de la maxime. Lorsqu'il n'est qu'homme d'esprit en certains grands sujets qui ne demandent pas moins de sérieux et de bonne volonté que de puissance intellectuelle, on le pèse et on le trouve trop léger. Mais son esprit est, pour l'érudition du critique comme pour la psychologie du romancier, un incomparable serviteur, un guide sûr, un délicieux compagnon. Cet esprit de finesse et de mesure, je regrette de le dire, a fait entièrement défaut aux maîtres du roman réaliste qui se sont succédé depuis Balzac. De là, peut-être, tous les excès par lesquels ils ont compromis l'école qu'ils avaient fondée. Si l'on veut sauver le réalisme — et je crois qu'il le faut à tout prix, — il n'est pas inutile de remonter par la pensée jusqu'au moment où il venait au monde entre Beyle et Mérimée. Une heure après sa naissance il n'avait pas encore fait de sottises; le monde de l'art et de la vie s'ouvrait tout grand devant lui. Imaginons pendant un instant qu'il en est encore là et cherchons la voie. Les hommes ne peuvent recommencer leur destinée, les idées le peuvent, sans blesser les lois de l'Évolution, à condition qu'aucune expérience ne soit inutile, aucun effort perdu, pas même l'erreur.

Margate, 25 février 1894.

MÉRIMÉE
ET SES AMIS

I

Les parents de Prosper Mérimée. — Enfance et éducation. — Débuts dans le monde. — La chambre d'Etienne Delécluze. — Beyle et Jacquemont.

Dans les dernières années du règne de Louis XV, un avocat au parlement de Normandie, appelé Mérimée, devint l'intendant du maréchal de Broglie. On montrait encore, à Broglie, vers le commencement de ce siècle, « l'appartement de Mérimée ». C'est là que naquit son fils, Jean-François-Léonor, qui fut peintre. Il traversa l'atelier de David pour se faire ensuite l'élève de Vincent. Il manqua le prix de Rome en 1788, mais se dédommagea par quelques succès obtenus aux expositions de 1790 à 1800. On remarqua surtout les *Voyageurs découvrant dans une forêt le squelette de Milon de Crotone*, et une *Innocence nourrissant un serpent*. Cette *Innocence*, gravée par Bervic, paraît avoir été son chef-d'œuvre. Il ne s'en dessaisit point, ni son fils après lui. Elle ornait encore la chambre à coucher de Prosper Mérimée lorsque l'incendie allumé par les insurgés de la Commune détruisit, avec la maison, l'appartement et tout ce qu'il contenait, le 26 mai 1870.

Léonor Mérimée avait-il voulu montrer, en retournant la scène de la *Genèse*, la femme perdue par la pitié bien plus que par l'orgueil, ou l'éternelle fascination que le Vice et la Pureté exercent l'un sur l'autre? Y avait-il là-dessous une philosophie diabolique, une pointe de sadisme latent, ou simplement l'allégorisme un peu forcé dont ce temps faisait ses délices, entre une bataille et un échafaud? Quoi qu'il en soit, le sujet plut par sa bizarrerie et par une sorte de préciosité naïve dans l'exécution.

Il ne semble pas que l'auteur ait retrouvé, une

autre fois, le même succès. On peut voir, de lui, un portrait du Poussin placé au-dessus de la cheminée dans la salle du conseil, à l'École des beaux-arts, et un pan de mur dans la galerie des Antiques, au Louvre : *Hippolyte rappelé à la vie par Esculape*, composition très froide, qui sent la fin d'un talent et d'une école. En somme, c'était un médiocre distingué, un homme intelligent qui avait seulement tort de peindre, un curieux d'art plutôt qu'un artiste. Il s'en aperçut le premier, chose bien particulière et bien rare. Il quitta les pinceaux pour l'enseignement et l'enseignement pour des recherches de cabinet et de laboratoire sur l'histoire de la peinture et la chimie des couleurs. Professeur à l'École polytechnique de 1800 à 1815, secrétaire de l'École des beaux-arts depuis 1807, il donna, en 1830, son livre sur l'*Histoire de la peinture à l'huile depuis Van Eyck jusqu'à nos jours*, et il en préparait une seconde édition lorsqu'il mourut en 1836.

Cette vie n'avait pas été exempte d'aventures. Il avait beaucoup voyagé, surtout en Hollande et en Italie, où Rome le retint longtemps.

D'après une légende, que je ne puis vérifier, il s'y trouvait, en 1793, lorsque Basseville, représentant de la République française, fut massacré par une foule enragée. Menacé comme tous ses compatriotes d'une sorte de Saint-Barthélemy antifrançaise et antijacobine, il aurait été sauvé par une dame, à peu près comme Mergy dans la *Chronique de Charles IX*.

Il avait plus de quarante ans lorsqu'il rencontra, dans une pension où il donnait des leçons, une jeune fille appelée Anna Moreau. Il l'épousa. Elle n'était pas riche, et je ne crois pas qu'elle fût très jolie. C'était un caractère ferme, un esprit prompt, de nature sèche et gaie, comme il convenait à une fille du xviiie siècle (car, les femmes lisant alors très peu, la langueur de Rousseau ne les avait pas gagnées autant que les hommes); très vive, mais prudente; paisiblement et invinciblement irréligieuse, peu perméable à l'attendrissement, bonne, pourtant, de cœur et fidèle à ses devoirs comme à ses attachements. Elle peignait aussi et fort bien. Son talent était de faire des portraits d'enfants. Elle savait non seulement obtenir l'immobilité de ses petits modèles, mais embellir leur visage et animer leurs yeux en leur racontant des histoires : ce dont elle s'acquittait en perfection par une sorte de don héréditaire, étant la propre petite-fille de Mme Leprince de Beaumont, dont les contes ont charmé plusieurs générations d'enfants et qui a écrit *la Belle et la Bête*.

On voudrait au moins l'entrevoir, et voici comment M. Maurice Tourneux, dans une de ses études sur Mérimée [1], répond à notre curiosité : « Un dessin à la mine de plomb, signé de Picot et daté de 1838, représente Mme Mérimée en bonnet fanfreluché, le corsage étroit et haut, les lèvres minces, offrant une ressemblance visible avec son fils. » Ce « bonnet fanfreluché », qui était, sans doute, l'encadrement permanent de sa physionomie, faillit lui coûter la vie. Dans une lettre à la comtesse de Montijo, Mérimée raconte que, sa mère entrant dans une pièce de l'appartement, une bougie à la main, un courant d'air soudain coucha la lumière et mit le feu à ce caractéristique bonnet et à un fichu, qui ne l'était guère

---

1. *Prosper Mérimée, ses portraits, ses dessins, sa bibliothèque*, étude par Maurice Tourneux, Paris, Charavay frères, 1879.

moins. En un moment, la vieille dame fut entourée de flammes. Sans s'émouvoir, sans appeler personne, elle arracha une couverture de son lit, étouffa l'incendie et en fut quitte, grâce à son sang-froid, pour quelques cheveux grillés [1].

Un père artiste, érudit, historien, chimiste, analyste subtil des procédés de son métier, avec cela enclin à l'amour; une mère artiste aussi, philosophe et courageuse, qui aimait à raisonner et savait conter, décidément railleuse et hostile aux pleurnicheries : voilà les parents de Mérimée, non pas tout ce qu'on sait d'eux, mais ce qu'il faut en savoir. Leurs dons sont ceux de leur fils; d'eux à lui, ce n'est pas la nature qui diffère, c'est le degré.

L'enfant était né le 27 septembre 1803. Le monde était terriblement agité pendant ces années qui virent grandir le petit Prosper. Mais chez M. le secrétaire de l'École des beaux-arts, la grande question n'était pas de savoir ce qu'il adviendrait du blocus continental, comment finirait le duel de la papauté et de l'empire, et si

[1]. Correspondance inédite avec Mme de Montijo. Lettre du 12 décembre 1846.

Napoléon épouserait une Hapsbourg ou une Romanof, mais si l'on pouvait amener le bienheureux vernis de Cobal à cet état de limpidité cristalline où l'avaient connu les maîtres du xve et du xvie siècle. Rien de plus doux à imaginer que cet intérieur d'artistes bourgeois couvant leur fils unique et poursuivant de nobles et honnêtes besognes; intérieur calme, plein de pensée et d'intelligence, sans luxe, mais abrité contre les intempéries de la vie. C'est là sans doute que Prosper Mérimée, à la fois nomade et casanier, prit cet amour profond, nostalgique, du *home* qui s'allie si bien à la passion des lointains voyages. Il resta fidèle non seulement à sa ville, mais à son quartier. De logis en logis, rue Jacob, rue des Beaux-Arts, rue de Lille, il erra toute sa vie autour de cette école à laquelle s'attachaient ses premiers souvenirs.

Il avait cinq ou six ans quand sa mère fit son portrait. L'original est détruit, mais une amie de Mme Mérimée en fit une copie exacte, et M. Tourneux nous en a donné, à son tour, la reproduction. C'est un très intéressant visage d'enfant, entouré de longues boucles retombantes. Le front est superbe d'intelligence, le sourcil fier, l'œil aimant, la bouche moqueuse. Mais c'est déjà ce nez qui m'étonna d'abord en 1868. Que ces boucles soient coupées, que ces traits grossissent, qu'une expression de réserve défiante refroidisse cette physionomie ouverte, et il ne restera pas grand'chose de cette beauté enfantine qui nous plaît.

Ici se place, ou à peu près, l'anecdote contée par Taine, dans l'introduction des *Lettres à une inconnue*. Il la tenait de Sainte-Beuve, mais il l'a quelque peu altérée, comme il arrive aux histoires que l'on écrit plusieurs années après les avoir entendu conter. La voici, narrée par Sainte-Beuve lui-même, qui l'avait recueillie des lèvres de Mme Mérimée : « Il avait cinq ans, il avait fait quelque petite faute. Sa mère, qui était occupée à peindre, le mit hors de l'atelier en pénitence et ferma la porte sur lui. A travers cette porte, l'enfant se mit à demander pardon, à promettre de ne plus recommencer, et il employait les tons les plus sérieux et les plus vrais. Elle ne lui répondait pas. Il fit tant qu'il ouvrit la porte; et, à genoux, il se traîna vers elle, suppliant toujours, et d'un accent si sérieux, et dans une attitude si pathétique qu'au moment où il arriva en sa présence, elle ne put s'empêcher de rire. A l'instant, il se releva, et changeant de ton : « Eh bien! s'écria-t-il, puis-« qu'on se moque de moi, je ne demanderai plus « jamais pardon! » Ce qu'il fit. Ainsi en tout. Comme il vient un moment, et très vite, où notre sérieux est en pure perte et où les choses nous éclatent de rire au nez, il ne leur demanda plus jamais pardon, en rien, et contracta l'ironie profonde. » Ces lignes étaient écrites en 1841. Longtemps après, Sainte-Beuve y ajoutait une dernière réflexion : « Dès l'âge de cinq ans, s'il avait su le grec à cet âge, il aurait pu prendre la devise qu'il porta gravée sur son cachet : μέμνασ' ἀπιστεῖν, souviens-toi de te méfier ».

L'anecdote doit avoir quelque valeur, puisque Sainte-Beuve a jugé bon de la rapporter et de la commenter, et puisqu'elle a paru suggestive à Taine. Sans nier la longue portée de certaines émotions enfantines, j'hésite à dire avec l'auteur des *Causeries* que ce trait peint Mérimée « à jamais ». S'il n'avait été dupe qu'une fois et à l'âge de cinq ans, il serait une personne bien extraordinaire, et je ne sais s'il ne faudrait pas l'en plaindre. Mais on verra qu'il sut garder des illusions et que, malgré les recommandations de son cachet, en plus d'une circonstance, il oublia de se méfier. Mme Mérimée raconta une autre histoire à Albert Stapfer : histoire plus vulgaire, mais très vraisemblable. Prosper avait des cousins, plus âgés que lui, les Dubois-Fresnel, qui l'aimaient beaucoup, mais qui le taquinaient sans cesse. C'est ainsi qu'il aurait pris l'habitude de la défensive et se serait rompu à cacher ses sentiments. A la bonne heure ! Il faut plus d'un coup pour ruiner la confiance première, et le cœur, comme la main, ne devient calleux qu'à la longue.

Il fit à Henri IV de bonnes études, mais sans éclat, sans doute parce qu'il n'avait pas la faconde diluvienne des rhétoriciens du temps. Le 22 novembre 1821, Léonor Mérimée écrivait à son ami Fabre, ce peintre de Montpellier qui succéda à Alfieri dans les affections de la comtesse d'Albany : « J'ai un grand fils de dix-huit ans dont je voudrais bien faire un avocat. Il avait des dispositions pour la peinture au point que, sans avoir jamais rien copié, il fait des croquis comme un jeune élève et ne sait pas faire un œil. Toujours élevé à la maison, il a de bonnes mœurs et de l'instruction. »

L'idée de ce père qui voulait faire de son fils un avocat parce qu'il lui voyait des dispositions pour le dessin ne parut surprenante à personne, sauf peut-être au principal intéressé. Il se mit à « faire son droit », sorte de large chemin vague qui mène à tout. Il avait alors pour amis J.-J. Ampère et Albert Stapfer. C'était cet Ampère enthousiaste, un peu déséquilibré, qui courut partout, se cherchant sans se trouver, et qui eût été un des grands talents du siècle s'il s'était voué à rendre des sensations de voyageur, d'amoureux et d'artiste. Tel qu'il a été, il donne l'impression pénible d'un Pierre Loti, condamné par les fées à professer au Collège de France. Il était alors embarqué dans une passion ridicule pour Mme Récamier [1] : passion

---

1. Voir, dans la *Revue des Deux Mondes* du 15 août 1879, les lettres à Mrs Senior; Mérimée y juge très durement Mme Récamier et lui attribue la transformation, l'avortement d'Ampère.

qui, à l'analyse, eût probablement donné cinq parties de rhétorique, trois de vanité et deux de désir. Au sortir du collège, il rêvait un divorce qui eût permis à l'ensorcelante quadragénaire de devenir sa femme. Mérimée devait s'amuser de cette aberration ; Albert Stapfer s'en indignait.

C'est une aimable figure à évoquer que celle d'Albert Stapfer et d'un charme peu commun. Les dons littéraires abondent chez nous. Ce qui était fréquent au xviii° siècle et ce qui est introuvable au xix°, c'est un homme qui, pouvant monter sur la scène, se contente de sa place au parterre, conseille, console, applaudit les acteurs, et jouit jusqu'au bout du spectacle, sans jalousie et sans regret. Quelques esprits de cette trempe faisaient autrefois un public : c'est pour eux seuls qu'on imprimait. Albert Stapfer, à vingt ans, et le premier, traduisit le *Faust* de Goethe. Il était un des plus animés, un des plus brillants parmi les jeunes gens qui, de 1820 à 1825, cherchaient dans les littératures d'outre-Rhin et d'outre-Manche de nouvelles formes poétiques et de nouvelles sources d'inspiration. De bonne heure il se maria, vécut au milieu des siens, d'ordinaire à la campagne, fit du bien, exerça son esprit et fut heureux. Il y a quelques mois à peine il m'attendait, dans sa vieille et intéressante demeure de Talcy, pour me parler de « son cher Prosper » et de cette époque curieuse dont il était le dernier survivant. Je ne me console pas de m'être laissé devancer par une visiteuse qui a emporté avec elle ce vivant trésor de souvenirs[1].

Albert Stapfer conduisit Mérimée chez son père, ancien ministre plénipotentiaire de la confédération helvétique à Paris, qui, après avoir traversé l'enseignement et la politique, écrit en allemand et en français, s'était définitivement senti chez lui dans notre société et dans notre littérature. C'était, disent les contemporains, « un puits de science ». Les murs de son appartement disparaissaient sous les livres. La gravité d'un logis si savant était tempérée par la gracieuse présence de Mme Stapfer et de ses

---

[1]. Albert Stapfer était l'oncle de l'écrivain si apprécié qui signe du nom d'Arvède Barine et de M. Paul Stapfer, professeur à la faculté de Bordeaux.

amies, Mme Suard et Mme Chabaud-Latour, par la jeunesse des compagnons d'Albert Stapfer et par une heureuse teinte d'exotisme répandue sur toute cette société. Humboldt et Bonstetten écoutaient en souriant les projets fantastiques de miss Wright, l'amie de La Fayette et l'émancipatrice des noirs, ou les boutades du voyageur Simon qui mettait l'Anglais Wilkie au-dessus de Raphaël. Dans un autre coin, un gros homme, dont les petits yeux lançaient la flamme, groupait les jeunes gens autour de lui. Ce n'était rien moins que M. Henri Beyle. Parfois on l'abandonnait pour écouter un jeune professeur de philosophie qui faisait une leçon dès qu'il trouvait des auditeurs et qu'on appelait Victor Cousin. Alors Beyle, rageur, disait de son rival : « Depuis Bossuet, personne n'a joué de la blague sérieuse comme cet homme-là! » Pendant ce temps, paisibles, sous la lueur des grands flambeaux d'argent à abat-jour de métal, les joueurs de whist comptaient leurs « honneurs » et ramassaient leurs levées.

Les mêmes personnes, avec quelques autres,

se retrouvaient aux vendredis de Viollet-le-Duc.
On ne faisait que traverser le salon, dire quelques mots aux dames, puis on passait dans la bibliothèque, où se livraient de terribles batailles littéraires entre l'auteur du *Nouvel art poétique* et l'auteur de la brochure *Racine et Shakespeare*. Beyle n'était jamais battu, Viollet-le-Duc ne croyait jamais l'être. Un gros de jeunes professeurs, Victor Leclerc, Saint-Marc Girardin, Henri Patin, Charles Magnin, Sainte-Beuve, écoutaient et prenaient parti. Le baron de Mareste, qui a vécu jusqu'à nous par un seul mot : « Le mauvais goût mène au crime », marquait les coups et ricanait.

Mais il faut pénétrer dans un sanctuaire plus intime, dans une chambre située au cinquième de cette même maison. C'est dans cette chambre que va naître une école littéraire, et c'est de là que sortira la réputation de Mérimée. L'habitant de cette chambre prédestinée était Étienne Delécluze, le beau-frère de Viollet-le-Duc. Ceux qui ont lu ses *Souvenirs littéraires* ont en l'esprit cette physionomie fine, douce, modeste, un peu triste, telle qu'on s'imagine l'homme arrivé trop tard à un demi-succès. Il avait vu la révolution française; vingt-cinq ans après, il y rêvait encore. Né vieux garçon, il souffrait de son célibat et le savourait. Vieillissant, il cherchait les jeunes; timide, il adorait l'audace; il vivait solitaire au plus épais, au plus vivant de la foule humaine. Il avait essayé d'être peintre, puis s'était jugé et condamné. Maintenant il essayait d'être critique d'art, parce que les frères Bertin lui avaient assuré qu'il pouvait l'être. En effet, il l'était. Le bon Étienne commençait à s'épanouir; le monde grimpait jusqu'à son cinquième, où il donnait à causer.

Pour bien vivre, à cette époque, de la critique d'art, il eût fallu être un peu coquin, et Delécluze était le plus honnête homme du monde. Aussi avait-il pris quelques écolières. L'une d'elles, Mlle Louise Monod, grande liseuse d'anglais, monta la tête à son professeur pour l'étude de cette langue. Delécluze imagina de réunir dans sa chambre, l'après-midi du dimanche, quelques jeunes gens désireux de déchiffrer un peu de poésie britannique. Cela marcha très mal jusqu'au jour où Sautelet amena Prosper Mérimée. Dès lors Mérimée avait deux vertus d'esprit, l'obstination et l'exactitude. Il ne s'arrêtait jamais à mi-route dans une recherche ou dans un travail; ce qu'il ignorait, il l'ignorait parfaitement; ce qu'il savait, il le savait à fond. Il devint l'âme du petit groupe, dès qu'il y entra. C'était merveille, paraît-il, de l'entendre lire et commenter *Don Juan*.

On reporta au mercredi l'étude de l'anglais, pour réserver le dimanche à des discussions littéraires. Ce jour-là, on s'entassait sur un grand vieux canapé, épave d'un mobilier de famille antérieur à la révolution, et, je pense, jusque sur le lit d'Étienne. D'autres se tenaient debout, dans les coins, ou adossés aux bibliothèques. Comme il n'y avait ni femmes, ni professeurs, on était plus libre qu'en bas et on disait à peu près ce qu'on voulait. Là, outre Ampère et Albert Stapfer, on voyait Vitet et Charles de Rémusat. Viollet-le-Duc tenait toujours la bannière classique et Duvergier de Hauranne était le plus violent des romantiques. Courier apportait là les épreuves, à demi corrigées, de ses pamphlets. Beyle, qui vivait d'une chronique expédiée chaque semaine à un *magazine* de Londres et traduite à la diable par un gratte-papier irlandais, venait chercher des mots et des informations. Il disait, en descendant l'escalier : « Je n'ai rien », ou « mon article est fait ». Tout en prenant des notes, il parlait; c'était le plus bavard et le mieux écouté de la bande. Il y avait aussi les spirituels silencieux, Théodore Leclercq et Adrien de Jussieu. Cavé, homme froid et triste, avait pour voisin l'ancien dragon Dittmer, qui se répandait en farces et en anecdotes, et ces deux tempéraments opposés allaient collaborer aux *Soirées de Neuilly*. Au milieu de tout cela, Mérimée jetait sa note, une drôlerie, un mot bouffon, sans sourire, sans hausser la voix, sans regarder personne, sans suivre le trait pour savoir où il était tombé, en crayonnant je ne sais quoi sur un bout de table.

On était romantique, on l'était avec passion, avec furie. Mais qu'était-ce au juste qu'être romantique? Les classiques insistaient indiscrètement pour le savoir, mêlant quelquefois des

grossièretés à leur insistance : témoin l'abbé
Auger. Il n'est pas aisé de s'imaginer la confusion des esprits pendant la période qui sépare
ces deux manifestes, la brochure de Beyle,
Racine et Shakespeare, et la préface de *Cromwell*
par Victor Hugo. Il nous semble bizarre qu'un
homme comme Beyle ait pu se dire romantique
et en distribuer le brevet à Scribe et à Thiers.
Mais il faut songer qu'avant l'heure où Victor
Hugo s'empara définitivement du mot, le définit
à sa façon, et le consacra par des succès retentissants, on pouvait lui donner le sens qu'on
voulait. De 1823 à 1825, le romantisme signifiait
qu'on se moquait de l'abbé Auger et des trois
unités; qu'on allait tenter, à la scène et dans le
roman, de peindre les gens comme ils étaient ou
comme ils avaient été. Ce n'est vraiment pas la
faute de Beyle si, à partir de la préface de
Cromwell, il fallut, pour être un romantique
orthodoxe, suivant la formule de la place Royale,
identifier l'art nouveau avec l'idéal chrétien du
moyen âge : ce qui, pour le dire en passant,
n'était pas plus naturel ni plus logique que de
faire parler Agamemnon, Titus, Montézuma ou

l'orphelin de la Chine, comme des courtisans de Louis XIV ou des rédacteurs de l'*Encyclopédie*. Racine, Voltaire et leur école avaient du moins le mérite de s'être trempés aux vraies sources de notre génie national, tandis que Victor Hugo nous offrait un symbolisme d'origine teutonique et qui répugnera toujours à notre race.

Je ne voudrais pas élargir ce sujet plus qu'il n'est nécessaire, mais il faut au moins dire, avec autant de précision que possible, les idées, nuisibles ou fécondes, que Beyle déposa dans le jeune cerveau de Mérimée, qui ne contenait encore que des notions de linguistique et d'histoire rangées en bon ordre. Il faut dire aussi comment levèrent ces semences et ce qu'il en advint.

La première pensée qui vient est de consulter là-dessus Mérimée lui-même, qui, quelques années après la mort de Beyle[1], écrivit très franchement — trop franchement, a-t-on dit —

---

1. Dans une brochure, intitulée : *H. B.* et sans nom d'auteur, imprimée en 1850 à vingt-cinq exemplaires et distribuée à des amis. Cette notice a été reproduite, en partie, dans les *Portraits historiques et littéraires*.

ce qu'il pensait de son maître. Il le représente comme un original de beaucoup d'esprit qui parfois agissait comme un niais, avec des accès de mauvais ton et des saillies de susceptibilité bien surprenantes chez un homme qui ne ménageait rien ni personne. Malgré ces défauts, il aimait à être avec Beyle, ce qui ne signifie pas tout à fait qu'il aimât Beyle. « Peu d'hommes, dit-il, m'ont plu davantage, et il n'y en a point dont l'amitié m'ait été plus précieuse. Sauf quelques préférences et quelques antipathies littéraires, nous n'avions pas une idée commune, et il n'y avait pas de sujets sur lesquels nous fussions d'accord. » Ces mots ne permettraient guère d'apercevoir entre eux les relations de maître à disciple; mais il me semble que Mérimée se trompait sur ce point. En tout cas, il se trompait de très bonne foi, car, s'il eût connu sa dette, il l'eût payée.

Cependant, il parle de Beyle à l'Inconnue, comme d'un homme « dont les idées avaient déteint » sur les siennes. L'image n'est pas particulièrement obligeante : ni Mérimée, ni Stendhal n'avaient, comme nous, l'habitude de parer les choses, de les relever par l'expression. Prenons l'aveu comme il se présente : en quoi Beyle a-t-il « déteint » sur Mérimée ?

Mettons à part la philosophie de Beyle. Il l'avait lui-même empruntée au *Système de la Nature,* et Mérimée pouvait la tenir directement de d'Holbach ou l'avoir respirée dans l'air de la maison paternelle. Il n'avait pas besoin que Beyle, cet « ennemi personnel de la Providence », lui enseignât que tout prêtre est un hypocrite. Les libéraux du temps le répétaient autour de lui et, ce qui est plus fort, ils le croyaient. Peut-être est-ce Beyle qui apprit à Mérimée à se moquer du patriotisme. Cela seyait à un homme qui était allé à Moscou en 1812, qui avait vécu avec des héros et ne s'était pas montré au-dessous d'eux [1]. Mérimée, lui aussi, était brave et sut exposer sa vie pour cette France qu'il affectait de dénigrer. La défaite nous a rendus susceptibles ; sachons pourtant

---

[1]. Pendant la retraite de Russie, comme Beyle entrait un matin chez M. Daru, celui-ci lui serra la main avec énergie en disant : « Vous avez fait votre barbe, vous êtes un homme de cœur ! » Le mot était parfaitement en situation et très sérieux.

comprendre ce qu'éprouvèrent les jeunes gens de 1820, après cette terrible et ruineuse débauche de gloire, qu'ils avaient à réparer.

Beyle ne put faire accepter à Mérimée toutes ses théories sur la femme. Le fils d'Anna Mérimée n'admit jamais pour bon que toute vertu, comme toute place forte, dût se rendre si elle était convenablement attaquée. Il riait du sérieux de Beyle, lorsqu'il assurait que rester seul avec une femme pendant un quart d'heure sans lui dire qu'on l'aime est le fait d'un lâche et d'un insolent. Beyle avait été dragon et ne s'en rétablit jamais complètement. Il eut toute sa vie, sur l'amour, les idées de la grosse cavalerie : aimer au commandement, vaincre avant que la trompette sonne. Mérimée ne fut pas l'élève de ce don Juan à cheval, parce que, en amour, on n'est l'élève de personne.

Mais à qui Mérimée devait-il le goût de la musique italienne, si ce n'est à Beyle, qui eut ce goût jusqu'à la fureur? A qui, encore, ce paradoxe très fin, mais malheureusement infécond, sur la critique d'art, que M. Paul Bourget a rajeuni, dans ses *Sensations d'Italie* : à savoir qu'on devrait juger d'un tableau ou d'un opéra d'après les règles propres à la peinture et à la musique, et non pas, comme Diderot nous a montré à le faire, en y cherchant une scène, des sentiments, des impressions dramatiques.

Beyle enseigna à Mérimée que Racine « manquait de mœurs », c'est-à-dire qu'il a peint les passions dans un lieu vague et vide qui ne tient d'aucun pays ni d'aucun siècle. Il lui a révélé la moitié de Shakspeare, non le poète, qu'il ignorait, mais l'observateur et le peintre, qu'il comprenait à peu près. Par là, il l'a ramené à l'étude des faits, au premier rang desquels il plaçait les faits de l'âme. Conciliation très simple et subordination très nécessaire par laquelle peut être résolu l'antagonisme, plus apparent que réel, de l'école naturaliste et de l'école analytique.

Quant à la forme, Mérimée ne voyait aucune raison pour renoncer à la langue du xviii° siècle, et cette obstination devait lui coûter cher, car il n'y a pas de mots dans le vocabulaire de Voltaire pour analyser les sentiments d'un homme et d'une femme de notre temps. Il ne prenait pas au sérieux Stendhal comme écrivain. Comment demander des leçons de style à un homme qui se raturait et se recopiait, non point pour corriger ses fautes, mais « pour en ajouter de nouvelles »? Pourtant, Mérimée crut Henri Beyle lorsqu'il l'engageait à choisir parmi vingt anecdotes, réelles ou imaginaires, celle qui est vraiment significative et suggestive, en soulignant d'un relief accusé le trait qui la domine et la résume. Ce précepte descendit profondément dans l'esprit de Mérimée et s'y grava. En effet, c'est tout un système littéraire, c'est tout notre métier en raccourci.

A l'influence de Beyle, il faut joindre celle de Victor Jacquemont. Mérimée fit sa connaissance d'une façon singulière. Dans une réunion de jeunes gens, en guise de farce, le futur voyageur jeta un verre d'eau à la tête du futur romancier. Que fit Mérimée? Il s'essuya. Mais, la nuit, rentré chez lui, il s'avisa qu'on l'avait insulté, et, sans éprouver, d'ailleurs, aucun ressentiment, jugea qu'il devait demander une réparation. Le lendemain matin, il arrivait en fiacre, avec deux amis, à la porte de Jacquemont. Il attendait, en bas, le retour de ses témoins lorsqu'il vit reparaître, avec eux, l'agresseur de la veille qui s'excusa très cordialement de sa mauvaise plaisanterie et, au lieu d'un duel, lui offrit son amitié. Jacquemont ne nous est connu que par quelques recherches de naturaliste, ses lettres sur l'Inde et sa mort prématurée. C'était un jeune homme bizarre, peu aimé dans le monde où il ne prenait aucune peine pour cacher aux sots son dédain. Il se moquait de la religion, de la poésie, des grandes phrases, de ceux qui les font et de ceux qui les croient.

Ainsi se forma le trio : Beyle, Mérimée, Jacquemont. Quelle qu'ait pu être la valeur morale et intellectuelle de ces trois amis, ils représentaient les différentes méthodes par lesquelles un art affaibli et dévoyé peut revenir au vrai et retrouver la force : Stendhal, l'observation du *moi*, Jacquemont, la recherche scientifique, Mérimée, l'étude de l'histoire et des civilisations étrangères. Évidemment, là étaient l'avenir et le salut.

II

Lecture chez Delécluze : le *Cromwell* de Mérimée. — *Théâtre de Clara Gazul* (1825). — Mérimée dans les salons de la Restauration. — Premier tour en Angleterre. — La *Guzla* (1827) : effet produit à l'étranger; Pouchkine et Goethe. — *La Famille Carvajal; la Jacquerie* (1828). — La *Chronique de Charles IX* (1829). — Le prototype de la Turgis. — Voyage en Espagne. — La Révolution de 1830.

Un jour, sur l'invitation de Delécluze, Mérimée apporta à la réunion du dimanche un drame qu'il avait composé d'après les doctrines de Beyle. Il en donna lecture devant sept ou huit personnes. Ce qui étonna d'abord les auditeurs, ce fut le débit du dramaturge de vingt ans. C'était alors l'usage des auteurs de « faire valoir » leurs œuvres en imitant la déclamation du théâtre. Ils changeaient d'accent et d'intonation avec les situations et les personnages, enflant leur voix et la laissant mourir comme s'ils eussent éprouvé et voulu inspirer toutes les émotions dont ils pensaient que leur drame était plein. Mérimée lut tout d'une même voix, gutturale, dure, monotone, — de cette même voix, apparemment, dont je lui entendis lire *Lokis*, quarante-cinq ans plus tard, à Saint-Cloud. Il articulait nettement, s'arrêtait aux virgules pour reprendre haleine, disait des choses épouvantables sans paraître s'en soucier, comme un greffier qui relit un procès-verbal.

Cromwell était le héros de la pièce, qui empruntait ses côtés tragiques à l'histoire, son comique au jargon puritain. Plus d'unités d'aucune sorte : la scène changeait à chaque instant ; l'action se multipliait en mille complications. Dans tout cela, on se perdait un peu. Le dialogue était vif et naturel, et quelques scènes frappèrent par leur énergie, mais l'impression totale fut une sorte de désappointement : du moins c'est ainsi qu'en jugea Delécluze. Pour les jeunes gens, la question d'école dominait tout. Ils étaient décidés à applaudir et ils applaudirent. Beyle cria plus haut que les autres. Le drame ne fut pas imprimé, mais la lecture fit du bruit et donna une sorte de retentissement aux modestes dimanches de Delécluze. Que valait cette œuvre de début? Qui avait raison, des scrupules et des étonnements d'Étienne ou des clameurs laudatives de Beyle? Nous n'en pourrons jamais juger. Mais Mérimée a, du moins, le mérite de la priorité. Son *Cromwell* est l'aîné des drames historiques de Hugo et de Dumas : il a précédé de quatre ans *les États de Blois*, de Vitet. Charles de Rémusat qui cherchait, lui aussi, dans la même direction, ne lut son *Insurrection de Saint-Domingue*, dans le salon du directeur du *Globe*, qu'après l'audition de *Cromwell* par les habitués du dimanche.

Peu de temps après, Mérimée, qui n'avait pas encore vingt-deux ans, lisait, dans la chambre d'Étienne Delécluze, le drame intitulé *les Espagnols en Danemark* et *le Ciel et l'Enfer*, petite saynète « extrêmement spirituelle, mais encore plus indévote ». L'auditoire était plus considérable ; dans le nombre, Charles de Rémusat, qui « parut très frappé du talent de son rival ». On admira « la sûreté, la hardiesse avec laquelle un écrivain si jeune peignait les maladies du cœur humain ». On alla jusqu'à le plaindre « d'avoir su dépouiller les passions du charme des illusions qui les entourent ordinairement pour les réduire à la triste réalité ». Ce langage légèrement prudhommesque a sa valeur historique : Delécluze a écrit son livre d'après des notes prises au jour le jour. Il paraît que Courier et Bertin l'aîné hochèrent la tête à certaines « horreurs » trop facilement acceptées. Mais les jeunes romantiques, ou soi-disant tels, « crurent leur cause gagnée en se voyant un si vigoureux champion ». Mérimée lut ses autres drames dans des réunions successives; il les relut chez Cerclet, où le succès fut unanime. Sautelet, qui fondait une librairie avec Paulin, lança le prétendu *Théâtre de Clara Gazul*, dont quelques exemplaires furent accompagnés d'un portrait de « la célèbre comédienne espagnole ». C'était l'auteur lui-même, en robe décolletée, d'après un dessin de Delécluze qui entrait avec bonhomie dans les folies de ses jeunes hôtes. Il est plaisant de voir sortir de dessous une mantille le gros nez de Mérimée et sa bouche aux sinuosités viriles.

On adorait alors les supercheries littéraires, mises à la mode par Chatterton, Macpherson et Walter Scott; cela entrait chez nous avec le reste de l'anglomanie. Cette fois l'incognito n'était guère sérieux; pourtant quelques braves gens voulurent bien s'y tromper et on cita le mot d'un Espagnol qui avait dit : « Oui, la traduction n'est pas mal, mais qu'est-ce que vous diriez si vous connaissiez l'original ! » Ampère put écrire dans le *Globe* qu'un Shakspeare nous était né : cette énormité ne tua ni l'auteur du compliment, ni l'écrivain qui le reçut en plein visage. Le *Théâtre de Clara Gazul* n'était pas un succès de vente, malheureusement pour Sautelet; mais c'était un succès de curiosité et de surprise.

Inès Mendo, l'Amour africain, une Femme est un diable, sont les pastiches d'un écolier hors ligne; mais il y a une dose égale d'imitation et d'invention dans *le Ciel et l'Enfer* ainsi que dans *les Espagnols en Danemark*. Si dans la première de ces deux pièces, Mérimée a déjà toute sa psychologie mondaine, il possède déjà, dans la seconde, son sens historique, sa divination subtile des milieux et des races. Le marquis de la Romana et son aide de camp Juan Diaz sont parfaitement Espagnols, de sentiment et d'expression. Ils ont l'emphase héroïque de leur nation ; ils haïssent à merveille les Français. L'amoureuse du drame, Mme de Coulanges, quoique Française, est Espagnole dans l'âme. Elle l'est par la spontanéité de ses sentiments comme par son ardente mélancolie. C'est une de ces créatures d'instinct qu'on ne peut ni former ni avilir, qui ne s'instruisent ni dans le bien, ni dans le mal. Si elle avait grandi à Paris, dans cette région sociale où la vulgarité et la bassesse s'infiltrent jusqu'aux os, elle ne pourrait avoir pour Juan Diaz ce grand et étrange amour où il y a plus de la jeune fille que de la courtisane. Mais sa mère, son frère le lieutenant, et le résident de Fionie sont trois Français authentiques. La mère, surtout, est un type de coquinerie spirituelle et géniale, comme il n'en fleurit que chez nous ; pour la première fois, Mérimée s'y est complu à peindre la canaillerie féminine, à laquelle il revint sans se lasser, et, s'il avait cessé d'y croire, il eût cessé d'écrire. Ce qui recommande *les Espagnols en Danemark* à l'attention des critiques, c'est qu'ils y pourront faire la part du réalisme et celle de l'imagination, celle de Beyle et celle de Lope de Vega, puisqu'il faut associer des influences si différentes.

Les premières lettres à M. Albert Stapfer datent de 1825 et de 1826. Elles sont folâtres : j'emploie à dessein un mot suranné pour rendre une nuance de badinage à peu près perdue. Celui qui les a écrites a un peu de l'impertinence d'une jeune gloire poussée trop vite; il a surtout l'animation, le mouvement d'esprit d'un homme qui voit beaucoup de monde, qui est « dans le train », s'il y avait eu des trains en 1825. « Des nouvelles? J'en ai mille, mais je n'ai ni le temps, ni la place de les conter. » Une lettre du 6 mai 1825 se termine ainsi : « Dites à tout le monde beaucoup de bien de votre très humble servante, Clara Gazul ». Il est enchanté de la Sontag et attend avec impatience le retour de la Pasta. Il a ce que nous appellerions des potins de coulisse sur une jeune artiste que le nonce du pape a aidée à rompre son engagement pour la marier. Il conte cela légèrement comme

Voltaire eût conté l'histoire de Pimpette, enlevée par les jésuites.

Il se montrait beaucoup dans les salons. Il allait assidûment chez le peintre Gérard, où il se lia avec M. Thiers. Peut-être fréquentait-il chez les Aubernon, car il y avait déjà un salon Aubernon, plus politique que littéraire. Beyle le présenta à Mme Pasta; Ampère le conduisit chez Mme Récamier. On sait que cette dame portait jusqu'au génie l'art de ranger les chaises dans son salon, séparant l'empire de la légitimité, les libéraux des ultras et les classiques des romantiques par de petits couloirs mobiles, souverainement commodes pour les papillons en frac qui cherchaient une fleur de leur goût afin de s'y poser. Mérimée ne joua point de rôle actif dans les exhibitions littéraires de l'Abbaye-aux-Bois, où Delphine Gay alternait avec Talma; mais il se tenait si bien que Mme Récamier eut un moment la pensée d'en faire un attaché d'ambassade. Il eut quelquefois l'honneur de faire ses commissions. En 1830, il écrivait à Victor Hugo et lui demandait deux « bonnets d'évêque » pour la première d'*Hernani*, en faveur de Mme Récamier, « qui jouit d'une certaine influence dans un certain monde ». Il profita de l'occasion pour demander aussi une petite place au nom de M. Beyle, « qui paiera si c'est nécessaire [1] ».

David d'Angers, qui, un peu plus tard, fit le médaillon de Mérimée, le rencontrait chez l'académicien Lebrun, directeur de l'imprimerie royale. Il nous parle de la timidité, de la retenue qui perce à travers l'aplomb du jeune Mérimée : « aplomb que lui fait prendre son excessive confiance dans son mérite ». Mérimée « joue avec un album, insoucieux de ce qu'il dit, affectant les manières d'un sceptique et d'un homme blasé, mais observant, néanmoins, les détails avec une extrême finesse [2] ».

En mai 1826, une petite troupe, composée de Gérard, de Delécluze, de Duvergier de Hauranne et de Mérimée, partait pour l'Angleterre. Duvergier de Hauranne, avec sir Robert Wilson pour cicerone, suivit dans tous ses détails le curieux spectacle d'une élection anglaise. Delé=

---

1. *Victor Hugo raconté par un témoin de sa vie.*
2. Henri Jouin, *l'Œuvre de David d'Angers.*

cluze eut pour professeur d'anglais, dans une jolie maison de campagne voisine du pays de Galles, une charmante enfant de cinq ans, la petite Flo, déjà bonne et sérieuse, et qui devait être plus tard l'admirable Florence Nightingale. Que faisait Mérimée? Peut-être ébauchait-il ses liaisons d'amitié avec ces aimables viveurs Sharpe et Ellice, auxquels il resta si attaché [1]. Je tremble pour les « bonnes mœurs » dont parlait, avec une complaisance paternelle, l'auteur de l'*Innocence donnant à manger au serpent*. Le Londres galant d'alors avait d'appétissants mystères pour les étudiants en amour.

L'année suivante, Mérimée eût voulu prendre sa volée dans une autre direction et avec un autre compagnon, avec Ampère. Il a raconté lui-même, dans une préface écrite en 1840, ce qui se passa alors entre les deux amis. Il s'agissait d'aller par tous pays à la recherche de la couleur locale, qui était comme le Saint-Graal des jeunes romantiques. Mais comment? L'argent

---

1. Prosper Mérimée rendit probablement visite au célèbre Hazlitt, qui, vingt-quatre ans plus tôt, avait été, à Paris, l'hôte de sa famille. — Voir aux appendices.

manquait. « Racontons notre voyage, imprimons-en le récit et, avec la somme que cette publication nous rapportera, nous irons voir si le pays ressemble à nos descriptions. » Pour sa part, Mérimée se chargea des chansons populaires de la Dalmatie. Avec cinq ou six mots illyriens, deux bouquins pédants et insipides, il improvisa la *Guzla* en quinze jours. Elle fut imprimée à Strasbourg, et il s'en vendit, nous assure l'auteur, une douzaine d'exemplaires. Mais les étrangers y furent trompés, notamment Pouchkine, qui prit la peine de traduire plusieurs morceaux comme des échantillons très curieux du génie illyrien. « A partir de ce jour, conclut lestement Mérimée, je fus dégoûté de la couleur locale, en voyant combien il est aisé de la fabriquer. »

Il ne faut le croire qu'à demi. En 1840, il cédait au plaisir de dire une impertinence à l'école de Hugo — impertinence qui ne pouvait nuire à sa candidature académique. Il cédait aussi à la tentation de se moquer de lui-même et de se peindre plus mauvais qu'il n'était. L'explication de 1840 est une seconde mystification greffée sur celle de 1827, mais elle ne vaut pas la première, qui demeure, je crois, la plus parfaite de l'histoire littéraire. En si peu de temps, avec ces misérables matériaux, comment ce Parisien de vingt-trois ans, ce petit bourgeois grandi entre papa et maman, put-il deviner et s'assimiler les sensations violentes et simples de ces primitifs? Comment certains détails, certaines images, absolument étrangères à nos manières de sentir, à nos habitudes intellectuelles, se sont-elles présentées à son esprit? Par quelle prodigieuse dépense d'imagination a-t-il su faire de chacun de ces poèmes si courts un drame complet en raccourci? Notes, préface, appendices, biographie du barde Maglanovitch, plus vivant que la vie, pédante et candide dissertation sur les vampires et sur le mauvais œil, jusqu'à ces bourdes et à ces exotismes d'un traducteur mi-sauvage et mi-savant qui entourent cette poésie sombre d'une bordure comique, tout concourt à l'illusion. Non seulement on absout le poète russe d'y avoir été pris, mais on a quelque velléité d'être dupe soi-même, malgré la confession du coupable, et, quant à la couleur locale, loin que la *Guzla* nous en guérisse, elle serait capable de nous faire croire, pour un moment, que c'est tout l'art, ou presque tout.

Mérimée diminue à la fois le mérite et le succès de son livre. En France, la *Guzla* ne passa point inaperçue; à l'étranger, elle fut très remarquée. On a déjà vu l'enthousiasme de Pouchkine; Goethe ne fut pas moins favorable dans un article qu'il écrivit à ce sujet et qu'Albert Stapfer s'empressa d'envoyer à son ami. Mérimée lui répondit : « Remercîments pour l'article de Goethe que vous avez pris la peine de traduire pour moi. S'il faut vous dire la vérité, il m'a paru un peu plus lourd que les morceaux de critique du *Globe*, ce qui n'est pas peu dire. Je n'en suis pas moins très reconnaissant de ce souvenir.... » Dans l'article en question Goethe louait fort le jeune écrivain, mais dévoilait la supercherie. Il avait été mis sur la voie, disait-il, par l'étrange parenté de ces deux mots, Guzla et Gazul, qui ne sont qu'un même nom avec deux voyelles interverties. Mérimée lui retire impitoyablement cette gloire, et de façon à rendre quelque peu ridicule le Jupiter de la poésie allemande. « Ce qui diminue son mérite à deviner l'auteur de la *Guzla*, c'est que je lui en ai adressé un exemplaire, avec signature et paraphe, par un Russe qui passait par Weimar. Il s'est donné les gants de la découverte afin de paraître plus malin [1]. »

C'est en 1828 que Mérimée publia *la Famille Carvajal* et *la Jacquerie*. Dans *la Famille Carvajal*, Mérimée continuait la veine de *Clara Gazul* et faisait un pas de plus vers l'absolue liberté du drame. De l'Espagne, relativement paisible et policée, son rêve d'historien et d'artiste l'emportait vers cette Amérique espagnole où l'immense espace, l'ardeur du climat, l'absence de lois donnaient carrière à des passions sans frein. Développant un épisode de la chronique d'Ustariz, il montrait un père qui est amoureux de sa fille et qui a recours au crime pour la posséder. Mérimée a honorablement échoué dans cette peinture répugnante comme dans tous les sujets qui mettent en jeu l'érotisme cérébral, et qui relèvent de la physiologie plutôt

---

[1]. Correspondance inédite avec Albert Stapfer. Lettre du 11 décembre 1828.

que de l'analyse morale. Son réalisme n'allait pas jusque-là, retenu qu'il était par cette peur de se salir qui tient lieu de vertu aux délicats. Mérimée adorait les chats : après Beyle, c'est l'animal qui lui en a le plus appris sur son métier. Comme le chat, il est nerveux, gracieux, élégant jusqu'en sa brusquerie et, comme lui, toujours propre. C'est un talent qui se lèche les pattes.

La Jacquerie est le récit, sous forme scénique, de l'insurrection des paysans dans le Beauvaisis pendant la captivité du roi Jean. L'auteur y a fait entrer, autant qu'il l'a pu, les incidents caractéristiques qui se produisirent, à ce moment, sur d'autres points du royaume. Nous y cherchons non la froide unité des anciens tragiques, mais un centre d'intérêt, une progression dramatique, comme dans *Goetz de Berlichingen* ou dans l'*Henry VIII* de Shakspeare : nous ne les y trouvons pas et nous comprenons que l'histoire mise en dialogue n'est pas un drame historique. L'impression produite par *la Jacquerie* est analogue à celle que donne une toile du xve siècle où une infinité de petites têtes apparaissent, placées sur le même plan et tournées toutes dans le même sens. Si on les regarde de près, on voit qu'elles sont très fines et très diverses. Il eût fallu la plume de Carlyle ou de Michelet pour peindre ces paysans affolés. Mais les bourgeois sont vivants ainsi que les gens de guerre et les religieux. Florimond, c'est la folie héroïque qui a perdu toutes nos grandes batailles de la guerre de Cent Ans, la présomption rachetée par le dévoûment, la chevalerie qui ne sait pas obéir, mais qui sait mourir. Montreuil fait la guerre parce que la guerre est la seule occupation possible à son rang; mais on sent que, dans un autre siècle, il se serait contenté de fumer ses terres et de siéger au comice agricole. Les deux aventuriers anglais sont excellents : Siward, un commerçant en cuirasse, et Brown, un ivrogne plein de vin et d'honneur; tous deux avec le courage insolent de leur race. Mais c'est dans les moines que triomphe la psychologie subtile de l'historien dramaturge. Il y a le moine savant, intrigant, un peu sorcier, que l'ambition jette dans la politique comme elle fera plus tard de Fouché et de Talleyrand. Il y a le moine ignare et fanatique, qui tremble de mourir, mais devient furieux et réclame le martyre dès qu'on touche à la châsse de son saint patron. Et, derrière eux, on découvre d'autres figures monacales, moins arrêtées, mais encore distinctes. Pour couronner la peinture des gens d'Église, l'aumônier de brigands, peint en deux traits : un de ces paradoxes vivants toujours chers à Mérimée.

Les auteurs jugent de leurs livres par la peine qu'ils y ont prise, et le public en juge par le plaisir qu'il y a trouvé : de là de fréquents malentendus entre nos lecteurs et nous. Mérimée ne comprit pas bien le froid accueil fait à *la Jacquerie*. Mais il se remit à l'œuvre : « Je travaille extraordinairement, écrivait-il à Albert Stapfer [1], non seulement pour un paresseux comme moi, mais pour un homme de lettres, M. Defauconpret excepté. Je fais un méchant roman qui m'ennuie, mais que je veux finir parce que j'ai bien d'autres plans en vue. Si

---

1. Correspondance inédite avec Albert Stapfer. Lettre du 16 décembre 1828.

Dieu m'est en aide, je noircirai du papier en 1829. »

Le « méchant roman », c'est la *Chronique de Charles IX*. Je suis bien aise d'apprendre que Mérimée ne l'aimait pas, car je suis un peu de son avis. De Shakspeare, il tombait à Walter Scott qu'il traduisait, non à la Defauconpret, mais à la Dumas, en l'assaisonnant d'un ressouvenir du genre picaresque. La préface, assez ambitieuse malgré l'affectation de modestie, annonçait une thèse historique à plaider, une explication toute neuve de la Saint-Barthélemy, et rien de tout cela ne se trouve dans le livre. L'inspiration de la *Chronique*, c'est la passion antireligieuse, la seule cause qui ait parfois fait manquer de goût à Mérimée. Passe pour le sermon du frère Lubin, pot-pourri et parodie des excentricités théologiques du XVIe siècle. Mais, à la fin, la colère l'emporte sur la gaîté. La mort de l'aîné des Mergy, qui écarte de son lit le pasteur et le prêtre, veut être tragique et manque son effet parce qu'elle n'est pas possible, historiquement. Mergy est un voltairien qui se trompe de siècle : renvoyons-le à la ménagerie de Mme Geoffrin ou à une charbonnerie quelconque de 1825. Il est trop facile, quand on raconte la Saint-Barthélemy, de rendre les catholiques odieux ; mais il est trop difficile, même pour un talent comme Mérimée, d'escamoter aux calvinistes le prestige du martyre.

La *Chronique de Charles IX* n'offre point ce fini, cette concentration qui caractérise Mérimée dans quelques-unes de ses œuvres. On sent qu'elle a été écrite sans plaisir et comme bâclée. Le style a une sorte de fluidité qui touche à l'insignifiance et ne suffit pas à donner de la valeur aux parties qui n'en ont point par elles-mêmes. L'aventure d'auberge, les conversations des jeunes seigneurs, le duel et le chapitre intitulé *les Deux moines*, nous apparaissent à demi effacés comme si la pierre ponce avait passé dessus. Les affres de la Saint-Barthélemy, la lutte de la Turgis avec son amant, le siège de la Rochelle et le combat de Vaudreuil avec Rheincy peuvent donner encore de l'émotion, mais cette émotion est trop agréable pour être profonde. Ceux qui ont tiré de la *Chronique de*

Charles IX un opéra l'ont bien jugée : ils en ont fait à la fois l'éloge et la critique [1].

Mérimée s'était tenu parole : l'année 1829 fut pour lui une année de travail et de succès. C'est en juin que la *Revue de Paris* publia *le Carrosse du Saint-Sacrement*. Cette fois encore la scène se passe dans une de ces vice-royautés espagnoles transatlantiques où régnaient de si étranges mœurs et qui séduisaient l'imagination de Mérimée. Une courtisane, la Périchole, après avoir ardemment convoité certain carrosse qui doit la mettre hors de pair, l'obtient enfin du vice-roi, son vieil amant, et se décide à l'offrir au Saint-Sacrement. Ce désir et ce revirement sont toute la pièce, à part les délicieuses broderies que l'esprit y a jetées. Dans le fait véritable dont Mérimée s'est inspiré, la conversion de Périchole était un coup de la grâce, un accès d'humilité et de repentir, un soudain prosternement de la pécheresse aux

[1]. La *Chronique de Charles IX* a été traduite deux fois en anglais. La plus récente de ces traductions, publiée en 1890, est due à un écrivain de grande valeur, George Saintsbury, qui l'a fait précéder d'une remarquable étude sur la vie et l'œuvre de Mérimée. Cette belle publication est illustrée par Toudouze (Londres, in-4, 1890).

pieds du Dieu qu'elle avait offensé. L'auteur du *Carrosse* a imaginé un autre dénouement et, par conséquent, une autre héroïne. Sa Périchole est une fine mouche, aussi déliée qu'elle est fantasque, capable de diplomatie, à ses heures, pour regagner le terrain perdu par ses impertinences et reconquérir d'un coup l'opinion dont, après tout, son métier a besoin. C'est pour éblouir qu'elle a voulu le carrosse ; en le donnant à l'église, par un apparent sacrifice, elle met le sceau à son triomphe. Jamais on n'eût persuadé à Mérimée que son ingénieuse conception fût inférieure à la saisissante et naïve réalité. Ses contemporains ne l'eussent pas cru davantage.

L'Occasion, qui parut en novembre de la même année et fut réunie, en 1830, avec *le Carrosse*, aux prétendues pièces de Clara Gazul [1], est une œuvre rare et neuve entre toutes celles de Mérimée. Rien, ici, de la sécheresse qui gâte quelques écrits de sa maturité. Tout ce qui se trouve dans le cœur d'une enfant de quatorze

---

1. Voir la bibliographie à la fin du volume.

ans, qui aime jusqu'à en mourir, coule librement devant nous. Qu'on lise le monologue de Mariquita, ce monologue hors de toute proportion avec les monologues connus et qui eût suffi à faire déclarer cela du « théâtre impossible » en 1825. Il est fait d'incohérences émouvantes, de riens tragiques, de puérilités et de stupidités qui font monter les larmes aux yeux. Voilà justement la psychologie qu'en ce moment on cherche, mais sans y avoir encore réussi, à faire passer sur notre scène. Avant Mérimée, elle ne s'était fait entrevoir que dans *Clarisse Harlowe* et dans les *Lettres de la religieuse portugaise*, ici enchifrenée de puritanisme, là affadie par la belle phraséologie d'un temps qui écrivait trop bien.

L'Occasion fut à peine remarquée. Quant au *Carrosse*, il eut auprès des libéraux le succès dû à un pamphlet anticlérical, mais ce succès se perdit dans la vogue qui accueillait la *Chronique de Charles IX*. Ce livre, où une dose suffisante de banalité excusait le talent, faisait de Mérimée l'idole des cabinets de lecture. Il était jeune, applaudi; de plus, il possédait des chagrins d'amour qui lui permettaient de se croire très malheureux. Dans sa correspondance avec l'Inconnue, il parle de certaine grande sottise qu'il faillit faire dans ce temps-là. Ne serait-ce pas qu'il fut sur le point d'épouser une maîtresse à laquelle la religion donnait des scrupules tardifs? Cette femme me semble avoir laissé la tiédeur de sa caresse dans le début du *Vase étrusque*, si délicieusement imprégné de langueur, comme si Mérimée avait écrit les premières pages en sortant de ses bras, avec la saveur d'un dernier baiser sur les lèvres. Elle a dû poser aussi pour la Turgis, une des nombreuses incarnations de cette exquise perversité féminine que Mérimée ne se lassait point d'étudier, mais qu'il n'épousait pas.

Après cette bataille, d'où il sortit vainqueur et blessé, il partit pour l'Espagne, où il devait rencontrer beaucoup de ces primitifs qu'il aimait et de ces dévots qu'il détestait : double sujet d'observations, double stimulant pour son esprit. Ce premier voyage fut un enchantement. Il en donna quelques impressions au public dans trois articles que publia la *Revue de Paris* aussitôt après son retour, en octobre et novembre 1830. Le premier raconte une *Corrida*, le second une exécution, et le troisième est une causerie sur les brigands. Ces articles ont été recueillis dans le volume intitulé *Mosaïque*. Mais on aimera mieux, je pense, trouver ici quelques fragments de sa correspondance inédite. Il écrivait de Séville à Albert Stapfer : « Sachez qu'une course de taureaux est le plus beau spectacle que l'on puisse voir. Moi qui vous parle, qui ne peux voir saigner un malade sans éprouver une émotion désagréable, j'ai été voir les taureaux pour l'acquit de ma conscience.... Eh bien, maintenant, j'éprouve un indicible plaisir à voir piquer un taureau, éventrer un cheval, culbuter un homme. A l'une des dernières courses de Madrid, j'ai été scandaleux. On m'a dit que j'avais applaudi avec fureur — mais j'ai peine à le croire, — non le matador, mais le taureau au moment où il enlevait sur ses cornes cheval et homme. » L'élève de Stendhal est d'avis que ce cheval et ce taureau sont plus intéressants que les héros de nos tragédies. « Cela tue l'art dramatique. » Aussi, sauf l'opéra, les théâtres lui ont-ils paru très faibles. Il a vu jouer le *Mariage de raison*, de Scribe, avec des changements assez pitoyables. « Les acteurs sont détestables ; les femmes, plus naturelles et très jolies. Les directeurs, comme chez nous, font banqueroute et se plaignent du mauvais goût de leur siècle [1]. »

A Madrid, Prosper Mérimée séjourna assez longtemps. En bon fils qu'il était, il prenait des notes pour l'*Histoire de la peinture à l'huile*, partageant son temps entre les Murillo et les Velasquez du musée et les agréables relations qu'il avait trouvées dans cette ville. Le plus intéressant de ces hôtes était le comte de Teba, dont il avait fait la connaissance en diligence.

Don Cipriano Gusman Palafox y Portocarrero, comte de Teba, était le frère cadet de ce comte de Montijo qui, au début du siècle, avait failli changer le sort de la monarchie et arracher sa patrie à la plus humiliante des tyrannies, celle de la sottise et de l'imbécillité. Il tenait des conspirateurs d'autrefois par l'audace, des grands

---

1. Correspondance inédite avec Albert Stapfer, 4 septembre 1830.

révolutionnaires modernes par l'ampleur des vues. Il entra dans le palais d'Aranjuez à la tête d'une petite troupe résolue et, pendant quelques heures, tint sous sa main le roi, la reine et le favori Godoï. Mais rien ne bougea dans la nation ; pas une voix ne répondit à son appel. On traita de fou Eugenio de Montijo parce qu'il avait échoué : il eût été un héros s'il avait réussi.

Son frère Cyprien offrit son épée à Napoléon et devint colonel d'artillerie au service de la France. A la défense de Paris en 1814, il commandait les élèves de notre École polytechnique, et les dernières volées de canon qui, du haut des buttes Montmartre, retardèrent d'un jour notre honte, c'est le colonel Portocarrero qui les tira. C'est au milieu de cette fumée qu'on aime à entrevoir ce beau et pâle visage, ennobli plutôt que défiguré par la terrible blessure qui l'avait privé d'un de ses yeux, ce soldat philosophe, au cerveau hanté par des rêves confus de délivrance et de progrès, disgracié pour avoir trop aimé la liberté et la France, et qui, jusqu'au bout, porta fièrement sa disgrâce.

Tel était l'homme dont Mérimée devint l'ami. Sa femme, qui avait dans les veines un mélange de sang écossais et de sang wallon, étonna et enchanta le jeune homme par sa grâce, l'activité de son esprit, la vivacité de sa parole, l'étendue de ses connaissances. Elle savait à fond l'histoire de l'Espagne, de ses anciens rois, de sa langue et de ses monuments. L'auteur de *Clara Gazul* était sous le charme. « Vous souvenez-vous, écrivait-il plus tard, des belles histoires que vous me contiez, en 1830, dans la *Calle del Sordo*, sur l'Alhambra et le Généralife [1]? » Pour compléter l'attrait de cette maison, il faut se représenter deux petites filles de quatre et cinq ans, Paca et Eugenia, jouant autour de la robe de leur mère. Eugenia, la filleule du comte de Montijo, née à Grenade dans un jardin, au milieu d'un tremblement de terre, frappait par son regard pensif, étonné, mélancolique, ce même regard de « prédestiné » que Paris a vu, trente ans plus tard, dans les yeux de son fils [2]. On

---

1. Correspondance inédite avec la comtesse de Montijo, 31 juillet 1847.
2. *Ibid.*, 8 juin et 18 novembre 1857.

eût dit qu'elle ne s'était pas encore remise de son étrange entrée dans la vie ou que ses vagues rêveries enfantines fussent traversées par le pressentiment des coups de théâtre qui l'attendaient. Mais qui eût pu songer à tout cela lorsque le jeune visiteur de la *Calle del Sordo* caressait les cheveux dorés de la petite Eugenia, tandis que sa mère contait les légendes des rois maures, les exploits du Campeador, ou du Boelo, les souvenirs de Pélage et de don Pèdre?

Le jeune homme parcourut l'Andalousie. A Grenade, il flirta avec une jolie gitana, « assez farouche aux chrétiens, mais qui, pourtant, s'apprivoisait à la vue d'un duro [1] ». Plus d'un souvenir des guerres vivait encore dans les lieux que traversa Mérimée. En voici un qui revint sous sa plume longtemps après. C'était, raconte-t-il, près de Campillo de Arenas. « Mon guide me prenait pour un Anglais parce que je ne vendais rien, que je ne saluais pas les madones et que je m'arrêtais pour regarder les vieilles pierres. Il me montra un passage très

---

[1]. Corresp. Montijo, sans date.

difficile dans la Sierra de Jaën et me dit qu'il avait servi de guide au général Molitor et à sa division en 1823, et qu'elle avait passé par là, infanterie, cavalerie et canons. « Si vous aviez
« vu ces soldats tout jeunes et sans barbe pousser
« aux roues des canons et les faire passer en
« moins de rien par des chemins impraticables,
« vous auriez dit comme moi, monsieur, que le
« proverbe ment qui dit que les Français ont des
« *cœurs de poules*. » Ainsi, conclut Mérimée, nous avons été de Cadix à Moscou pour qu'il existe à Campillo de Arenas un pareil proverbe sur notre compte! »

Pendant qu'il étudiait Velasquez et applaudissait le taureau, Paris avait renversé une dynastie. A ce sujet, Jules Sandeau, recevant à l'Académie française le successeur de Mérimée, a mis en circulation certaine anecdote que l'auteur de *Colomba* « se plaisait », dit-il, à raconter. Pendant le siège des Tuileries, un jeune homme qui suivait la bataille avec beaucoup de curiosité s'approcha d'un gamin qui, armé d'un fusil de munition, lâchait son coup au hasard dans la direction du château. « Tu ne sais pas tirer, dit le jeune homme. Prête-moi ton arme. » Le gamin obéit. L'inconnu épaule, vise avec soin et fait feu. A l'une des fenêtres du palais, une cible humaine, un Suisse est tombé. L'enfant, plein d'admiration, s'écrie : « Gardez le fusil, monsieur : vous vous en servirez mieux que moi. — Oh! moi, dit froidement le jeune homme, ce ne sont pas mes opinions. » Et il continue sa promenade.

Il règne dans le récit de Jules Sandeau une certaine ambiguïté qui a permis aux ennemis de Mérimée de s'en emparer. D'après eux, c'est lui qui serait le triste héros de l'histoire : ce qui ferait de lui à peu près l'égal de ce comte de Charolais qui tirait les couvreurs sur le bord des toits pour s'exercer l'œil et la main. La légende est trois fois absurde. Mérimée était humain, Mérimée était libéral, Mérimée était absent. Son alibi est aussi clair que possible. Il écrivait à Albert Stapfer : « J'ai passé à Madrid quinze jours de plus que je n'en avais l'intention à cause des farces que vous avez jouées là-bas. Je voulais revenir aux premières nouvelles, mais les lettres de mes parents m'ont appris que tout était tranquille. Je ne me console pas d'avoir manqué un tel spectacle. Voilà deux représentations que je perds : l'une pour être né un peu trop tard; l'autre, représentation extraordinaire à notre bénéfice, pour ce malheureux voyage d'Espagne. » Ce regret donne la mesure vraie du dilettantisme politique de Mérimée. Peut-être trouvera-t-on ce sentiment encore trop frivole. Il l'expia bien cher en assistant à deux révolutions dont l'une pensa le ruiner et l'autre le tua.

III

Fonctions officielles et vie mondaine. — Camarades de plaisirs. — Les rats. — Liaison avec George Sand. — Théorie de l'adorable méchante. — La réalité : Mme***. — Le roman de Jenny Dacquin. — Amitiés féminines. — La comtesse de Montijo et ses filles. — Eugénie de Gusman et Henri Beyle. — Départ pour l'Espagne.

Mérimée ne s'était pas trompé en parlant d'une représentation « à notre bénéfice ». En arrivant à Paris, il trouva qu'il avait été un « vainqueur de Juillet » en son absence et sans avoir mis à bas un seul Suisse. N'était-il pas rédacteur du *Globe* et du *National*? Ne figurait-il pas dans le bas-relief de David d'Angers, parmi les porteurs du cercueil du général Foy? Enfin, les Mérimée n'étaient-ils pas, de père en fils, les clients, les protégés de la famille de Broglie, qui allait devenir toute-puissante? Personne ne s'étonna donc de le voir appelé à des fonctions officielles par le nouveau régime. Pendant six semaines, il fit l'office de maître des requêtes sans en avoir le titre. Chef de cabinet du comte d'Argout au ministère de la marine, il suivit son patron au Commerce, puis à l'Intérieur, sans laisser, je pense, aucune trace de son passage dans ces divers départements. Lorsque M. d'Argout sortit du ministère, Mérimée devint inspecteur général des monuments historiques, prenant la place de Vitet, qu'il devait garder vingt ans.

Pendant ces années qui suivent 1830, il faut se représenter Mérimée comme un jeune homme très envié, très gâté et un peu fat. Plus tard, faisant sa confession à l'*Inconnue*, il déclare n'avoir été vraiment et pratiquement mauvais sujet que pendant deux ans. Mais, chose curieuse, à cette époque on le croyait encore vertueux, de même que plus tard, longtemps après s'être rangé, il conserva sa réputation de polisson. Ces années de dissipation, je les attribue à M. le chef du cabinet du comte d'Argout. Jeune, célèbre, avec un titre qui lui assurait un bon accueil dans les salons politiques, comme dans les coulisses de l'Opéra, il devait être trop souvent tenté pour ne pas succomber quelquefois. Il faisait partie d'une petite bande de viveurs qui avaient l'habitude de se retrouver à table. « Nous étions huit qui dînions très souvent ensemble », écrit-il à la comtesse de Montijo [1]. Il en nomme deux, Beyle et Sutton Sharpe, l'avocat anglais qui « gagnait en dix mois 150 000 francs, puis en passait deux autres parmi les rats de l'Opéra » [2]. Une lettre publiée par le journal *l'Art* nous permet d'ajouter d'autres noms à la liste. C'est une invitation adressée au peintre Delacroix, avec l'en-tête officiel : *Cabinet du ministre du commerce et des travaux publics*. Delacroix mit la lettre dans sa poche, alla au Jardin des Plantes et, sur le feuillet resté blanc, dessina un lion. La patte de ce lion déborde sur l'autre page, conservée et publiée par le journal *l'Art* [3]. D'un côté, un autographe de Mérimée, de l'autre un croquis d'Eugène Delacroix : voilà un beau destin pour ce

---

1. Correspondance inédite avec la comtesse de Montijo.
2. *Ibid.*, 18 mars.
3. *L'Art*, 1875, t. III, p. 266 et 267.

morceau de papier administratif! Le rendez-vous était pour six heures, devant le café de la Rotonde, au Palais-Royal. Les convives : outre Sharpe et Mérimée, le baron de Mareste, Koreff, le médecin et l'ami de Beyle, Viel-Castel, diplomate et gastronome, mais plus gastronome que diplomate. Ajoutez Delacroix et Beyle. Sur les huit, voici que nous en connaissons sept. Avant son départ pour l'Inde, Jacquemont pouvait bien être le huitième.

On rencontrait Mérimée dans le monde encore plus souvent que dans les coulisses de l'Opéra. Il était assidu chez la spirituelle Mme de Boigne et chez cette aimable marquise de Castellane, qui eut le don suprême de faire causer. Il y trouva — je parle d'après son témoignage — une des deux sûres et précieuses amitiés de femme sur lesquelles il s'appuya, et il eut, par surcroît, la joie de voir revivre et se prolonger cette amitié dans une fille digne de sa mère, par l'esprit comme par la bonté.

Il allait encore dans d'autres maisons à tendances littéraires où l'on faisait alterner le flirt et la dévotion, l'intrigue parlementaire et l'intrigue académique. Malheureusement, si les salons servent au succès, ils nuisent au talent. Quand on écrit pour eux, on ne sort point de cette banalité élégante qui est leur idéal et leur loi. Dans ses nouvelles de ce temps-là, l'auteur de *Clara Gazul* me semble très réduit de volume, et il n'a jamais repris tout à fait sa taille naturelle. Il a l'air de chuchoter son récit à l'oreille d'une jolie femme, blottie dans une bergère et abritée derrière son éventail. C'est la posture d'un dandy : aujourd'hui, nous la trouvons un peu ridicule pour un écrivain.

A ce moment, le byronisme était descendu de Manfred à Zampa. Lorsque le galant bandit d'Hérold chantait, la main sur son cœur :

> Il faut céder à mes lois.
> Et comment s'en défendre ?
> Quand mon cœur a fait un choix,
> La belle doit se rendre.

d'autres Zampas en gants paille, assis au balcon, applaudissaient d'un air vainqueur. Mérimée était un « forban » comme les autres. Mais il n'attaquait que les navires désireux de se faire donner la chasse, et sa seule préoccupation était de ne pas devenir, comme il arrive, le prisonnier de sa conquête. Au demeurant, le meilleur forban du monde. Après le spectacle ou le bal, il rentrait chez lui, disait bonsoir à sa mère, entrait dans son cabinet, où la lampe était allumée, caressait ses chats et corrigeait ses épreuves. Cela fait, si je compte bien, quatre existences à la fois : le secrétaire de M. d'Argout, le viveur, le mondain et l'homme de lettres. Et il trouvait encore le temps d'écrire à des petites filles inconnues et d'aller boire de l'orangeade, à minuit, au sommet des tours Notre-Dame.

Ce qui le sauva, c'est la mesure qui lui était innée, ou plutôt il était la mesure même. Autant qu'on peut juger d'un homme par ce qu'il veut bien montrer de lui-même au public et à ses amis, il ne descendit point jusqu'à ce fond de la débauche parisienne où l'on perd non seulement le respect, mais le goût de soi-même. Ce n'est pas lui qui eût pris les rats au sérieux, encore moins au tragique. Ce n'est pas lui qui eût mis à leurs pieds, comme Sharpe, 150 000 francs par an et sa vie. Il ne leur donnait que des bouquets et ne leur réclamait que des sensations d'épiderme, avec le plaisir d'étudier de près les mœurs de ces petits rongeurs : « Les rats ont du bon, dit-il dans une lettre inédite, mais il faut les prendre pour ce qu'ils sont et ne pas leur demander autre chose que ce qu'ils peuvent donner. Quant aux âmes, je suis convaincu que les rats en ont aussi bien que les honnêtes femmes. Et, pour les corps, je suis obligé de dire qu'ils ont presque toujours l'avantage. Si j'avais à recommencer ma vie, je crois que je me bornerais à la chasse aux rats. »

Pour les bas-bleus, il s'en gardait. Son aventure avec le plus grand d'entre eux, vers le printemps de 1833, le mit en défiance, et pour jamais. Le court passage de Mérimée dans les bonnes grâces de Mme Sand est un fait d'histoire littéraire sur lequel s'est greffée une légende assez amusante. D'après cette légende, Sainte-Beuve, voyant que Mme Sand était seule et souffrait de cette solitude, lui aurait « donné » Mérimée, et, dès le lendemain, George Sand lui aurait écrit pour lui rendre et lui reprocher ce cadeau. Il n'est pas vrai que Sainte-Beuve ait joué ce rôle trop bienveillant et qu'il ait béni l'union civile de Mérimée et de Mme Sand. Mais il est exact qu'il reçut des confidences et des plaintes. La lettre, paraît-il, existe encore; il y est dit que George Sand, là où elle espérait rencontrer un cœur tendre et chaud, n'avait trouvé que « froide et méprisante raillerie ». Cette lettre circula et fit du tort à Mérimée. D'ordinaire très discret, mais impatienté de ces cancans, il se serait vengé en racontant sur sa bonne ou sur sa mauvaise fortune des détails plus gais que bienséants. Eut-il réellement ce tort? Traita-t-il comme une simple aventure d'étudiant cette femme qui était au moins son égale par le talent? Ce qui est certain, c'est qu'il ne se laissa pas mener où alla Musset, et qu'il fit bien. On verra dans quelle circonstance il retrouva celle qu'il avait dédaignée et irritée.

Donc, ni rats, ni femmes de génie. La femme, pour plaire à Mérimée, devait être raffinée d'esprit; elle devait mettre ce raffinement non à noircir du papier pour les imprimeurs, mais à varier indéfiniment la comédie de l'amour, la délicieuse comédie à deux personnages et sans spectateurs. Pourvu qu'elle gardât toujours sa délicatesse et sa grâce, il lui permettait de mentir, de ruser, d'égratigner et même de mordre. Il prenait un plaisir infini à suivre ces jeux félins; c'était le côté dangereux, inquiétant de la femme qui l'attirait. Il fallait deviner l'énigme ou être dévoré par le sphinx. Tant pis pour les imbéciles et les maladroits!

Ce n'est point qu'il ne crût au bien, mais la psychologie du mal lui paraissait bien plus intéressante. La vertu lui inspirait une langueur, un respect, une insurmontable envie de bâiller. Lisez toute son œuvre de romancier depuis la *Chronique de Charles IX* jusqu'à *Carmen*, sans oublier *la Vénus d'Ille*, *Arsène Guillot* et *Colomba*. Vous ne trouverez pas une seule bonne femme. Elles sont toutes méchantes, plus ou moins. Vers la fin, elles deviennent féroces, sans cesser d'être charmantes, à ses yeux du moins. Dans *la Vénus d'Ille*, il compare la jeune femme et la statue. Elles ont une ressemblance étrange, mais la statue est la plus belle. Elle doit sa supériorité à son expression de tigresse, car « l'énergie, même dans les mauvaises passions, excite toujours en nous l'étonnement et une admiration involontaire ». Cette admiration est, chez lui, une idiosyncrasie, comme le goût des brigands. Si *Colomba* passe, peut-être avec raison, pour son chef-d'œuvre, et si *Carmen* a aussi beaucoup de partisans, c'est qu'il y a donné carrière à ces deux passions dominantes. Colomba et Carmen ont beau être situées aux deux extrêmes de la société et de la morale, elles se ressemblent par un point. Ce sont des sœurs cadettes de la famille des « adorables furies ». Même dans un rapport à son ministre, dans une somnolente histoire de l'abbaye de Saint-Savin, lorsque Mérimée rencontre une méchante créature du temps de Louis XIII qui, à Paris, fait la femme du monde et le bel esprit, dans sa province dépouille, bafoue et torture les gens, l'écrivain se réveille tout entier, avec son style et sa verve, pour peindre l'incomparable effronterie de ce diable en jupons. La Fontaine a grommelé contre « l'âge sans pitié »; Mérimée adore le sexe sans pitié. Les années viennent. La rouerie mondaine ne suffit plus à le séduire. Il lui faut la cruauté ingénue de l'être primitif, du gracieux animal féminin dans sa nature vraie. Quelle jolie bête sauvage à mettre en cage! Quel plaisir de tenir à sa merci, clouée par les poignets, frémissante, vaincue, cette révoltée dont on boit la rage dans un baiser! C'est le rêve qui hante certains hommes, la vocation du Petruchio de Shakspeare, le héros de *la Méchante domptée*. Mais jusqu'à quel point Mérimée a-t-il réalisé son rêve et combien de méchantes a-t-il domptées?

Hélas! qu'il y a loin de la maîtresse imaginée aux maîtresses qu'on a,... quand on les a!

On a entrevu son premier roman, brusquement interrompu par des scrupules dévots. Sa seconde grande liaison, commencée vers la fin de sa jeunesse, le conduisit jusqu'aux limites de la maturité. Elle eut la durée moyenne d'un gouvernement français : dix-huit ans. Aucune existence n'en fut troublée, personne n'en souffrit. Le mari, un très galant homme, ignora tout; les enfants furent tendrement aimés et parfaitement élevés. Une longue amitié avait précédé l'amour, et, dans la pensée de Mérimée, devait le suivre, en sorte qu'ils eussent été un Phi-

lémon et une Baucis de la main gauche. C'était
un sûr placement de cœur, un adultère de tout
repos. Ou plutôt j'écarte ce mot ignominieux.
Cette union, connue et acceptée de personnes
très vertueuses, nuancée d'égards délicats,
accompagnée et rehaussée par un dévouement
réciproque et par des périls traversés ensemble,
cimentée par mille réminiscences douloureuses
et tendres, par une confiance absolue, participa
de la respectabilité de toutes les choses qui se
justifient d'exister par leur durée même. Elle
devint comme un mariage extra-légal, et chaque
année, ainsi que des époux, ils célébraient le
cher anniversaire par un cadeau échangé avec
une évocation religieuse des vieux souvenirs.

Un jour vint — j'anticipe sur les années
pour donner le dénouement — où la femme
aimée se refroidit. La jolie cérémonie de l'anniversaire prit l'air refrogné d'un bout de l'an
que l'on dépêche, dans le vide, à quelque cha-
pelle latérale, et où la famille ne vient plus.
Longue et cruelle fut cette décadence de l'amour.
A sa place, au lieu de l'amitié, Mérimée sentit
venir une lassitude mortelle, et comme une

répulsion secrète. On lui rendit les lettres qu'il avait écrites. Ce fut un coup terrible. A son tour, il recueillit toutes celles qu'il avait reçues et les relut, le cœur serré, avant de les rendre. Se pouvait-il que celle qui avait pensé ces choses si douces fût devenue une étrangère, une ennemie? Les avait-elle jamais pensées? Comme il l'écrivait à un ami, il en vint à s'attrister pour le passé, à se demander si tout ce bonheur qu'il avait eu n'était pas faux. « Mes souvenirs même ne me restent plus. » Il s'épuisait en conjectures sur le changement d'humeur de son amie. « Un remords, peut-être, mais je suis presque sûr qu'il n'y a point de prêtre dans l'affaire. » En effet, il n'y avait point de prêtre en cette circonstance. Mérimée connut-il le véritable auteur de son infortune? Je n'en sais rien. En tout cas, il finit par prendre son malheur en philosophe : « C'est un rêve fini ! » écrivait-il, et si l'on considère la longueur du rêve, on admettra qu'il avait été plus favorisé que bien d'autres. Il retourna à son chat et à sa tortue qui était « très intelligente et très instruite : car elle répondait à son nom et donnait des baisers ».

La tortue ne fut pas sa seule consolatrice. D'ailleurs, pour ne pas s'attendrir au delà du nécessaire, il faut se rappeler que l'amant n'était pas sans reproche. Car le roman de l'*Inconnue* avait coïncidé avec la liaison dont je viens d'esquisser l'histoire.

Ici je suis fort à l'aise. Je n'ai point à ménager de légitimes susceptibilités. D'abord, il n'y a point de mal à cacher. Puis, c'est la principale intéressée qui a elle-même livré au public les documents que je commente. Si elle a commis une imprudence, c'est de ne pas s'être montrée assez confiante envers ce même public et de s'être enveloppée de mystère en brouillant les dates et les noms, en battant ses lettres comme un jeu de cartes et en les rangeant dans un ordre fantastique. La dernière idée qui puisse entrer dans la cervelle d'une femme, c'est qu'il ne faut pas faire la toilette à un document; que, mutilé, il perd la moitié de son authenticité et de sa valeur. Faire des retranchements ou des corrections dans une correspondance de cette nature, c'est donner beau jeu aux suppositions des méchants, et, dans l'espèce, je suis persuadé que les méchants auraient tort. Malgré ces artifices un peu maladroits et fort inutiles, on suit sans trop de peine le fil de l'histoire : elle compose un des plus jolis romans que je connaisse.

Mérimée était dans toute sa gloire de jeune écrivain à la mode lorsqu'il reçut la première lettre de l'inconnue. La personne qui mit cette lettre à la poste, en 1831, est encore vivante et en témoignait, sans se faire connaître, dans l'*Intermédiaire des Chercheurs* (20 janv. 1892). L'auteur de cette lettre était une grande dame anglaise, lady A. Seymour, qui avait lu la *Chronique de Charles IX* et jugeait amusant d'envoyer ses réflexions à l'auteur. Les réflexions étaient spirituelles; la lettre sentait bon, physiquement et intellectuellement. Mérimée répondit, et une correspondance s'engagea, assez semblable à une intrigue de bal masqué sous forme épistolaire. Elle ne le connaissait guère, il ne la connaissait pas du tout. Dans cette singulière escrime de flirt à distance, les deux adversaires se tâtaient, se cherchaient et se portaient des coups au hasard, souvent sans s'atteindre. Pour lui, il crut un moment à la grande dame anglaise.

Que voulait-elle au juste? S'amuser, se perdre ou le convertir? On verrait bien. Après de longues instances, il obtint la permission de rendre visite à sa mystérieuse amie. C'était à Londres, en décembre 1840. Que se passa-t-il, que se dit-il à cette entrevue? Il se souvint seulement de deux choses : qu'elle avait des bas rayés et de beaux yeux, « des yeux mauvais ». Ce dernier trait l'enchanta. Il n'y avait plus de lady Seymour, mais une petite demoiselle de province, Jenny Dacquin, la fille d'un notaire de Boulogne-sur-Mer [1]. Mais sa personne et son esprit avaient trop plu à Mérimée pour qu'il renonçât à l'aventure. Le flirt épistolaire continua, et peu à peu les lettres devinrent plus fréquentes. Mérimée a son idée, Mlle Dacquin a son plan; chacun tend un piège à l'autre. Ils essaient de se rendre jaloux. Un jour c'est lui qu'on veut marier, et le lendemain (ou six mois

---

1. Il n'y a pas de doute possible sur l'identité de Mlle Dacquin. Aussi bien, son nom est écrit en toutes lettres dans une lettre à Mme de Montijo avec son adresse (sous l'empire) : rue Jacob, 35. C'est à ce nom et à cette adresse que devaient être envoyés certains mouchoirs achetés à Madrid et dont les aventures sont relatées, d'autre part, dans les *Lettres à une inconnue*.

après) c'est elle qui est sur le point d'accepter un époux, dans sa ville natale, un de ces « loups de mer » dont il est question plus d'une fois. Ou bien elle a fait un héritage; la voilà presque riche! Il n'a pas l'air d'entendre et la félicite en bon camarade. Lorsque l'idée matrimoniale montre le bout de l'oreille, il se déprécie tant qu'il peut. Il est laid, il est taquin, il est grognon, il est malade. Elle déploie ses grâces d'esprit, qui sont réelles; elle s'orne l'intelligence de mille connaissances variées, comme on devait dire à Boulogne en 1840. Elle fait même semblant d'apprendre le grec, pour lui plaire. Une idée traverse l'esprit de Mérimée, une idée horrible : « Vous finirez par faire un livre! » Il voulait bien, comme on l'a vu, aller jusqu'à la précieuse, non jusqu'au bas-bleu. Sur ces entrefaites, il part pour la Grèce et l'Asie Mineure avec Ampère. Mais l'image de la jeune fille aux bas rayés et aux yeux mauvais ne le quittait pas. A la place même où était tombé Léonidas, il pensa à Jenny Dacquin et fit des confidences à Ampère, qui entendait ces sortes de choses.

Il revint. Alors commença la troisième phase de cette liaison de sentiment, la phase aiguë, dangereuse, intéressante. Sans qu'on sache pourquoi, Mlle Dacquin habitait maintenant Paris. Avec un machiavélisme auquel eût applaudi son maître Stendhal, Mérimée inventa une série de rendez-vous gradués, dont on peut recommander l'étude aux commençants. D'abord dans une maison tierce, puis dans une loge d'Opéra (avec corsage décolleté); puis, au musée du Louvre, sous l'œil des gardiens et des dieux de marbre, dans la galerie des antiques, l'endroit du monde le plus propre à rassurer la pudeur en émouvant l'imagination. De là, ils passèrent au Jardin des Plantes, où ils jetaient des pains de seigle aux animaux. L'amour est prodigue, et l'autruche pensa mourir de leur générosité. Un grand pas fut franchi lorsqu'elle consentit à se promener avec lui à travers ces étranges paysages des banlieues parisiennes, si ingrats, si vulgaires et si pauvres, et qui exercent pourtant un charme indéfinissable. Chaque jour, le lieu choisi était plus désert, plus lointain. Ils en vinrent à se perdre dans ces mille routes vertes qui s'enchevêtrent sans fin sur les grands plateaux entre Meudon et Vélisy, où, même aujourd'hui, on peut marcher une heure sans croiser un être humain. Ils avaient conscience d'être chez eux. « Nos bois », disaient-ils en parlant de ces bois tant aimés et tant de fois parcourus. Ces routes silencieuses, tapissées d'une fine mousse où l'on ne s'entend point marcher et au-dessus desquelles le vent balance les feuillages percés de soleil, où les conduisaient-elles? Au bonheur, espérait l'élève de Stendhal; au mariage, croyait la jeune fille qui avait appris des Anglaises le secret des audaces virginales. Pourtant il trouvait que la statue ne s'échauffait pas. De son côté elle avait des doutes et, probablement, de grandes tristesses, car elle l'aimait, et il l'aimait aussi. Au fait, pourquoi ne l'épousait-il pas, puisque Beyle n'était plus là pour se moquer de lui? Pourquoi? Parce qu'il était en puissance de deux femmes : sa mère et Mme ***. Qui sait ce qu'il eût fait s'il avait été libre?

Et leur vie continuait à dériver, comme sur ces nappes d'eau lisses et perfides qui précèdent les cataractes. Quand elle arrivait au rendez-vous, il la retrouvait refroidie par ses réflexions solitaires. Il fallait un grand quart d'heure pour rompre la glace. Peu à peu ils se mettaient à l'unisson. Une bonne causerie naissait, ensuite venaient de longs silences, peut-être de légères caresses par lesquelles la jeune fille pensait désarmer ce désir qui l'assiégeait, l'enveloppait, toujours plus âpre, plus ardent. « Laissez mon bras où il est, mettez votre tête là, et je serai sage. » On obtient ce qu'on a demandé et on n'est pas plus sage. Alors c'étaient des querelles, une sorte de violence, car ils étaient irrités l'un contre l'autre; ils se sentaient trompés tous les deux. Une averse survenait : ils marchaient, blottis, serrés l'un près de l'autre sous le même parapluie, riant de l'aventure comme des enfants et déjà réconciliés.

L'amour le rendait poète et superstitieux. Un jour, dans les arènes de Nîmes, un oiseau à l'aile noire s'envola des ruines et le frôla. Il tressaillit; une idée le saisit, absurde, mais irrésistible. Elle était morte et c'était son âme qui venait tournoyer au-dessus de lui. Il lui écrivit; il avait hâte d'être rassuré. Pendant ses courses en cabriolet à travers la campagne boueuse et triste, dans les gîtes, parfois mesquins, où il passait de longues heures solitaires, il attendait les lettres de Jenny Dacquin, ou les relisait, et la seule odeur de ces lettres, posées sur la table, le grisait. Il lui envoyait des plaintes, des duretés, toujours bien dites : l'homme de lettres ne s'oubliait pas. Plus d'une fois la pensée lui vint que toute cette correspondance serait publiée. Les lettres d'amour des écrivains ne sont jamais que des articles dont ils ne corrigent pas l'épreuve; mais cela ne prouve point qu'ils n'aient pas senti ce qu'ils y mettent. Quelques-unes de ces lettres sont des ultimatums, des sommations respectueuses d'avoir à succomber; d'autres demandent humblement pardon. Quelquefois l'injure et la prière alternent dans la même lettre. Il lui écrivait qu'il valait mieux ne plus se voir. Vieillis, ils pourraient peut-être se retrouver sans amertume et sans danger. Mais aujourd'hui, il n'y avait pas de bonheur pour deux êtres qui voulaient l'un et l'autre l'impossible. Non, il ne fallait plus se voir.... En attendant, si l'on se voyait une dernière fois pour se dire adieu? Et,

au lendemain de ces grandes scènes, de ces
belles résolutions, on revenait aux doux enfantillages, aux innocentes promenades. Elle se
faisait très douce, lui très humble, et ils tombaient dans une sorte d'engourdissement délicieux. « Le bonheur, disait-il, est comme une
envie de dormir. » Au retour, attendri, reconnaissant, il lui écrivait : « Il m'a semblé que je
ne désirais rien de plus ». Le romancier qui était
en lui jugeait la situation et lui conseillait de
prolonger le plus qu'il pourrait cette minute
rare, de savourer cet amour à part qui, ayant
perdu des deux côtés l'espoir d'arriver à ses fins,
se survivait pourtant et s'alimentait de lui-même,
plus subtil et plus pur qu'il n'avait jamais été.
Ces heures de sagesse, ces crises de bonheur
duraient peu. On retombait dans les récriminations et les reproches. On se disait encore
adieu, et le lendemain, on était encore dans les
bois sur lesquels l'automne répandait ses premiers frissons. Il devenait difficile de s'aimer en
plein air, et Mérimée parlait de chercher un
abri. A quoi Mlle Dacquin répondait d'un sourire évasif. De ces ruptures et de ces reprises,

l'amour sortait épuré, mais amoindri et attristé.

La première fois qu'il siégea à l'Académie, elle était là, plus affligée que fière. Car cette part de mendiant, cette part anonyme n'était pas celle qu'elle avait rêvé de recevoir. Sous son habit vert, à la face de tout Paris, qui n'y vit que du feu, il osa lui envoyer, du bout de ses gants, un baiser imperceptible : circonstance assez peu commune, je pense, dans les réceptions académiques. Elle ne vit pas, ou ne voulut pas voir ce baiser, s'en alla seule et pleura. Elle pensait, la pauvre demoiselle, que la gloire le lui prenait définitivement et qu'on ne peut pas aimer un académicien.

L'histoire finit-elle là? Non; dans la vie rien ne finit. Il y eut encore d'autres crises, mais nous ne les connaissons pas bien. Plus tard, Mérimée s'ingénia à faire une amitié avec les débris de cet amour. Il la cultiva comme un rosier sur une tombe, et jusqu'au bout, il aima à respirer les fleurs de ce rosier-là. Quant à Jenny Dacquin, elle avait jeté sa vie dans une équipée de jeune fille; elle ne l'en retira pas. Elle aurait pu se consoler avec un bourgeois de province : elle préféra sa liberté et ses souvenirs. L'histoire littéraire lui doit une place parmi les amoureuses des hommes célèbres. Un peu bizarre, parfois revêche, légèrement précieuse, pleine de détours, mais tendre, pure et, au fond, parfaitement sincère, c'est ainsi que je crois la deviner. Elle disait d'elle-même : « Je ne sais que jouer et rêver ». Quelle adorable femme, si c'était vrai !

Mérimée a été un bon fils et un bon amant. S'il avait eu des filles ou des nièces, il eût été un père charmant, un oncle délicieux, meilleur peut-être dans les paternités de fantaisie, dans les paternités *à côté*, que dans une paternité réelle et sérieuse où le devoir est de tous les instants. Dans son discours de réception à l'Académie française, M. de Loménie, qui lui succéda si tard et le remplaça si peu, a bien voulu s'affliger que Mérimée ne se fût pas marié et n'eût pas eu une nombreuse postérité. Et il concluait que cet homme si choyé, si admiré, n'avait pas été un homme heureux : ce dont Jules Sandeau s'égaya fort. Dans les douze cents lettres que j'ai eues sous les yeux, je n'ai pas trouvé un regret exprimé à ce sujet. Il était trop logique avec lui-même pour se lamenter niaisement sur les conséquences d'un célibat que les circonstances lui avaient imposé et que sa volonté rendit définitif. Lorsque son ami Stapfer devint père d'une fille, il lui écrivait, pour le féliciter, dans des termes plaisants, qu'il savait devoir être entendus de cet homme d'esprit. Il n'avait pas, disait-il, de peine à se représenter sa joie, en se rappelant le plaisir qu'il avait lui-même autrefois à élever des petits chats. Il ajoutait que les petits chats perdent de leur gentillesse, tandis que « les moutards humains et surtout les moutardes gagnent sous ce rapport en grandissant[1] ». Ainsi, de la petite fille à la douairière, la femme l'amusait et le charmait. Il aimait à vivre dans l'atmosphère féminine. Souffrant, il n'admettait que les soins des femmes. Bien portant, il les taquinait, les plaignait, les confessait, causait avec elles chiffons et métaphysique, dessinait des costumes de bal masqué, acceptait des missions auprès de Palmyre, la grande couturière artiste de ces temps-là, opinait sur les toilettes avec le

1. Correspondance avec Albert Stapfer, 2 septembre 1837.

sérieux d'un abbé de cour d'il y a cent ans. Tout cela, pour être avec elles et les mieux comprendre. Quand il ne leur parlait pas, il parlait d'elles ; sa sympathie allait de préférence à ceux qui, comme lui, aimaient l'odeur de la femme. Il y a beaucoup d'hommes qui ont l'air d'écrire des livres, de peindre des tableaux, de construire des chemins de fer et de gouverner des républiques : en réalité, l'unique affaire de leur vie est de plaire aux femmes. Ils se connaissent, se devinent, se rapprochent : Mérimée était de cette franc-maçonnerie. Il a goûté, je devrais dire dégusté, ce qui est, dit-on, un des grands biens de ce monde : l'amitié des femmes.

Parmi ses amies, la plus fidèle, la plus loyale, la plus dévouée a été la comtesse de Montijo. On l'a déjà vue sous un autre nom lorsque, dans l'été de 1830, Mérimée fit sa connaissance à Madrid. Après la révolution, le comte et la comtesse de Teba vinrent se fixer à Paris. Ils se lièrent avec les familles les plus distinguées de la société parisienne, entre autres les Delessert et les de Laborde, où Mérimée était reçu intimement depuis l'enfance.

Les relations, nouées en Espagne, devinrent à Paris plus étroites et presque quotidiennes. Don Eugenio étant mort en 1834, don Cipriano hérita des biens et des grandesses de la maison de Montijo. Mais ce changement de fortune ne modifia point ses goûts personnels de simplicité et de retraite. Il voulait que ses filles fussent élevées comme si elles devaient être pauvres, qu'elles s'endurcissent aux privations et à la souffrance. Tout différent était le caractère de la comtesse. Cette activité, cette énergie, cette vitalité incroyable que ni l'extrême vieillesse ni la cécité ne devaient ralentir, avaient hâte de se donner carrière. Mérimée parle de « son courage », de « sa bonne tête ». Plus tard, il lui écrivait : « Si vous étiez ici, vous m'auriez fait nommer déjà de l'Institut ». Et encore : « *Vous m'avez habitué à croire que tout ce que vous vouliez s'accomplissait* ». Ces mots méritent d'être médités. Mme de Montijo était ambitieuse et avait raison de l'être, ayant tous les dons nécessaires pour conduire les hommes et les événements, le sang-froid, la patience, une volonté qu'on ne pouvait lasser, et cet optimisme sans lequel on ne domine, on n'entraîne personne.

C'était d'ailleurs un esprit ouvert, curieux, que tout intéressait et qui comprenait tout : la littérature courante, les jeux de la politique, l'histoire du passé. Elle avait servi de guide à Mérimée, lors de son premier voyage ; elle l'avait initié aux « choses d'Espagne ». Elle lui raconta plus tard l'anecdote dont il fit *Carmen.* Plus tard encore, elle lui suggéra *Don Pèdre,* et, pour l'aider à déterrer des documents, mit en mouvement et en fièvre un peuple de bibliothécaires, d'archivistes, de professeurs, d'académiciens. Elle savait, à point nommé, dans quelle cervelle ou dans quel volume trouver le renseignement voulu. Elle fit mieux : elle souffla à son ami, à propos de Don Pèdre, une théorie historique qui devint chez lui tout un système et qui ressemble assez à la philosophie de l'histoire de Thomas Carlyle. Son idéal était un tyran de génie qui menait les peuples au bien sans leur dire par où; mais elle sentait que, dans un siècle comme celui-ci, il faut garder quelques sourires pour les doctrinaires et les libéraux. Elle admirait Napoléon : on naissait bonapartiste dans cette famille. Quelques années après, apprenant qu'un prince de vingt ans qui portait ce grand nom était à Madrid, elle l'étudia avec une vive curiosité. Il était brillant, spirituel, séduisant; c'était *un* Bonaparte, ce n'était pas encore *le* Bonaparte que, selon elle, l'Europe attendait.

Après la mort du comte, il ne lui fallut pas deux ans pour devenir un des *leaders* de la société madrilène et un des personnages importants du parti de Narvaëz. Dans sa maison de Carabanchel (où Cabarrus avait laissé des souvenirs et où était née Mme Tallien), elle planta des arbres et, avec cette admirable puissance de l'illusion qui rend tout possible, à peine nés, elle les voyait grands et jouissait de leur ombre. Sur son petit théâtre de campagne, elle osait jouer de grands opéras. Elle faisait chanter et danser tout le monde; elle maria et amusa les gens jusqu'à son dernier jour. Elle distribuait le plaisir, elle imposait le bonheur autour d'elle; manière d'agir qui ne peut déplaire qu'à ceux-là seulement qui s'en font une idée très indépendante et très particulière. Le grand nombre est ravi d'accepter un bonheur tout fait.

Mais je me laisse aller à peindre la comtesse de Montijo telle qu'elle fut dans ses années de royauté mondaine, à la *Plaza del Angel* et à Carabanchel, tandis que je n'en suis encore qu'aux jours de solitude et à la vie modeste de Paris. Elle lisait alors beaucoup et allait au théâtre. Elle fut une des premières à applaudir Rachel. Mérimée lui présenta quelques écrivains, et principalement Henri Beyle, qui prit goût à la maison. Il trouva deux naïves et ferventes admiratrices dans les petites filles de Mme de Montijo. « Les soirs où venait M. Beyle, m'a dit plus d'une fois l'impératrice, étaient des soirs à part. Nous les attendions avec impatience, parce qu'on nous couchait un peu plus tard ces jours-là. Et ses histoires nous amusaient tant!... » Imaginez les deux petites filles assises chacune sur un genou de Beyle et buvant ses paroles; lui, déployant épisode par épisode ce prodigieux drame dont il avait été le témoin, à peu près comme il a raconté la bataille de Waterloo dans *la Chartreuse de Parme*, avec cette sincérité de touche, ce don du détail suggestif, qui rendaient les choses vivantes, présentes et toutes proches. Au milieu de ces récits de gloire et de misère, où les défaites égalaient en grandeur les triomphes, l'homme de Marengo et de la Moskowa, le héros au petit chapeau et à la redingote grise, faisait de brusques et éblouissantes apparitions. Beyle, pour le rendre visible aux yeux comme à l'esprit, donnait aux deux enfants des images : l'impératrice conserve encore une *bataille d'Austerlitz*, donnée « par son ami ». Ainsi la religion de l'empire se glissait dans ces jeunes imaginations, déjà préparées par les souvenirs paternels ; elle devenait le fond même de leur esprit. Heureuses petites filles qui eurent pour initiateur dans ce monde de la légende, non un Marco Saint-Hilaire, mais un Stendhal ! Heureuses aussi d'avoir connu le meilleur de cet homme intéressant, peut-être le vrai Stendhal, un Stendhal sans affectation et sans grimaces, un conteur hors ligne qui, pour être compris, pour être digne de ses petites amies, voulait être pur et daignait être simple !

Quant à lui, sa vanité ne connut peut-être pas de fête plus exquise, d'hommage plus vrai que l'attention émue de ces beaux yeux qui devaient être tant admirés. Il disait à la petite Eugénie : « Quand vous serez grande, vous épouserez M. le marquis de Santa-Cruz — il prononçait ce nom avec une emphase comique —. Alors vous m'oublierez, et moi je ne me soucierai plus de vous. »

Je ne sais si Mérimée contait des histoires à l'enfant, mais il s'occupait d'elle en mille façons. Il la conduisait chez le pâtissier, lui corrigeait ses thèmes français, lui donnait même quelquefois des leçons d'écriture dont la trace est visible. De ce temps-là, l'impératrice garda pour lui un respect qui ne s'effaça jamais, qui dure encore. Il y a bien longtemps que toute l'Europe dit Mérimée; pour elle, il est demeuré monsieur Mérimée. Je n'ai jamais entendu ces deux mots, sans être frappé de leur touchante étrangeté et sans tomber dans une rêverie où je me croyais le contemporain des heures lointaines où le grand écrivain, se faisant maître d'école, apprenait le français à la future souveraine de la France.

Le comte de Montijo étant tombé malade, à Madrid, du mal qui devait l'emporter, la comtesse partit en hâte pour aller le rejoindre. Les petites, demeurées avec leur institutrice, devaient suivre peu de jours après. Mérimée veilla sur elles, leur consacra le plus d'instants qu'il put pendant ces derniers jours. Il fit à Paca, qui traitait parfois un peu cavalièrement la bonne miss Flowers, un petit sermon sur l'orgueil qui, pour être très laïque, n'en fit pas moins bon effet, car les petites en parlèrent à leur amie Cécile Delessert.

« Vous ne sauriez croire, écrivait-il, le chagrin que j'éprouve à les voir partir. » Elles avaient treize et quatorze ans; elles étaient à ce joli âge indécis où la femme commence à regarder par les yeux de l'enfant. Je connais un tableau qui les représente alors, avec des nattes dans le dos et un bout de pantalon brodé qui dépasse la jupe. La beauté de la seconde n'est encore qu'à l'état de pressentiment, mais on reconnaît déjà certain regard couvert et certaine flexion du cou. Quant à Mérimée, les premiers cheveux gris naissaient sur sa tempe; il avait le sentiment, doux et triste, de quelque chose qui finissait. Il regardait bien ces deux enfants, pour les garder dans son souvenir, car il ne les reverrait plus telles qu'elles étaient. Elles deviendraient de belles jeunes filles, coquettes ou passionnées. Puis viendrait « M. le marquis de Santa-Cruz » qui les prendrait pour jamais, et tout serait dit.

C'est pourquoi il était ému, d'une fine, délicate, pénétrante émotion, le 17 mars 1839, alors qu'il vit, dans la cour des messageries, s'ébranler la diligence qui emportait Paca et Eugénie. Un peu plus, cédant à un besoin de cœur, il partait avec elles. Il avait fait promettre aux enfants et à miss Flowers de lui écrire.« De tout cela, écrivait-il à la mère, il sortira bien une lettre. » En effet, d'Oloron, où les mauvais temps, qui rendaient impossible la traversée de la montagne, arrêtaient les trois voyageuses, Eugénie écrivit une belle lettre, sur papier réglé, à son vieil ami de trente-six ans, M. Mérimée.

IV

Les courtes nouvelles de Mérimée. — Influence de Beyle — *Les Ames du Purgatoire*. — *La Vénus d'Ille* et l'art de faire peur. — *Colomba*. — Tournées d'inspection générale. — Mérimée a-t-il été un bon inspecteur des monuments ? — Dessins de Mérimée. — Relations avec les artistes ; connaissances techniques et système critique. — Mérimée et l'art gothique. — Part qu'il a eue dans la préservation de nos monuments. — Mérimée et l'art ancien. — Voyages à Rome, en Grèce et en Orient.

Pendant que le cœur de Mérimée courait les aventures, que devenaient son esprit et son talent ?

L'accès de dandysme, signalé dans le chapitre précédent, sévit dans toute son acuité de 1829 à 1834. L'influence de Beyle, qui est alors à son apogée, coïncide avec cette mondanité ; par certains points elle la corrige, par d'autres elle l'aggrave. Il y a des moments, dans la vie de certains auteurs, où un autre homme semble parler par leur bouche, écrire avec leur plume. Mérimée traversait un de ces moments où l'imitation est d'autant plus fidèle qu'elle est inconsciente et instinctive. *La Double Méprise* commence par cette phrase : « Julie de Chaverny était mariée depuis six ans environ, et depuis à peu près cinq ans et six mois, elle avait reconnu non seulement l'impossibilité d'aimer son mari, mais encore la difficulté d'avoir pour lui quelque estime ». Un peu plus loin, on apprend que la seule vraie maîtresse est une femme qui vous aime assez pour renoncer au bal, une femme chez laquelle on arrive en bottes crottées lorsqu'elle est déjà toute parée et à laquelle on dit : « Restons ! » C'est l'esprit de Beÿle et jusqu'à son style.

Non seulement Mérimée adoptait la psychologie de son ami, mais il jetait sa pensée dans le même moule, lui empruntait ses formes brèves, décisives, autoritaires. Il n'écrivait plus que des nouvelles, pour deux raisons. La première, c'est le manque de temps ; la seconde, c'est que l'inspiration un peu courte de Mérimée s'arrangeait mieux des suggestions que des analyses.

Il doit peut-être à ce double accident le meilleur de sa gloire, car c'est l'avis de tous qu'il a excellé dans les courts récits, et je me garderai de contredire à l'impression générale, bien que, comme on l'a vu et comme on le verra encore, ma prédilection incline vers d'autres œuvres. Je reconnais volontiers pour des chefs-d'œuvre *Matteo Falcone*, *l'abbé Aubin* et *la Prise de la redoute* (née, peut-être, à la suite d'une conversation avec Beyle). Je ne puis mettre sur le même rang *la Double Méprise*, ni *le Vase étrusque*. On a beau m'avertir que *le Vase étrusque* contient un lambeau d'autobiographie et que Saint-Clair, c'est Mérimée peint par lui-même : je me méfie du portrait. Qu'on se calomnie ou qu'on se flatte, qu'on s'accuse ou qu'on s'excuse, on n'est jamais un très bon peintre de soi-même. Quelle que soit la valeur du document, il ne saurait faire perdre au *Vase étrusque* cette légère odeur de *high-life* qui le parfume tout entier et le gâte à demi.

L'affectation mondaine diminue, et Mérimée retrouve des loisirs pour écrire, en 1834, une assez longue histoire, *les Ames du Purgatoire*. C'est, sous une forme à demi moderne, tantôt railleuse et tantôt sombre, l'histoire de D. Juan de Marana, l'une des deux légendes qui sont comme les affluents d'où ce puissant courant s'est formé. La couleur espagnole a, cette fois encore, bien servi Mérimée, et son scepticisme s'est gardé d'intervenir dans la scène de la conversion où don Juan assiste à ses propres funérailles, non plus qu'en ce soudain et dernier jet de passion qui lui fait commettre encore un homicide sous le saint habit du pénitent. Il a respecté, rendu sans sourire le dénouement, si étrangement mêlé de terreur et de pitié, né de tendres et pieuses imaginations auxquelles le pardon semblait facile, la rechute plus facile encore : dénouement auprès duquel, pour le dire en passant, la fin de don Juan Tenorio, en dépit de Molière et de Mozart, ne semble qu'un effet de mélodrame.

En 1837, Mérimée publia *la Vénus d'Ille*, une des cinq ou six nouvelles qui lui ont fait une réputation de conteur hors ligne. En effet c'est là qu'on peut voir ses meilleures facultés à l'œuvre. D'abord il y a une méchante femme, car, bien que statue, elle vit et agit. Sans une méchante femme pour l'inspirer, point de talent chez Mérimée. Dans *la Vénus d'Ille*, il a sous la main un autre élément de succès dont il avait déjà essayé dans *la Vision de Charles XI* (1829) et auquel il devait revenir plus d'une fois : la peur.

Cet art de faire peur est-il vraiment un art ? Ceux qui le possèdent et le pratiquent s'en cachent de leur mieux. Mais le caractère de Mérimée lui fait une joie de détruire l'illusion qu'il a créée, et, après avoir effrayé son lecteur, de se moquer de lui en lui montrant la simplicité des moyens employés. Dans un article sur les premières œuvres de Nicolas Gogol, il réduit la terreur artificielle à une recette qui rappelle les formules de *la Cuisinière bourgeoise*. « Commencez par des portraits bien arrêtés de personnages bizarres, mais possibles, et donnez à leurs traits la réalité la plus minutieuse. Du bizarre au merveilleux la transition sera insensible, et le lecteur se trouvera en plein fantastique bien avant qu'il se soit aperçu que le monde réel est loin derrière lui. » En effet, qui a jamais eu peur, après dix ans, en lisant un conte de fées ? Pour que le surnaturel ou, si l'on veut, le mystérieux, l'étrange, l'inexpliqué nous émeuve, il faut que nous le rencontrions au détour de quelque bruyant carrefour de la vie, à deux minutes de l'Opéra et de la Bourse. De plus, la terreur ne peut être chez nous qu'une impression nerveuse, une courte défaillance de l'esprit, le frisson que donne un courant d'air froid venant, par une fenêtre soudainement ouverte, des pays de la mort et du rêve. Notre positivisme habituel, notre amour-propre d'animal rationnel et critique se remet vite, et il faut prévoir ce retour offensif en donnant deux issues au récit : l'une vers l'impossible, l'autre vers le monde réel. Cette loi, Mérimée a oublié de la poser, mais il a fait mieux : il en a donné une application sans défauts dans *la Vénus d'Ille*, dont le dénouement nous laisse dans le doute, entre un événement fantastique et une explication très simple, sans que l'auteur fasse comprendre de quel côté il penche. *La Vénus d'Ille* fait-elle encore peur? C'est une question que le public seul peut résoudre.

Mérimée avait emprunté à un chroniqueur latin du xe siècle la curieuse légende qui forme le fond de *la Vénus d'Ille*[1]. Ce qui lui appartient en propre, c'est l'audace avec laquelle il a jeté ce vieux sujet en pleine vie moderne. Il est également le créateur des figures, plus ou moins distinctes, qui se meuvent dans son récit et notamment de l'antiquaire, qui supporte très avantageusement la comparaison avec celui de Walter Scott. Combien d'honnêtes savants de province, rencontrés au cours des tournées officielles de Mérimée, ont, sans s'en douter, fourni un trait à ce personnage si vigoureusement, quoique si sobrement décrit!

1. On trouvera aux appendices le texte de ce morceau caractéristique où se confondent les deux mythologies, la chrétienne et la païenne, et où se reflète, avec une certaine puissance sombre d'imagination, l'étrange confusion d'idées qui, dans la Rome du xe siècle, répondait au désordre des mœurs. J'avais cru Mérimée l'inventeur de *la Vénus d'Ille* : c'est M. le comte Nigra qui, après avoir lu mes articles de la *Revue des Deux Mondes*, a bien voulu m'écrire pour me signaler mon erreur. L'opinion du comte Nigra est que c'était Villemain qui avait appelé l'attention de Mérimée sur cette chronique. En effet elle se trouve insérée dans le texte de la *Vie de Grégoire VII*, qui, écrite avant 1840, n'a vu le jour qu'après la mort de l'auteur et après celle de Mérimée.
Après Hermann Corner, Gautier de Coinsi, bénédictin de Saint-Médard de Soissons, qui vivait et écrivait au xiiie siècle, tira de la même légende, en la modifiant, un petit poème, intitulé : *Du Varlet qui se maria à Notre-Dame* (V. Barbazan, *Fabliaux*, t. II). Enfin, dans notre siècle, Thomas Moore a traité le même sujet dans l'*Anneau* (*The Ring*).

Un voyage de deux mois fait en Corse dans le cours de l'année 1840 donna naissance à *Colomba* qui le mit, d'une façon définitive, au premier rang parmi les favoris du public et lui ouvrit l'Académie française. Dans ce petit roman, point de terreur, mais la plus attrayante, la plus candide, la plus fermement dessinée, la plus finement nuancée des jolies méchantes de Mérimée. Et puis, des brigands excellents; trop spirituels peut-être, trop lettrés, trop proches parents de Fra Diavolo, mais Mérimée les voyait ainsi et les peignait de verve, sans affectation ni parti pris. Tout enfant, il s'était enivré des aventures de Morgan, de l'Olonnais et de Montbard l'Exterminateur. — « Je goûte fort les bandits, écrivait-il longtemps après, non que j'aime à les rencontrer sur mon chemin, mais l'énergie de ces hommes en lutte avec la société tout entière m'arrache, malgré moi, une admiration dont j'ai honte. » — Il n'en avait pas honte du tout, et, au lieu de s'en défendre, d'être entraîné « malgré lui », il nourrissait, lorsqu'il en trouvait l'occasion, ce goût naturel pour les déclassés et les réfractaires. C'est ce goût qui le poussait, jeune homme, à chercher les aventures de nuit, aux environs de l'Alhambra, où un baiser pouvait être suivi d'un coup de couteau; c'est ce même goût qui le portait à étudier la langue des Tsiganes comme on étudie le sanscrit ou le grec, à demander, dans un coin solitaire de l'Asie Mineure, l'hospitalité, plus que douteuse, d'un campement de Tartares, à accepter, enfin, avec empressement une invitation à un *tea-party* de gipsies, à Barcelone, dont on lira plus loin le récit dans une page inédite.

Ors' Anton, le héros de *Colomba*, et son amoureuse anglaise nous intéressent peu. La poétique de 1840 voulait que les amoureux n'eussent point de caractère. En revanche, nos pères et nos grands-pères étaient très exigeants en ce qui touche certaines qualités dont nous sommes en train de faire des défauts : ordonnance du récit, proportion des parties, logique des situations, identité des caractères, choix des détails, politesse et fini du style. Ils appréciaient la netteté quasi chirurgicale avec laquelle une action était découpée dans la réalité, de façon à former, du début au dénoûment, un tout isolé, compact, complet : non pas un morceau de vie, mais une vie à part, un organisme indépendant. A ce point de vue, la vieille critique n'avait rien à reprocher à *Colomba*.

Lorsqu'on lit les lettres que Mérimée écrivait, en route, à ses amies, pendant le cours de ses tournées d'inspection, on serait tenté de croire que ces voyages étaient pour lui de pénibles corvées. Il partait avec dégoût, revenait avec lassitude. Tout le long du chemin, il maudissait la saleté des auberges et l'ineptie des conseils municipaux, la bêtise des provinciaux et la laideur des provinciales. Les Bretons l'ennuyaient, les Gascons le fatiguaient. La vulgarité des Provençaux l'exaspérait, et il ne commençait à leur trouver de l'esprit que quand il était au milieu des Flamands et des Picards. Les dames de Caen, d'Aurillac et de Chaumont ne pouvaient être qu'affreuses, puisqu'elles ne savaient pas s'habiller. « La femme à l'état sauvage est toujours laide » : ses élégantes amies, les Parisiennes, lui avaient appris ce dogme et il y croyait, car il faut toujours être croyant et naïf par quelque bout, surtout quand on se pense un roué. Passé l'octroi de Paris, comme il n'espérait plus voir de femmes et ne tenait pas à voir les arbres, il fermait les yeux pour ne les rouvrir qu'à l'arrivée.

Si habitué que je sois aux airs dédaigneux de Mérimée, qui jouissait de la vie infiniment plus qu'il ne voulait le laisser voir, j'ai failli, cette fois, être sa dupe. En réalité, à part quelques mésaventures — la plus grave fut une sotte accusation de soustraction de manuscrit dont il sera question plus loin, — ces voyages le reposaient, l'amusaient, servaient au développement de son esprit et de son talent. D'abord, malgré tout et malgré lui, il observait. C'étaient des scènes d'élections, moitié ignobles, moitié gaies, qui devaient plus tard prendre place dans *les Deux Héritages* ; c'était une veillée avec les paysans, où il improvisait, pour les épouvanter, un de ses contes les plus noirs; c'était la physionomie des « trous » étudiés sur place, avec celle des originaux qui y fleurissent et ne peuvent fleurir que là; mille choses ennuyeuses à subir, amusantes à raconter, mille sensations qui ne seraient pas allées le chercher dans son cabinet de la rue Jacob et dont quelque chose est venu jusqu'à nous à travers la brièveté et la discrétion, toutes scientifiques, de ses *Notes de Voyage*.

Grâce à ces notes, nous pouvons le suivre au cours de quatre importantes tournées. Dans le premier volume, publié en 1835, nous avons les impressions qu'il jetait sur son carnet à la fin de la journée et qui servaient de matière première à ses rapports. Dans les recueils suivants, datés de 1836, 1838 et 1840, nous possédons les rapports eux-mêmes ou des extraits de ces rapports. Le quatrième a la forme d'un mémoire, et l'ordre des matières y prime l'ordre des dates. Les trois derniers, on le conçoit, sont moins larges d'esprit, moins riches en détails personnels, moins agréables à lire que le premier. Pourtant, on y sent très peu la contrainte officielle; on oublie « Monsieur le ministre », qui reparaît seulement lorsqu'on a de l'argent à lui demander pour sauver quelque vieille pierre, menacée de destruction par la barbarie du public ou l'avarice des particuliers.

Je ne veux pas accompagner Mérimée de ville

en ville; je me contente de l'apercevoir, par échappées, aux heures ou aux minutes intéressantes.

Ainsi j'aime à le voir, errant sur la colline déserte où se dressa probablement Gergovie, en compagnie d'un officier qui est en même temps un archéologue. Il tient les Commentaires de César ouverts au septième livre. Il fait de grands pas réguliers pour prendre des mesures; quelquefois il s'agenouille dans la poussière, interroge son compagnon, s'interroge lui-même, revient à son livre, évoque tous les détails du siège, jour par jour, heure par heure, essaie de les faire accorder avec la nature des lieux, mais sans violence, sans parti pris : « Oui, peut-être, c'était là.... Mais comment la cavalerie a-t-elle pu charger ici? Comment les légionnaires, avec le poids qu'ils portaient, ont-ils pu courir pendant douze cents pas sur un pareil terrain? » Il serait capable de faire la course, avec un poids égal sur les épaules, pour mieux savoir ce qu'il en est. La scène change, le voici dans l'église Saint-Sauveur d'Aix, devant le portrait du roi René. La physionomie du vieux prince lui raconte toute son histoire. « Un bonhomme blasé, plein de finesse, mais paresseux, et qui se fait, avant de rien entreprendre, cette question qui suffit à dégoûter de tout : *cui bono?* » La scène change encore : il arrive près du Gard, un soir de tempête « comme le Gardon débordé roule avec un bruit affreux ses eaux couleur de café. Le ciel est à l'orage, mais une éclaircie dore le monument qui semble étincelant de lumière. Le site sauvage, la solitude complète du lieu, le bruit du torrent » l'émeuvent, lui donnent, en une soudaine et pénétrante émotion, le frisson du sublime.

Un autre jour, il sera un autre homme. A Vienne, on lui a dit : « Il y a une statue chez Mme Michoud ». Et il passe le Rhône un matin (c'est le 7 septembre 1835) pour aller chez Mme Michoud. Il y trouve, en effet, une statue bien conservée, mais qui accuse la décadence par le fini du détail. On dirait une assez belle nourrice de vingt-sept à vingt-huit ans, aux seins légèrement pendants. « C'est de la peau », dit-il. Il y met le doigt, s'attend presque à la voir céder trop facilement. Ce n'est pas le sentiment du sublime qui l'effleure en ce moment et ses réflexions seraient bonnes pour les dîneurs du café de la Rotonde.

Un nouveau décor. Mérimée traverse l'Esterel en compagnie d'un savant homme qui a l'âme d'un artiste et d'un poète. C'est Fauriel, l'historien de la *Gaule méridionale*. Le lendemain, par une belle journée d'été, ils s'embarquent pour les îles de Lérins et les voilà bercés sur les eaux du golfe de Cannes. Un vétéran de Napoléon, gouverneur de Sainte-Marguerite, leur fait les honneurs de la prison du Masque de fer. Puis je vois les deux érudits, au milieu des pierres croulantes qui roulent sous leurs pieds, explorant les souterrains du vieux couvent fortifié de Saint-Honorat, bizarre construction « qui semble faite pour jouer à cache-cache » et où les visiteurs remarquent, dans les cellules monacales, des trumeaux galants. Ils reviennent à terre, toujours devisant des choses de leur commun métier. Aucune voix ne sort des choses, éternellement ignorantes et muettes, pour dire à ce jeune homme : « C'est ici que tu mourras. Ta tombe se creuse en ce lieu qui te paraît si beau. »

L'homme qui a souri au souvenir plus que mondain des joyeux moines de Saint-Honorat entre avec respect dans l'antique abbaye de Solesmes où les bénédictins venaient de rentrer. C'est dom Guéranger lui-même, alors jeune prêtre, qui lui en montre avec beaucoup de politesse les curiosités archéologiques. Ces deux êtres si différents se rencontrent et se comprennent dans l'amour de la science. Lui, dont tant de métiers et de passions dévorent la vie, il a une phrase de sympathie émue — qui dut étonner « Monsieur le ministre » — sur ces loisirs infinis et cette perpétuité des laborieuses traditions qui permet aux octogénaires d'entreprendre avec confiance les tâches les plus ardues ou les plus vastes. Ce que l'individu commence, l'ordre le finira.

Ce sentiment le prépare à pénétrer sans impatience dans cette Bretagne, terre des rêveuses somnolences et des langueurs mystiques. Tout à l'heure il admirait le moine érudit; maintenant il comprend presque, il envie vaguement le moine songeur et imaginatif qui se contente de prier et de regarder le ciel. Assis au fond de la baie de Paimpol, il « ne peut détacher ses yeux de cette mer blanchissante d'où sortent çà et là les têtes verdâtres d'une multitude de rochers », et s'étonne de voir là des arbres du midi, « qui laissent tomber leurs fruits dans les flots ». Alors sa pensée se reporte vers cette majestueuse abbaye de Beauport, dont les restes imposent encore, vers ces « riches oisifs qui vivaient là et croyaient *peut-être*[1] honorer Dieu en ornant leur demeure! » Il en cherche la raison et la trouve. C'est que « les habitudes contemplatives de la vie monastique ont, de tout temps, donné à l'esprit le sentiment du beau abstrait, indépendant de toute idée d'utilité réelle. Assuré d'une vie uniforme et douce, borné dans ses plaisirs comme dans ses ambitions, plus qu'aucun autre à l'abri, par son caractère sacré, des revers de fortune, le moine du xiii⁰ siècle pouvait et devait aimer le beau pour lui-même. »

Cet aveu lui échappe sans qu'il y songe. Ailleurs, il s'enfoncera encore plus loin et plus profondément dans cette âme religieuse du passé qui,

---

[1]. Je souligne le peut-être. Je parierais qu'il l'a ajouté à Paris en corrigeant les épreuves, lorsque le charme a été rompu et qu'il s'est retrouvé en compagnie de ses livres et de ses amis, de son Bayle et de son Beyle.

là plus qu'ailleurs, chuchote à notre oreille quelques-uns de ses secrets. Voici Mérimée debout sur le toit d'un dolmen. Il regarde le soleil se coucher sur la mer, vers Kerzerho. Autour de lui, en files régulières, les blocs de Karnak allongent dans la campagne déserte leurs avenues infinies, pareils à autant de soldats géants arrêtés dans leur marche et pétrifiés sur place : noirs sur l'horizon du couchant, éclatants de rouge clarté sur la verdure assombrie des ajoncs. Heure auguste, spectacle inoubliable! Dans ce temple qui ne se souvient même plus du nom de son dieu, qui sait jusqu'où s'envola la pensée du grand sceptique?

Mais revenons. Ces voyages, utiles à Mérimée, ont-ils servi la science et l'art? A-t-il été un bon inspecteur des monuments historiques?

Lorsque je me suis posé cette question pour la première fois, j'hésitais à la résoudre. Aujourd'hui, appuyé de témoignages dont l'autorité n'est point contestable, je réponds avec certitude : « Oui, Mérimée a été un bon, et même un grand inspecteur des monuments; il a été l'inspecteur type; un initiateur et un maître pour ceux qui sont venus après lui. » En sorte que je me demande si toute son œuvre littéraire accumulée fait équilibre à ses rares services artistiques.

D'abord, il faut se rappeler comme il avait été préparé à ce rôle par les circonstances, ces dons héréditaires pour le dessin, que l'éducation première avait cultivés et développés.

On a vu qu'il dessinait partout et toujours : c'était pour lui un passe-temps et une attitude, presque un besoin. Il semait ses lettres de croquis et d'hiéroglyphes. A l'inconnue, il envoyait la silhouette et le chapeau d'une Allemande rencontrée sur le Rhin en bateau à vapeur. Dans une lettre à Mme de Montijo, il parlait de « la position élevée à laquelle ne pouvait manquer d'arriver M. le duc de la Victoire », et il accompagnait cette prophétie d'un dessin expressif, représentant Espartero, qui se balançait à une très haute potence. La correspondance avec Requien, déposée au musée d'Avignon, est couverte, également, d'illustrations curieuses. J.-B. Rathery, l'aimable et savant bibliothécaire, siégeant un jour dans une commission à côté de Mérimée, ramassa avec la permission de son voisin une grande composition dans le goût des prix de Rome d'il y a soixante ou quatre-vingts ans : *Dumollard, l'assassin des bonnes, poursuivi par les ombres de ses victimes.* Il a illustré, assez agréablement, l'exemplaire manuscrit de *la Chambre bleue* qu'il offrit à l'impératrice. Il recommença à plusieurs reprises le portrait de Mlle Dacquin sans jamais se satisfaire. Un chat, dessiné par lui, fait le gros dos sur la couverture du petit livre de M. Tourneux que j'ai déjà cité. Enfin, j'ai sous les yeux une copie à l'aquarelle d'un prétendu Velasquez dont il ne put faire accepter l'authenticité par les amateurs de Madrid et auquel il crut jusqu'au bout, comme il crut à Libri. Cette copie, faite pour être soumise aux amis de la comtesse de Montijo, donne l'idée de ce qu'il pouvait faire en s'appliquant. Le travail est très serré ; c'est vigoureux, fin et sec : du vrai Mérimée.

Fils d'artistes, grandi dans le milieu où se forment les sculpteurs et les peintres, il assistait de près à une révolution du goût et à la naissance d'une esthétique nouvelle ; il prenait sa part des discussions parmi lesquelles elle vint au monde. Il était lié avec David d'Angers, Devéria, Célestin Nanteuil et Delacroix. De tels hommes ont dû agir sur la formation de ses conceptions artistiques; peut-être n'a-t-il pas été sans influence sur leurs propres opinions. On lit dans les notes d'Eugène Delacroix : « M... me disait : « Je définis l'art, l'exagération à « propos. » — Et pourquoi ? Parce que les anciens employaient, dans leurs théâtres, des masques, des porte-voix et des cothurnes. M. Tourneux veut que ce M... soit Mérimée. C'est possible, mais ce n'est pas sûr. La définition est subtile; elle peut être juste, en beaucoup de rencontres. Si je ne me trompe, elle s'applique mal à Mérimée. On le trouve plus souvent en deçà qu'au delà. Il appartient à l'art qui suggère, non à l'art qui exagère.

Bien qu'il se soit moqué quelque part de l'architecte pour qui un musée n'était qu' « une galerie ornée de tableaux », Mérimée ne voulait pas qu'on oubliât de subordonner la peinture et la sculpture à l'architecture qui, par deux fois, leur a donné naissance. C'est dire qu'il abordait les questions de ce genre en historien plutôt qu'en philosophe. Ce point de vue convenait bien, semble-t-il, à un inspecteur des monuments, qui doit être surtout sensible au rôle décoratif de la peinture et de la sculpture. Les rapports de Mérimée sont des essais de critique architecturale suivant le précepte de Beyle : « Juger d'un art d'après les règles techniques et non d'après une impression dramatique, une émotion littéraire ». La crainte de n'être pas compris ou d'ennuyer retient d'ordinaire les critiques qui s'adressent au public. Mais on ne craint jamais d'ennuyer un ministre. Pour pratiquer cette méthode, il fallait des connaissances spéciales : Mérimée se les donna. Il les perfectionna, pendant plus de vingt ans, par l'étude patiente et continue des monuments eux-mêmes, observés de près et sans système préconçu.

Si la méthode professée par Beyle et pratiquée par Mérimée a ses avantages, elle a aussi ses défauts. Elle est courte par beaucoup d'endroits; elle ne rend pas raison de tout. Mérimée parlait savamment de stylobate et d'archivolte, de voussure, de frette, de meneau et de modillon, mais il ne songeait pas à chercher l'âme de l'architecture gothique. Il démêlait fort bien ce que cette architecture devait au roman et au byzantin, mais il ignora toujours ce qu'elle devait à la religion.

Il explique, par des raisons scientifiques, que l'ogive n'est pas, comme le veut l'opinion vulgaire, ce qui caractérise le gothique. L'ogive ne fut, pense-t-il, au début, qu'un pis-aller, un expédient de constructeurs ignorants pour masquer les irrégularités de leur bâtisse. Le plein cintre demeurait pour eux le style noble, le type parfait. Il fallut bien du temps pour que l'ogive cessât d'être honteuse d'elle-même et prît conscience de sa beauté. Le caractère du gothique est, selon lui, plus général. C'est la légèreté, par opposition à la solidité qui avait été le caractère de l'âge précédent, du romano-byzantin. Cette légèreté, Mérimée consentirait à l'admirer, s'il ne devait l'acheter par la vue des contreforts « hideux » qui, à l'extérieur, soutiennent ces murs si frêles. Si on lui dit que ces contreforts sont une beauté, il se fâche tout à fait. Il se moque de son ami Du Sommerard qui parle de la « fabrique aérienne » des cathédrales. Il a raison, si cette légèreté n'a été qu'un jeu, une gageure, si elle n'a un sens caché, si elle ne répond à un état psychologique. Qui croira, pour faire plaisir à Beyle et à Mérimée, que les architectes du xiiie siècle n'aient eu d'autre but que de « forcer l'étonnement du spectateur » ? Ils eussent été eux-mêmes bien étonnés d'apprendre que leurs flèches et leurs tours « menaçaient le ciel ». C'est le mot le plus malheureux qui soit venu sous la plume de Mérimée dans toute sa carrière d'écrivain ; c'est un mot presque sot pour un homme de tant d'esprit. Il n'a pas vu que la substitution des lignes verticales qui s'élancent là-haut en jets, en fusées, aux lignes horizontales qui sont parallèles à la terre et y tiennent l'esprit attaché, annonce l'avènement d'une civilisation, l'entrée en scène d'une nouvelle race d'hommes. La ligne horizontale est positiviste et la verticale est idéaliste ; l'une raisonne et l'autre prie. L'allongement du plein cintre en ogive, celui de la colonne en pilier ne sont que des épisodes de cette grande victoire de la verticale, qui ne « menace » pas le ciel, mais qui y aspire, qui s'y envole.

Ainsi cette poésie si riche, écrite sur les murailles comme sur des pages immenses, pour être lue d'ici-bas et de là-haut, ce symbolisme sans frein, cette idéalisation à outrance qui fit une prière, un rêve, quelque chose d'immatériel avec ce qu'il y a de plus matériel au monde, la pierre de taille et le moellon, enfin l'étrange disposition de ces siècles qui vécurent par l'esprit, en plein miracle, et tentèrent avec une sorte de succès d'anéantir le corps : tout cela, Mérimée ne sut pas l'apercevoir ou ne voulut pas l'admirer. Et ce serait un spectacle singulier, presque triste, de le voir errer une partie de sa vie sous les voûtes de nos vieilles cathédrales gothiques sans jamais les comprendre, si l'on ne devait se souvenir que nul homme ne les a plus religieusement, plus passionnément et, en somme, plus victorieusement défendues contre leurs ennemis.

Ces ennemis étaient de bien des sortes : l'ignorance, le mauvais goût, la cupidité, le fanatisme religieux et irréligieux et, enfin, le zèle aveugle. Mérimée trouva une famille de porcs installée dans la pyramide de Couard (près d'Autun) qui passait pour le tombeau de Divitiacus. Celui du pape Innocent VI, à Villeneuve-lez-Avignon, disparaissait sous les barriques dans la resserre d'un tonnelier qui avait pratiqué pour ses outils une armoire dans le soubassement. Les jacobins avignonnais, experts à faire tomber les têtes, avaient, pour s'entretenir la main, décapité des saints de pierre par centaines ; les pieux Bretons avaient infligé le même sort à certain personnage d'un groupe sculpté qu'on supposait être le diable en personne, assis au chevet de la Vierge mourante pour prendre note de ses péchés. Deux serruriers de la Charité-sur-Loire avaient collé leurs sordides échoppes aux flancs vénérables d'une vieille église. Quelques mois avant le passage de Mérimée, un soldat qui avait reçu chez eux un billet de logement et dont le grabat était dressé au long d'un bas-relief représentant le Père éternel au milieu de ses anges, s'était levé de mauvaise humeur parce que les insectes l'avaient empêché de dormir. « C'est toi, avait-il crié, qui es l'auteur des punaises. Tiens, voilà pour toi ! » Et, d'un coup de bâton, il avait brisé l'image[1]. Des soldats corses casernés au château des Papes, à Avignon, s'étaient montrés moins barbares et plus avisés. Avec leurs couteaux ils avaient adroitement détaché des fragments de vieilles fresques qu'ils revendaient avantageusement aux amateurs.

La fureur du badigeon sévissait dans nos campagnes. Quand les curés ne blanchissaient pas leurs églises à la chaux, c'étaient les communes qui prenaient l'initiative de ces actes de désolante propreté. Avec quelle joie Mérimée félicitait le curé de Saint-Maximin, qui avait énergiquement lutté avec son conseil municipal pour « conserver à ses murailles le noble vernis dont le temps les avait revêtues! » Ce curé avait été jusqu'à fermer son église et jusqu'à suspendre toutes les cérémonies du culte, traitant ainsi ses paroissiens comme des excommuniés. « Je les aurais laissés six mois sans messe! » disait-il à Mérimée. Ce fut un comble lorsque l'inspecteur général, admirant dans la sacristie

---

1. Ces paroles du soldat sont-elles authentiques? J'incline à croire que Mérimée a composé ce discours comme Tite-Live composait les siens.

de magnifiques boiseries, apprit que le curé les brossait et les vernissait lui-même. Il ne fit qu'un saut jusqu'à l'auberge, écrivit une lettre pressante au ministre pour que l'État envoyât immédiatement un tableau à ce prêtre admirable qui vernissait les boiseries et ne disait pas la messe! Malheureusement, il y en avait si peu qui lui ressemblassent!

Lorsque Mérimée interrogeait la tradition populaire, elle lui répondait par de grossières fables. Elle attribuait à César tout ce qui était romain, camps, aqueducs, souterrains, jusqu'à des dolmens celtiques. Elle hésitait gravement pour la paternité d'une peinture, entre deux artistes dont l'un était mort et l'autre n'était pas né à l'époque où le tableau avait été fait. L'archéologie locale naissait à peine et, en beaucoup de points, ne révélait son existence que par des prétentions et des bévues. Ailleurs un enthousiasme maladroit gâtait tout. A Nîmes, par exemple, on reconstruisait les monuments antiques sous prétexte de les restaurer, et cette erreur était peut-être la plus funeste de toutes.

C'est au milieu de ces difficultés innombrables que fut commencée et poursuivie l'œuvre de la commission des monuments historiques. Cette œuvre fut si belle et si grande qu'aucune parole ne saurait l'exagérer. Je ne veux rien détourner de la gloire collective de ce groupe admirable qui réunissait toutes les opinions et toutes les aptitudes dans un commun patriotisme et auquel la France nouvelle doit les reliques de la vieille France. Il suffirait peut-être de rappeler que Mérimée, après avoir été un des promoteurs de cette institution, en était devenu, sous le nom de secrétaire, le ressort le plus actif et l'ordinaire inspirateur. Cependant j'avoue que j'aurais voulu déterminer la part personnelle qui lui revient et doit lui rester. J'ai soumis la question à l'homme qui me semblait le plus propre à la résoudre, au continuateur et à l'élève de Mérimée, à M. Emile Bœswillwald. M. Bœswillwald reconnaît combien il est difficile de préciser en un pareil sujet. Il m'a, néanmoins, signalé, comme devant beaucoup à l'initiative particulière de Mérimée, l'amphithéâtre d'Orange, le théâtre d'Arles, l'église de Saint-

Julien à Tours, et surtout l'ancienne cathédrale de Laon dont la restauration fut entreprise à la suite d'une promenade archéologique, où Mérimée entraîna son ministre [1]. Quelques années plus tôt, Mérimée avait partagé avec Montalembert le mérite d'avoir préservé de la destruction l'église de Vézelay, que restaura Viollet-le-Duc [2]. Je pourrais ajouter ici les noms de bien d'autres monuments sur lesquels il appelait la protection du gouvernement dans ces rapports qui, à leur utilité transitoire, joignent l'autorité des jugements définitifs et qui, suivant l'expression de M. Bœswillwald, « demeurent classiques » [3].

Je conclurai sur ce point par un mot de Philippe Burty qui me semble placer très haut l'auteur des *Notes de voyage*. « Si V. Hugo n'avait pas écrit *Notre-Dame de Paris* et si Mérimée n'avait pas provoqué la formation de la commis-

---

1. Ceci se passait en 1851. Les travaux, commencés en 1853, ne sont pas encore terminés.
2. Toute cette histoire a été racontée avec autant d'exactitude que de charme par M. R. Vallery-Radot, dans un des plus agréables chapitres du livre qu'il a publié en 1893 sous ce titre : *Un coin de Bourgogne*.
3. Voir aux appendices la lettre de M. Bœswillwald.

sion des monuments historiques, on aurait rasé tous nos vieux édifices pour construire des Madeleines et des Bourses [1]. »

Ainsi Mérimée a fait mieux que comprendre nos cathédrales gothiques : il les a sauvées. Aussi bien, il faut se méfier des gens qui comprennent tout. Mérimée n'était point de ceux-là. Il connaissait les frontières de son propre esprit et ne les eût jamais dépassées, si son métier ne l'y eût en quelque sorte obligé.

S'il goûtait imparfaitement l'art chrétien du moyen âge, il n'en était que plus apte à sentir l'art païen de l'antiquité. On en trouvera des témoignages certains dans l'étude sur le « tombeau découvert à Tarragone » et dans quelques autres morceaux du même genre qui sont d'assez bons modèles de la critique technique et directe. Mérimée était surtout sensible à la difficulté vaincue. Il aimait le bas-relief, parce qu'avec une profondeur presque nulle il doit donner l'illusion des plus lointaines perspectives; il aimait la médaille parce que c'est le bas-relief réduit à des proportions microscopiques. Il s'intéressait

---

[1]. Ph. Burty, *l'Age du Romantisme.*

singulièrement au talent enfermé dans cette étroite prison et tenu de faire grand dans l'espace de quelques millimètres. L'élimination des détails secondaires et la mise en valeur des choses les plus importantes, qui ne sont qu'une convenance dans les autres branches de l'art, étaient, dans celle-là, une nécessité, une question de vie ou de mort. C'est ce qu'il exprime, avec sa finesse et sa brièveté substantielle, dans plusieurs lettres à M. Stapfer, à propos d'un sculpteur auquel tous deux s'intéressaient.

Il lui tardait d'aller retremper ces sentiments à leur source, dans les lieux où ils ont fécondé l'intelligence antique et avec lesquels ils offrent une affinité naturelle. En 1839, il faisait un séjour de quelques semaines en Italie : « Je ne comptais pas aller à Rome, écrivait-il au docteur Requien, mais je me suis laissé entraîner par M. Beyle. J'en suis on ne peut plus content (je dis de Rome), mais il y a tant de choses à voir qu'on s'y extermine. La fatigue des jambes n'est rien auprès de celle qu'on éprouve à voir quarante mille belles choses dans une matinée. » Deux ans après, il revenait à Rome avec Ampère, au retour d'un voyage en Grèce et en Orient qui fut le plus mémorable de sa vie.

Ce qui le frappa en Grèce, ce fut le contraste entre la petitesse du théâtre et la grandeur des hommes, des actions et des pensées. La Grèce lui apparut comme la médaille par excellence, un abrégé clair et complet, un raccourci merveilleux de l'histoire humaine. Pour l'étudier, il avait un guide inappréciable, Charles Lenormant[1], dont il a dit que c'était Pausanias ressuscité. Tous trois — avec un quatrième compagnon, M. Jean de Witt — visitèrent les Thermopyles. Ils suivirent le sentier par où la trahison a permis aux Perses de tourner le défilé, et sentirent craquer sous leurs pieds les feuilles tombées des chênes verts. C'est ce même bruit qui, plus de deux mille ans auparavant, avait averti les Spartiates de l'approche des Immortels. Ils tressaillirent à ce souvenir qui leur rendait si présente la scène d'Hérodote. Une génération qui grandit dans l'ignorance des langues anciennes ne comprendra pas ces émo-

---

1. Article nécrologique sur Charles Lenormant, *Portraits historiques et littéraires*.

tions presque religieuses, que tant d'hommes, après Chateaubriand et Byron, sont allés demander à cette terre de Grèce. Pour être vrai, il y a plus de quarante ans que le livre railleur d'Edmond About a rompu le charme. Déjà cet esprit nouveau s'accuse chez Mérimée, qui ne veut pas être dupe des enthousiasmes tout faits. Témoin cette page où le classicisme et le réalisme se balancent avec agrément et justesse :

« J'ai eu le bonheur de passer trois jours aux Thermopyles, et j'ai grimpé non sans émotion, tout prosaïque que je sois, le petit tertre où expirèrent les derniers des trois cents. Là, au lieu du lion de pierre, élevé jadis à leur mémoire par les Spartiates, on voit aujourd'hui un corps de garde de *chorophylaques* ou gendarmes, portant des casques en cuir bouilli. Bien que le défilé soit devenu une plaine très large par suite des atterrissements du Sperchius, bien que cette plaine soit plantée de betteraves dont un de nos compatriotes fait du sucre, il ne faut pas un grand effort d'imagination pour se représenter les Thermopyles telles qu'elles étaient cinq siècles avant notre ère. » En quelques mots très sobres, mais très concluants, il explique la force de la position, la supériorité de l'armement en faveur des Grecs. On lui a montré, à Athènes, des pointes de flèches ramassées sur les champs de bataille de la guerre médique : elles sont en silex. « Pauvres sauvages, n'ayez jamais rien à démêler avec les Européens! » Et il ajoute : « S'il y a lieu de s'étonner de quelque chose, c'est que ce passage extraordinaire ait été forcé. Léonidas eut le tort d'occuper de sa personne un défilé imprenable et de s'amuser à tuer des Persans, tandis qu'il abandonnait à un lâche la garde d'un autre défilé, moins difficile, qui vient déboucher à deux lieues en arrière des Thermopyles. Il mourut en héros; mais qu'on se représente, si l'on peut, son retour à Sparte, annonçant qu'il laissait aux mains du barbare les clés de la Grèce [1]? »

Sans être aussi fatales à M. Lenormant qu'à Léonidas, les Thermopyles furent, pour lui, l'occasion et le théâtre d'un sérieux accident. Il tomba de cheval et se démit l'épaule. Ampère et Mérimée continuèrent leur route vers l'Asie

---

1. Mérimée, *Portraits historiques et littéraires*, p. 166.

Mineure. Bientôt ils quittaient Smyrne, munis de tous les papiers nécessaires, parmi lesquels un passeport qui reconnaissait à Mérimée « des yeux de lion » et « des cheveux de tourterelle ». Le gendarme turc qui libellait ce poétique passeport et constatait les premiers ravages du temps dans la chevelure blonde de l'auteur en vogue était loin de se douter qu'il préparait des matériaux à l'histoire littéraire.

Voici donc Ampère et Mérimée sur cette vieille route de Smyrne à Éphèse, où ont passé tant d'hommes et d'idées destinés à troubler et à changer le monde. Ils ont avec eux un *factotum* et un guide, l'un Français, l'autre Musulman. Seulement le Français ne sait plus sa langue, le Musulman ne sait plus sa religion, et Mérimée, qui taquine impartialement toutes les Églises, tourmente Ahmed au sujet du chagrin que ses libations de rhum doivent causer au Prophète. Pour mettre le comble à la confusion des races, l'escorte est complétée par Calogeros, un Grec né à Peshawur.

Ils vont ainsi, l'un dessinant, l'autre rêvant. Ils arrivent à Éphèse, et Mérimée fait remarquer à son ami cette architecture à la fois coquette et barbare, qu'il explique d'un mot : « C'est un artiste grec qui a travaillé pour des Romains ». Il ouvre de bonne foi les yeux et les oreilles, mais il est resté le même que sur le trottoir de la rue Jacob, avec son sang-froid et ses habitudes critiques. Ampère, passionné, mobile, tout entier aux sensations qui lui rendaient les voyages si délicieux, prend, comme l'eau, la teinte du ciel : « Le théâtre, dit-il, était rempli par un troupeau de chèvres noires. Un petit chevrier turc sifflait, assis sur un débris. Une immense volée de corneilles décrivait de longs circuits dans les airs. Vers la montagne, le ciel était pluvieux et grisâtre et d'un éclatant azur du côté de la mer. Sur des nuages cuivrés passaient des nuages blancs comme des spectres. Par moments, une lueur claire et pâle illuminait les ruines immenses, les cimes sévères, la plaine déserte. Je n'ai rien vu de plus sublime [1]. »

La chose la plus « sublime » qu'eût vue Ampère, c'était toujours celle qu'il voyait. Son com-

[1]. Lettre de J.-J. Ampère à Sainte-Beuve.

pagnon sentait moins vivement et classait mieux ses impressions. D'ailleurs il ne regardait pas la couleur du ciel; il ne voyageait que pour voir les mœurs et les villes, *mores et urbes*. C'est au soir d'une de ces étapes qu'ils essayèrent de s'introduire dans un campement de Tartares pour y passer la nuit. Ils n'inspirèrent pas une confiance égale à celle qu'ils montraient! Il est vrai que Mérimée avait laissé pousser deux grandes et terribles moustaches qui lui barraient la figure d'une oreille à l'autre. Il était le forban qu'il avait tant désiré d'être; il l'était trop. Les Tartares eurent peur de lui.

D'Éphèse, les voyageurs se rendirent à Magnésie, et de Magnésie à Sardes, en traversant le Tmolus. Ils arrivèrent à dix heures du soir dans l'Acropole de Sardes où ils eurent à livrer bataille, non aux soldats du grand roi, mais à une bande de chiens féroces. Un meunier vint à leur secours et leur donna l'hospitalité. Un bain dans le Pactole compléta ce pèlerinage classique, et ce bain, même sans paillettes d'or, devait sembler agréable, après « quinze jours de courses à cheval, pendant lesquels l'usage d'un lit, d'une table, d'une chaise, était demeuré entièrement suspendu [1] ».

A Rome, où ils se reposèrent, une lettre de Chateaubriand vint trouver Ampère, pour lequel il affectait une paternelle amitié. L'auteur de *René* ne manquait pas l'occasion de caresser les jeunes gens. Il avait glissé dans la lettre un compliment assez mal tourné à l'adresse de « monsieur Mérimée, qui aura retrouvé Colomba, avec le souvenir d'un personnage romain qu'il a si bien rappelé ». Ce personnage que Chateaubriand associe d'une façon imprévue à la petite héroïne corse, c'est Catilina, dont Mérimée venait d'écrire l'histoire.

[1]. Lettre de J.-J. Ampère à Chateaubriand.

V

Études sur l'histoire romaine : la *Conjuration de Catilina* et la *Guerre sociale*. — Passion de Mérimée pour César. — Election à l'Académie des inscriptions; à l'Académie française. — Intrigues de salon. — Le scrutin académique et ses suites. — Le scandale d'*Arsène Guillot*. — Fabrication de l'éloge de Nodier. — La séance et le discours.

Une lettre, adressée à M. de Saulcy, explique très bien dans quelle disposition d'esprit Mérimée avait abordé ses études sur l'histoire romaine. Il s'occupe, dit-il, d'un mémoire sur la guerre sociale, « guerre assez obscure où j'ai porté le flambeau de la critique et de la sagacité, sans compter la blague. *Quid dicis?* Faut-il l'imprimer à cent cinquante exemplaires et le donner à mes collègues? Faut-il le vendre à un libraire s'il s'en trouve un assez hardi? Faut-il l'insérer dans une revue? Cela me tracasse, et je voudrais avoir votre avis avant de terminer;

car, pour chacune de ces hypothèses, il y a une manière d'écrire différente. Je vous dirai tout net que je voudrais me faire des titres à l'Académie; mais, cependant, je tâche de faire mon livre excessivement compréhensible. Peut-être entre l'Académie et le public, resterai-je le c... à terre. O heureux temps où j'écrivais des contes à dormir debout! »

J'ignore ce que répondit M. de Saulcy, mais j'ai trop bien connu cet homme d'esprit pour croire qu'il ait risqué un conseil dans une matière aussi délicate. Mérimée voulait se faire dire qu'un livre qui satisferait l'Académie des inscriptions et qui amuserait le public comme la *Chronique de Charles IX* serait un chef-d'œuvre et qu'il était fort capable de le faire. En réalité, le chef-d'œuvre n'est pas faisable, ou, s'il l'est, Mérimée n'a pas pris le bon chemin. Peut-être, sans se l'avouer, était-il dupe de certains préjugés sur la respectabilité littéraire et sur une prétendue subordination des genres, que les ennuyeux ont inventée et dont ils sont seuls à profiter. Presque honteux de ses succès dans le roman, il ne paraissait pas se douter que le réalisme, entrevu, sinon pratiqué par lui dans le domaine de l'imagination, pût être applicable à un récit historique. Parmi ces hommes à collet exorbitant et à toupet solennel, il était convenu, une fois pour toutes, qu'on ne chiffonnerait pas la « muse sévère de l'histoire ». Depuis, on l'a chiffonnée avec succès et même déshabillée avec impunité. Mais, en 1840, ces audaces n'étaient même pas pressenties.

Au problème insoluble d'un compromis à chercher entre l'amusant et l'illisible se joignaient d'autres difficultés qui naissaient du choix des sujets : la guerre sociale et la conjuration de Catilina. Dans le premier cas, c'était l'absence de documents ; dans le second, la rivalité de Salluste. La conjuration de Catilina a été racontée par un grand peintre : il restait à l'expliquer. Mérimée remarque avec vérité que le fatalisme des anciens leur interdisait non seulement de découvrir, mais même de chercher les causes des événements. Le drame mis à part, la conjuration de Catilina est un problème de droit public romain. En mettant à mort Lentulus et ses complices, Cicéron a-t-il commis une illégalité et, s'il en a commis une, pouvait-il et devait-il l'éviter? Telle est la question que Mérimée s'est posée, et il s'est donné mille peines pour la résoudre en bon juriste. Il me semble que cette discussion doit rester, même si on n'y approuve pas tous les arguments, ainsi qu'un curieux parallèle entre la société romaine et la société moderne. Dans la *Guerre sociale*, si Mérimée n'a pas été jusqu'à l'audace créatrice d'un Niebuhr, il a montré beaucoup de bon sens, de patience et d'habileté. Malgré les lacunes inévitables, malgré l'incertitude forcée qui brouille les traits des principaux acteurs, le récit entraîne, et on finit, sans trop savoir pourquoi, par partager la sympathie de l'auteur pour la cause italiote. Mais l'impression qui domine est celle-ci. On croit lire, sinon la traduction, du moins le pastiche d'un ancien, rajeuni çà et là par des intentions et des jugements modernes. Ces récits, paraissant à l'époque où écrivaient les Mabillon, les Beaufort, les Crevier et les Lebeau, eussent été les bienvenus pour leur sincérité critique et leur simplicité narrative. Publiés quinze ans après les premiers travaux d'Augustin Thierry, dans l'âge de Carlyle et de Michelet, ils semblaient arriérés et leurs qualités mêmes étaient des anachronismes. D'où vient cette timidité chez un écrivain si brave, qui, à certains égards, a été un écrivain d'avant-garde? C'est qu'il était candidat à l'Institut. Le dôme du palais Mazarin porte une ombre froide sur cette partie de son œuvre. Quant à l'homme d'esprit, il s'est réfugié dans les notes où il guerroie contre les âneries des savants germains [1], et d'où il émerge de temps à autre, comme Dandin passant la tête par le soupirail de la cave.

Les *Études d'histoire romaine*, dans la pensée de l'auteur, formaient une trilogie, et la troisième partie, qui manque, devait être une vie de César. Il avait pour ce personnage une prédilection singulière. C'est avec une partialité visible que, dans la *Conjuration de Catilina*, il commente jusqu'à le rendre probable et probant, le discours baroque et contradictoire que lui a

---

1. En voici un échantillon. Cicéron s'écrie en plein sénat : « Je vois ma femme, ma fille, mon gendre, saisis d'inquiétude, etc. » Et le commentateur teuton de s'écrier : « Comment Térentia et Tullia auraient-elles été présentes dans la Curie? Évidemment ce passage n'est pas authentique. » Mérimée se demandait si de telles gens sont capables d'entendre Cicéron.

prêté Salluste. Il écrivait à Requien, le 25 octobre 1838 : « Avez-vous entendu parler d'un certain Jules César, lequel *fut fait mourir* en l'an de grâce 44? J'écris la vie de ce drôle-là, qui, comme feu M. de Robespierre, n'est pas encore jugé. » Après l'avoir comparé à Robespierre, il le comparait à Barbès. Il disait à un de ses amis dans une lettre datée du 18 juillet 1841, et citée par M. de Loménie : « Le César des premières années ressemble fort au conspirateur que je vis l'autre jour au Mont-Saint-Michel. César évita le Mont-Saint-Michel parce qu'il avait beaucoup d'entregent, mais c'était une franche canaille à cette époque. Ce diable d'homme alla toujours en se perfectionnant. Il fût devenu honnête homme si on l'eût laissé vivre. »

César n'est-il, pour Mérimée, qu'un Barbès qui a réussi et qui s'est amendé? Non. Ce qui l'attirait d'abord vers César, c'est le côté artistique et donjuanesque de ce caractère. Mérimée savait un gré infini à l'arrière-petit-fils de Vénus d'emporter toujours, en voyage, une ravissante petite image de sa grand'mère pour les dévotions de la route. César paraît avoir aimé, comme lui, les camées, les bijoux, les diamants, les chefs-d'œuvre microscopiques où l'art se ramasse et se concentre. Il aima aussi les femmes, et de la bonne manière, au jugement de Mérimée. Il faut voir comme il se fâche contre l'historien anglais Merivale qui, croyant relever César, avait voulu mêler quelque dessein politique à l'intrigue du conquérant des Gaules avec la reine d'Égypte. Mérimée n'entend pas qu'on lui gâte cette jolie et friande scène du tapis d'où la reine sortit, comme une danseuse de féerie, le soir où elle vint surprendre César chez lui et le prit d'assaut. Shakspeare aurait pu, au besoin, mettre son compatriote en garde contre cette idée de *clergyman*, lui qui, à ses heures, sait l'histoire mieux que les historiens. Non, il n'y a point de politique là dedans. C'est une « bêtise », un coup de folie, et Mérimée adore César parce qu'il est le seul des Romains qui ait été amoureux jusqu'à la démence. Les autres ne connaissaient rien entre l'orgie et la vertu.

La place reste assez large pour la politique dans la vie du grand féministe. Mérimée avait entendu dire un jour à M. Royer-Collard :

« César était un homme comme il faut ». Évidemment M. Royer-Collard ne prenait pas le « comme il faut » dans le sens que lui donnent les couturières et les concierges. Il voulait dire que César était l'homme nécessaire, l'homme complet qui a toutes les qualités d'un gouvernant, l'*able man* que Carlyle rêvait, à ce moment-là, dans sa petite maison de Chelsea, et dont il offrait au monde deux échantillons dans la personne d'Olivier Cromwell et dans celle du grand Frédéric. Quand on a la chance de rencontrer cet homme-là, de quelque nom qu'il s'appelle, il faut se donner à lui et voiler la statue des lois. Telle est l'idée qui s'ébauchait dans l'esprit de Mérimée, au spectacle des corruptions du suffrage restreint et des aberrations du suffrage universel. L'anarchie de 1848 précisa l'idée, et la constitution de 1852 la réalisa. En 1845, Mérimée n'en était pas encore là, mais il voulait faire de la vie de César son « maître livre ». Cela était si bien entendu que M. Étienne pouvait lui dire en le recevant à l'Académie : « Que ne devons-nous pas attendre de cette histoire du conquérant des Gaules, que vous nous avez promise, et à laquelle vous venez de préluder avec tant de succès? » On verra comment Mérimée ajourna l'exécution de cette promesse et, finalement, céda la place à un autre écrivain dont il aima mieux être le collaborateur que le rival. Ne le plaignons pas et ne nous plaignons pas. Sa vie de César n'eût pas été ce qu'il voulait, ni ce que nous voudrions. Sa manière historique n'a ni assez de liberté, ni assez d'ampleur pour le sujet. En attendant, ses études sur l'histoire romaine avaient fait coup double : elles lui avaient ouvert deux académies.

Le 18 novembre 1843, malgré l'opposition de Raoul Rochette et du parti de l'École des Chartes, Mérimée était élu membre libre de l'Académie des inscriptions. Il raconta à Mme de Montijo comment il était venu prendre séance parmi ses doctes collègues : « J'ai fait hier mon entrée triomphale à l'Académie. Le secrétaire perpétuel, ayant mis des gants dont il n'use, je crois, qu'à cette occasion, m'a conduit par la main comme sa danseuse au milieu de l'auguste assemblée qui s'est levée en pied comme un seul homme. J'ai fait quarante saluts, un pour chaque membre. Je me suis assis et tout a été dit. Heureusement qu'à cet établissement on ne fait point de discours comme à l'Académie française [1]. »

Ce discours de réception fut bientôt sa grande affaire. Son élection à l'Académie française est du 14 mars 1844. Elle fut précédée et suivie de petits incidents assez comiques qui se déroulent dans les lettres à l'inconnue et surtout dans la correspondance inédite avec la comtesse de Montijo. Il termine plusieurs lettres par cette phrase : « Je vous quitte pour aller faire mes bassesses ». Ses espérances montent sur un faux bruit que le choléra revient, le choléra béni des candidats académiques comme la guerre l'est des lieutenants qui veulent passer capitaines. Seulement, il faut que ce soit le vrai choléra asiatique : plus il est asiatique, meilleur il est. Le choléra ne revient pas, et cependant, par la seule vertu de la bonne nature, « les académiciens crèvent comme des mouches ». On lui conseille « de recommencer ses bassesses ». Le voilà qui monte et descend

---

1. Correspondance avec la comtesse de Montijo, 25 novembre 1843.

des escaliers, où il se cogne contre ses concurrents. Chose très singulière, qui surprendra fort le public et l'Académie d'aujourd'hui : il y avait alors une certaine espèce de vieilles dames qui se mêlaient de ces élections. Elles donnaient à manger aux immortels qui, à cette époque, si éloignée de la nôtre, dînaient volontiers dehors et en gardaient un souvenir attendri. Mérimée crut faire merveille en lisant une nouvelle manuscrite — c'était *Arsène Guillot*. — chez la spirituelle Mme de Boigne, où trônait le chancelier Pasquier. Une autre amie de Mérimée, Mme de X., fut invitée à la petite fête littéraire ; mais, piquée que la cérémonie n'eût pas lieu chez elle, elle n'y parut pas. Elle dit partout qu'elle trouvait étrange « que M. Mérimée fît des femmes du monde juges de la gravelure de ses ouvrages ». Il voulait entrer à l'Académie et, certes, il en était digne ; mais il avait tort de vouloir « la réformer et la bouleverser ». Rien ne pouvait faire plus de tort au candidat, d'autant que cette dame, pour les raisons indiquées plus haut, « avait trois académiciens dans sa manche ». Mérimée éprouve, ou affecte, une fureur plaisante. Comment tire-t-on une vengeance éclatante d'une femme qui vous a fait un tour épouvantable? Là-dessus, il consulte son amie [1]. Elle répond, comme on pense, en se moquant de lui et en lui conseillant la patience. Sa réponse le trouve déjà calmé. Il s'est rappelé un proverbe qu'il a appris en Turquie : « Jette du pain aux chiens qui veulent te mordre ». Peut-être le proverbe s'applique-t-il mal à Mme de X... qui n'a plus de dents. N'importe. On ne se venge pas des femmes. Et puis, c'étaient des propos de salon, grossis par la méchanceté ; Mérimée et sa vieille protectrice redeviennent les meilleurs amis du monde. L'élection met fin à ces intrigues, à ces colères, à ces nervosités. Il est nommé « triomphalement », par vingt-cinq voix, contre onze données à M. Ternaux. Le lendemain, vingt-sept académiciens déclarent lui avoir donné leur suffrage. Sur quoi, il remarque : « Notre-Seigneur Jésus-Christ trouva un traître parmi les douze apôtres ; je suis bien

---

1. Lettre à la comtesse de Montijo, du 3 février 1844

mieux partagé que lui, puisque je n'en trouve que deux sur vingt-sept. [1] »

Ce même lendemain, 15 mars, *Arsène Guillot* paraissait dans la *Revue des Deux Mondes*, et de bruyants repentirs éclataient dans les rangs des vingt-cinq, devenus miraculeusement vingt-sept, et qui eussent été vingt-trois au plus, si *Arsène Guillot* avait vu le jour quelques heures plus tôt. En effet, M. Molé et M. de Salvandy exprimèrent très hautement leur regret. Je ne reproduirai pas les termes peu flatteurs dans lesquels Mérimée caractérise ce changement de front de l'auteur d'*Alonzo* : il écrivait pendant les vingt-quatre heures où l'on a le droit de maudire ses juges.

N'en déplaise à Mérimée, M. Molé et M. de Salvandy n'avaient pas tout à fait tort de trouver *Arsène Guillot* immorale. Elle l'est, en effet, bien que « l'aréopage de vieilles femmes » réunies chez Mme de Boigne en eût décidé autrement. Elle est immorale parce qu'elle montre la vertu ennuyeuse, pédante, hypocrite,

---

1. Lettre à la comtesse de Montijo, du 15 mars 1844.

presque haïssable. Mais il y a aussi une moralité à faire voir l'agonie d'une pauvre fille, vulgaire d'éducation et de métier, ennoblie par un sentiment très vrai, très fort que purifie sa violence même. C'est sans doute ainsi qu'en jugèrent les « vieilles femmes », et, à ce point de vue, elles ont raison contre M. Molé. Pour nous, sans faire fi de la morale, jugeons en artistes les questions d'art. Mme de Piennes est en bois, son amoureux aussi. Mais Arsène est admirable. Avant et depuis, de *Manon Lescaut* à la *Fille Élisa*, que de courtisanes amoureuses ! Parmi les auteurs que ce sujet a tentés, les uns sont allés au delà, les autres sont restés en deçà. Arsène est sans défauts. Elle a des traits de sincérité, d'humilité et de passion qui lui appartiennent et qu'on ne dépassera pas. Avec quelques morceaux de *Clara Gazul*, c'est la plus humaine des œuvres de Mérimée, et je défie les librettistes, race sans pitié, d'en faire un opéra-comique. Mais l'Académie française qui avait cru nommer un froid et élégant historien, adroit à empailler les grands hommes de l'antiquité, s'apercevait, avec stupeur, qu'elle avait appelé dans son sein un romancier réaliste. Mérimée était, de son côté, fort ému et fort irrité. Il se consola en songeant « qu'il faisait peur ». D'ailleurs, l'incident s'oublia vite, comme tout s'oublie à Paris.

Restait le plus dur, le discours de réception. Il écrivait à Mme de Montijo : « Je suis fort empêché présentement à écrire l'éloge de mon prédécesseur, Charles Nodier. Il me faut d'abord lire ses ouvrages, ce qui n'est pas toujours trop facile, ni trop amusant ; puis les louer, ce qui coûtera parfois à ma franchise [1]. » Il ne connaissait pas, même de vue, l'homme qu'il allait enterrer suivant les rites académiques. Il alla trouver sa fille, Mme Ménessier. C'est cette Marie Nodier qui aidait son père à faire les honneurs de l'Arsenal aux jeunes poètes de la pléiade et à laquelle les vers de Hugo et de Musset ont fait une sorte d'auréole. Mérimée ne la vit pas sous un jour aussi favorable, mais il la trouva obligeante et spirituelle. Elle lui conta sur son père diverses anecdotes, entre autres

1. Correspondance avec la comtesse de Montijo, avril 1844.

celle-ci, qui ne pouvait guère trouver place dans son éloge funèbre et dont il amusa Mme de Montijo : « Charles Nodier, à neuf ans, tomba amoureux d'une femme de Besançon et lui donna rendez-vous dans un lieu écarté. Elle y vint et lui donna le fouet, dont il pensa crever de rage et de honte [1]. » Mérimée, pendant l'été, se rendit à Besançon où « on lui dit pis que pendre de son héros ». Il se consola en découvrant au musée de la ville un admirable portrait de Simon Renard, le célèbre diplomate flamand-espagnol, agent de Philippe II. Il se mit à copier ce précieux portrait, mais l'éloge de Charles Nodier n'avançait pas. Il s'exaspérait contre son sujet, le prenait en haine. Parfois, il lui poussait une envie irrésistible de changer le panégyrique en satire et de fouetter Nodier au lieu de le caresser, comme avait fait la cruelle dame de Besançon.

La mauvaise humeur naturelle à un homme qui a été forcé de lire *Jean Sbogar* ne suffirait pas à expliquer cet étrange état d'esprit. La

---

[1]. Correspondance avec la comtesse de Montijo, 11 mai 1844.

vérité est que Nodier avait été le contraire de ce que Mérimée voulait être. En amour, en politique, en histoire, il avait été le jouet de son imagination, il avait vécu dans une perpétuelle imposture, à demi volontaire. Voilà ce qu'avait à louer un autre homme de lettres, remarquable surtout par la continuité de son vouloir, la fixité de ses idées, la franchise cassante et la sèche précision de sa parole. Sa colère se déchargeait donc en mots excessifs et injustes dans sa correspondance intime. « C'était, écrivait-il, un gaillard qui faisait le bonhomme et avait toujours la larme à l'œil. Je suis obligé de dire, dès mon exorde, que c'était un fieffé menteur.... Enfin, vous entendrez ce morceau si je ne meurs pas de peur en le lisant [1]. » Il écrivait à Mme de Montijo, en parlant de sa réception : « J'y pense comme à la mort. C'est un vilain moment qu'on ne peut éviter, mais auquel on ne songe guère parce qu'il n'est pas fixé d'avance. Malheureusement je saurai bientôt le jour néfaste où je devrai pérorer [2]. » « Con-

1. Correspondance avec Albert Stapfer, 16 oct. 1844.
2. Correspondance avec la comtesse de Montijo, avril 1844.

naissez-vous, écrivait-il encore, une sainte dans votre martyrologe qui serve dans ces occasions-là ? Brûlez-lui un cierge en ma faveur. »

La cérémonie, retardée par la maladie de M. Étienne, eut lieu le 6 février 1845. Voici comment il raconte lui-même son « supplice » dans une lettre datée du surlendemain : « J'avais la plus belle peur du monde, et l'on m'a dit que j'étais la vraie peinture d'un pendu qu'on mène à la potence. Mon visage était de la même couleur que les broderies vertes de mon habit. Mais je ne m'étais appliqué qu'à un point : c'était à conserver ma voix. J'ai lu mon discours assez bien. Au bout de cinq minutes j'étais presque à mon aise et j'ai prononcé ma péroraison comme si je l'avais fait devant trois personnes. On a paru content. J'ai été satisfait du public : j'espère qu'il l'est de moi [1]. » Sous cette modestie un peu étudiée, son plaisir est visible. Il était toujours ainsi lorsqu'il avait à paraître et à parler en public : la joie d'en être quitte lui persuadait

---

[1] Correspondance avec la comtesse de Montijo, 8 février 1845.

qu'il avait parfaitement réussi. Les épigrammes du *Journal des Débats* troublèrent un peu cette satisfaction ; mais il les attribua à son refus de donner des articles à ce journal sur les questions d'art [1].

Il faut bien le dire, le partisan le plus déterminé de Mérimée aurait grand'peine à trouver quelque chose à admirer dans ce discours. Il s'était donné une peine infinie pour faire entendre qu'il n'était pas dupe des mensonges de Nodier ; il ne s'en était donné aucune pour découvrir et rendre les grâces réelles de l'écrivain. D'ailleurs le morceau était composé avec les ingrédients ordinaires de ces harangues, suivant le goût à la fois réactionnaire et libéral du petit public académique. Il y « flétrissait » les excès de la révolution avec une éloquence un peu apprêtée. « Triste temps, s'écriait-il, où l'honnêteté a besoin de se guinder jusqu'à l'héroïsme et où la faiblesse se précipite au crime ! » A cette phrase-là il dut y avoir, parmi les hommes, de pathétiques

---

1. Correspondance avec la comtesse de Montijo, 13 février 1845. C'est pour faire plaisir à M. Thiers que Mérimée avait réservé sa collaboration au *Constitutionnel*.

hochements de tête; un « Ah! » d'admiration pâmée dut sortir de dessous les capotes de cabriolet dont se coiffaient les Bélises de ce temps-là lorsque Mérimée laissa tomber cette autre phrase : « Nodier croyait fuir les gendarmes et poursuivait les papillons ». On rencontrait aussi, placées de distance en distance, comme des factionnaires, les formules qui servaient de mots de passe : « La religion des règles...; le culte de nos grands modèles...; la langue de Pascal et de Bossuet, cette arche sainte à laquelle il est défendu de toucher ». Goethe attrapait un compliment équivoque et Shakspeare était « le génie sans frein ». L'orateur avait glissé, comme rançon de ces banalités, un éloge de Rabelais, personnage alors mal famé pour s'être permis de naître plus d'un siècle avant Boileau, et cette timide assertion qu'il serait peut-être temps de « donner à la France un peu de la liberté des littératures étrangères ». Mérimée s'était promis d'être « modéré et plat » : il s'était tenu parole: Il avait racheté *Arsène Guillot.*

VI

Préparation de *Don Pèdre*. — Voyages à Madrid; l'Olympe de la comtesse de Montijo. — Séjour à Barcelone; M. de Lesseps; les gitanos. — La camarera mayor. — La société française à la fin du règne de Louis-Philippe. — Les tristesses de l'année 1847. — Affaire Praslin.

Aussitôt qu'il fut de l'Académie, il abandonna les études romaines qui l'y avaient conduit et ajourna indéfiniment la *Vie de César*. Il se reprit de goût pour les choses espagnoles qui, pendant quelques années, suffirent à employer l'activité de l'historien et du romancier. C'est le moment où l'influence de la comtesse de Montijo est le plus sensible sur sa vie d'écrivain. On a déjà vu qu'elle lui avait inspiré *Carmen*, qui ferma, en 1845, la première phase de son œuvre comme conteur. Elle le poussa, dans le même temps, à écrire l'histoire de don Pèdre. Sur ce terrain, il ne devait avoir à lutter ni avec un Salluste, ni avec un Froissart. Il redresserait une vieille erreur en montrant un roi réformateur et organisateur dans un personnage que la fausse histoire, déclamatoire et menteuse, avait stéréotypé sous les traits d'un tyran cruel. Comme César son favori, le Justicier avait aimé, et la figure de Maria Padilla illuminait cette sombre histoire d'une œuvre de raison poursuivie par des moyens atroces.

Mérimée se mit à l'œuvre. Il ne se laissa rebuter ni par les aridités d'Ayala, ni par les extravagances de Conde « qui était devenu Musulman, à force d'étudier les choses arabes [1] ». Par moments, le courage lui manque et la conviction l'abandonne : « Je m'efforce de justifier don Pèdre pour vous faire plaisir, mais j'aurai de la peine à en faire un aimable homme ». Tantôt c'est « un pauvre diable de roi qui a eu le tort de naître un siècle trop tôt »; tantôt c'est « son ennemi don Pèdre », et il l'invective comme il invectivait tout à l'heure Charles

---

1. Lettre à la comtesse de Montijo, 28 mars 1846.

Nodier. La comtesse, qui ne connaît pas la défaillance, le soutient dans ces crises, dans ces moments de sécheresse ou de dégoût, bien connus de tous ceux qui ont écrit un long ouvrage. Il s'adresse à elle dans toutes ses difficultés : « Vous m'avez habitué, dit-il, à vous considérer comme ma Providence [1] ». Il cherche, en s'aidant de ses lumières, à deviner le charme de Maria Padilla. « Ce charme résidait, dit-il, dans la grâce particulière aux femmes de votre pays et que nous n'avons aucun mot pour exprimer, tandis que vous en avez quatre. Je cite *garbo, donayre, salero* et *zandunga*, et je définis *garbo* la grâce noble, *donayre* la grâce jeune de tournure, d'esprit et la grâce coquette, *salero* la grâce un peu provocante et *zandunga* la grâce excessivement provocante [2]. » Voilà de jolis cas de linguistique à soumettre à une femme, et on n'est pas surpris qu'une femme puisse les résoudre. Mais ce qui est plus curieux, c'est que la comtesse de Montijo est également prête à fournir des détails sur l'origine du rite mozarabe, sur la nature et

---

1. Lettre à la comtesse de Montijo, 28 mars 1846.
2. *Ibid.*, du 4 septembre 1846.

l'étendue de certains droits féodaux relatifs au logement et à l'équipement des troupes, et sur le sens de certains vieux mots techniques, disparus de la langue depuis le xiv° siècle. « Je suis, écrivait-il, tout confondu de votre érudition. Comment se fait-il que vous sachiez si bien ce que tous mes dictionnaires, y compris celui de l'Académie royale, n'ont pas su m'expliquer [1]? »

De son côté, il ne s'épargnait pas. Il allait au fond du Worcestershire pour y examiner un prétendu manuscrit de la chronique perdue de Juan de Castro, évêque de Jaën. Dans l'automne de la même année (1846), nous le voyons établi aux archives de Barcelone, se débattant au milieu de trois cents in-folio, qu'une écriture ancienne, une langue archaïque et souvent les idiotismes de dialecte semblaient rendre inaccessibles à un étranger : « J'espère, dit-il en souriant, que mon biographe me tiendra compte de mon honnêteté [2] ». C'est fait. Quand le livre fut fini, pris de scrupules, assiégé de vues nouvelles, il le recommença tout entier. Le début de l'ouvrage

1. Corresp. Montijo, 9 mai 1846.
2. *Ibid.*, 4 juillet 1846.

parut enfin dans la livraison de la *Revue* du 1ᵉʳ décembre 1847, avec une dédicace à la comtesse de Montijo, « camarera mayor de S. M. C. ». Et cette dédicace fut reproduite en tête du volume, l'année suivante [1]. Je crois avoir prouvé combien elle était méritée. La révolution de 1848 tua l'*Histoire de don Pèdre Iᵉʳ*, qui ne s'en est pas relevée. M. de Loménie, dans son discours de réception, incline à croire que c'était le chef-d'œuvre historique de Mérimée. Je n'ai pas la compétence nécessaire pour en décider. C'est, de tous ses ouvrages, celui qui a coûté le plus de travail, et, à certains égards, c'est un tour de force. Mais le public ne veut rien savoir de la difficulté vaincue, pas plus qu'il ne juge un homme d'après le nombre d'heures que sa mère a souffert pour le jeter dans le monde. Elle seule le sait et l'aime d'autant.

Pendant cette période de sa vie, Mérimée passa plusieurs fois les Pyrénées, soit pour aller voir ses amis, soit pour chercher des documents,

---

[1]. La dédicace du livre, publié chez Charpentier, est adressée à la comtesse de Montijo, duchesse de Peñaranda. La comtesse avait résigné ses fonctions auprès d'Isabelle II.

se retremper dans l'étude de cette langue et de cette civilisation qu'il comprenait et goûtait si bien. Je le dirai ici en passant : il savait l'espagnol, par principes et à fond, comme il savait tout ce qu'il se mêlait d'apprendre, comme il savait le latin, le grec ancien et le grec moderne, comme il savait l'anglais, où il improvisait des discours, comme il sut plus tard le russe. J'ai demandé un jour à l'impératrice si Mérimée parlait bien l'espagnol. Il le parlait, m'a-t-elle répondu, purement et noblement, dans la langue vieillie, mais charmante, de Cervantes et de Lope de Véga qui avait fait l'objet de ses premières études ; il le parlait de façon à faire sourire quelquefois, jamais à faire rire. On eût dit quelque diplomate du temps d'Henri IV, familiarisé par un long séjour à la cour d'Espagne et soudainement ressuscité.

En 1840, Mérimée revit l'Espagne après dix ans. Cette seconde expérience fut très intéressante. Il assista à une révolution : c'est un spectacle que l'Espagne, en ce temps-là, ne refusait guère aux étrangers. Le palais où résidait la comtesse de Montijo, était, paraît-il, une position stratégique très forte; en cas de troubles, c'était la première à laquelle songeassent les émeutiers et le gouvernement. Mérimée ajoutait — et cette plaisanterie le charmait — que sa chambre était la clé de la position. D'où il suivait que l'ordre ou la révolution avait cause gagnée dès que l'un ou l'autre tenait la chambre de Mérimée.

Lorsque l'émeute rendait Madrid inhabitable, la comtesse de Montijo se réfugiait à Carabanchel. On y dansait, on y « soupirait », on y jouait la comédie. Mérimée, machiniste, peintre de décors, souffleur et metteur en scène, plaçait tous ses talents à la disposition de son hôtesse. Il se trouvait parfaitement heureux au milieu des charmantes personnes qui formaient « l'Olympe » de Mme de Montijo. Il écrivait à Mlle Dacquin : « J'étais seul avec six femmes, dont la plus âgée avait trente-six ans, et je n'étais amoureux d'aucune ». Ce mot était-il une précaution pour donner le change à la jalousie de son amie? Non; il l'eût plutôt attisée qu'éteinte. Mais il savait qu'il y a dix mille manières de jouir de la présence et même de la beauté des femmes, et

que l'amour-désir n'est qu'une de ces dix mille
manières-là. En quoi il était fort supérieur à son
ancien professeur de satanisme.

En 1846, il ne dépassa pas la capitale de la
Catalogne. M. de Lesseps, cousin germain de la
comtesse de Montijo, était alors notre consul
général à Barcelone. Mérimée se lia rapidement
avec lui et l'apprécia à sa valeur : « C'est un
fort galant homme, écrivait-il, et qui nous fait
fort honneur à Barcelone. Je crois qu'on va l'en
retirer pour le nommer consul général à Alexandrie. Ce sera une perte pour les Français de
cette ville et son successeur aura de la peine à
le remplacer [1]. »

Pendant le mois de novembre 1846, Mérimée
passait ses journées aux archives de Barcelone
et ses soirées au consulat de France. Il réservait
un peu de son temps à « ses amis » les gitanos.
« Hier, dit-il, on est venu m'inviter à une *tertullia*, à l'occasion de l'accouchement d'une
gitana. L'événement avait eu lieu depuis deux
heures seulement. Nous nous trouvâmes environ

---

1. Lettre à la comtesse de Montijo, décembre 1846.

trente personnes dans une chambre comme celle que j'occupais à Madrid. Il y avait trois guitares et l'on chantait à tue-tête en romani et en catalan. La société se composait de cinq gitanas, dont une assez jolie, et d'autant d'hommes de même race; le reste, catalans, voleurs, je suppose, ou maquignons, ce qui revient au même. Personne ne parlait l'espagnol et l'on n'entendait guère le mien. Nous n'échangions nos idées qu'au moyen de quelques mots de bohémien qui plaisaient grandement à l'honorable compagnie. *Es de nostres*, disait-on. J'ai glissé un duro dans la main d'une femme en lui disant d'aller chercher du vin. Cela m'avait réussi quelquefois en Andalousie dans de pareilles circonstances. Mais le chef des bohémiens lui a aussitôt arraché l'argent et me l'a rendu en me disant que j'honorais trop sa pauvre maison. On m'a donné du vin et j'ai bu sans payer. J'ai retrouvé ma montre et mon mouchoir dans ma poche en rentrant chez moi.... Les chansons, qui m'étaient toutes inintelligibles, avaient le mérite de me rappeler l'Andalousie. On m'en a dicté une en romani, que j'ai comprise. C'est un homme qui parle de sa misère et qui raconte combien il a été de temps sans manger. Pauvres gens! N'auraient-ils pas été parfaitement justifiables s'ils m'avaient pris mon argent et mes habits et mis à la porte à coups de bâton [1]! »

Es de nostres! Lorsque M. Étienne lui en avait dit autant au nom de l'Académie française, il ne lui avait pas fait moitié autant de plaisir que le chef des gitanos.

Mérimée suivait avec intérêt la politique espagnole, mais il eut de bonne heure la sagesse de renoncer à la comprendre. Il lui suffisait de savoir que Mme de Montijo était du parti de Narvaëz. A l'un des retours du duc de Valence au pouvoir, en octobre 1847, la comtesse fut faite *camarera mayor*. Les compliments qu'adressa Mérimée à son amie au sujet de sa nouvelle dignité sont mêlés de beaucoup de réserves et d'inquiétudes. « Vous êtes donc vraiment camarera mayor et vous en êtes contente? Cela suffit pour que j'en sois content aussi.... Vous pourrez faire du bien : c'est assez. Quoi que vous en

---

1. Lettre à la comtesse de Montijo, Barcelone, 15 novembre 1846.

disiez, vous êtes faite pour le combat, et il serait ridicule de souhaiter à César la vie tranquille du second citoyen de Rome. Je vous dirai qu'on m'a déjà fait la cour à votre occasion et je m'attends qu'au premier jour on me donnera des placets. D'humeur comme je suis, vous devinez l'usage que j'en saurai faire [1]. » Ce qui alarmait son amitié, c'était de savoir qu'elle sortait seule en phaéton avec une souveraine que menaçaient bien des complots.

Moins de trois mois après sa nomination, la comtesse de Montijo quittait spontanément la charge qu'elle avait acceptée avec joie, mais dont elle connut bientôt les difficultés et les périls. Une intrigue se noua pour lui faire perdre la confiance de la reine. Un peu naïf en ces matières, Mérimée s'étonna que le gouvernement n'eût pas mieux su défendre une auxiliaire aussi utile. Il le comprit un peu plus tard, c'était précisément l'intelligence, l'énergie, l'influence grandissante de la camarera mayor qui portaient ombrage aux maîtres de l'Espagne.

---

1. Lettre à la comtesse de Montijo, 22 octobre 1847.

Mme de Montijo prit son parti à l'instant. Son ambition était de la bonne sorte et ne s'arrangeait point d'une autorité précaire, contestée, achetée par des compromis ou des complaisances. Elle aima mieux se démettre que se soumettre.

Mérimée lui écrivait toutes les semaines, excepté lorsqu'il était absent de chez lui. « Si un samedi se passe sans lettre, c'est que je suis mort ou en voyage. » Ces lettres passaient, en général, par le ministère des affaires étrangères où Mérimée avait d'intimes amis, et voyageaient avec les dépêches de l'ambassade. Il faut admirer combien ce mot de dépêches est élastique. Les « lettres » de Mérimée contenaient tantôt des graines de pawlownias et de dahlias qu'il était allé chercher au Jardin des Plantes pour le jardinier de Carabanchel, tantôt des lanternes chinoises pour éclairer les fêtes en plein air, mode nouvelle inaugurée par la comtesse Duchâtel, tantôt des robes de Palmyre ou des souliers pour la jeune duchesse d'Albe. Il essaya d'y introduire une calèche, mais le ministre se fâcha. Lorsque Mme de Montijo était camarera mayor, il dessina, d'après une estampe de la Bibliothèque royale, un costume d'Isabelle la Catholique que la reine devait porter à un bal déguisé, et il l'envoya par la même voie.

De son côté, la comtesse de Montijo l'approvisionnait de *fosforos*, Mérimée ne pouvant trouver, « dans une ville aussi chimique que Paris », d'allumettes qui lui convinssent. Plus tard, elle lui expédia d'un pain qu'elle jugeait meilleur que le nôtre, et rien n'est plus comique que les aventures de ces pains courant de ville en ville après celui qui devait les manger et qui les trouvait toujours très bons. Les dames Delessert et leurs amies demandaient des mantilles à la comtesse de Montijo, et ces mantilles passaient par les mains de l'académicien qui était convoqué à l'essayage. Il est question d'une certaine mantille qui seyait très bien à la marquise Pasquier. Pour apprendre à la porter, elle s'était inspirée d'un croquis que Mérimée, dans son dernier voyage d'Espagne, avait fait d'après la seconde fille de Mme de Montijo.

La comtesse adressait à Mérimée ses amis d'Espagne qui allaient à Paris. Il lui recommandait les siens qui se rendaient à Madrid. C'est ainsi qu'il lui demandait de faire bon accueil à M. Charles de Mazade, qui partait avec une mission de M. de Salvandy, et, au retour, il l'engageait à lire les intéressantes études que le jeune écrivain, déjà remarqué et estimé, avait rapportées de ce voyage. Il réclamait aussi sa bienveillance pour le prince Albert de Broglie, lorsqu'il fut attaché à l'ambassade de Madrid et il rappelait à cette occasion ses « sérieuses obligations envers le père du jeune diplomate ». Mais il y eut un complet malentendu entre l'Espagne et le prince Albert de Broglie. Il la jugea très frivole, elle le trouva un peu trop grave.

Mérimée tenait Mme de Montijo au courant des allées et venues de la diplomatie. Quelquefois, il lui crayonnait d'un mot les nouvelles figures. Ainsi lorsque Bulwer, frère du premier lord Lytton, est nommé ministre d'Angleterre à Madrid : « Vous allez voir un homme très fou, très coquin et très spirituel, lorsqu'il n'est pas mourant, ce qui lui arrive environ quatre jours par semaine ».

Ces jolies lettres, tantôt gaies, tantôt tristes, qui prennent la couleur du temps et qui se teintent, aussi, des émotions particulières de l'auteur, font songer à des « échos » de journal, mais à des échos qui, par hasard, seraient écrits de main de maître. Et si la comparaison est encore désobligeante pour Mérimée, on peut rapprocher ces lettres de celles que nos meilleurs écrivains, au siècle dernier, adressaient à des princesses curieuses de connaître, au jour le jour, l'histoire de l'esprit français et de la vie parisienne, avec les dessous, les pourquoi et les comment, ce qu'on ne dit pas, ce qu'on ne sait guère et ce qu'on n'imprime que longtemps après. La correspondance de Mérimée avec la comtesse de Montijo est tout cela, et elle a, de plus, ce charme de sincérité et d'abandon qui en fait le journal intime d'un homme d'esprit.

Gens de théâtre, gens de lettres, gens du monde, poètes et assassins, danseuses et diplomates, passent rapidement et se brouillent un peu, de façon à bien donner l'idée de ce brouhaha, de ce pêle-mêle qui s'appelle la société. On dit que Chateaubriand va épouser Mme Récamier. On dit que Rachel veut se battre en duel avec Augustine Brohan en l'honneur du comte Walewski. On dit que le tsar songe à une alliance franco-russe qui inquiète beaucoup lord Palmerston. Le ministère va tomber.... Non, le ministère vivra encore, par tolérance et faute de mieux : « On ne l'aime pas, a dit M. Molé, mais on le préfère ». Quant à M. de Rémusat, il se contente de dire : « Qui vivra rira! » et il joue la comédie de salon. *Les Burgraves* ont fait un *fiasco, ma solenne.* Victor Hugo remue ciel et terre pour être pair de France ; il a persuadé à la duchesse d'Orléans que la dernière pensée de son mari mourant a été pour lui. Les chiens de la princesse Belgiojoso ont mordu le bras de Cousin qui gesticulait dans le salon de leur maîtresse et qu'ils ont pris pour le bâton avec lequel on les faisait jouer. La même princesse Belgiojoso va en fiacre à Mabille bras dessus bras dessous avec le prophète arabe Bou-Maza, en ce moment notre prisonnier, et le marquis de la Valette promène dans son département un prince égyptien que le roi lui a donné à garder et dont il a fait une réclame électorale. La Grisi, en sortant du bal, se fait attacher ses socques par Mario et le traite de *porco* quand l'opération ne marche pas assez vite. Dans le monde, on s'occupe de sciences occultes. Mérimée a entendu dans un salon une somnambule « presque aussi bête que si elle eût été éveillée ». La religion est aussi à la mode; il y a du néo-catholicisme dans l'air. Une dame lui a demandé « quel était son prédicateur favori ». Une autre dame, au cours de Mickiewicz, a crié tout haut qu'elle était prête à mourir pour Jésus-Christ. Au dernier concert des Tuileries, un chat, sortant on ne sait d'où, a couru, griffes dehors, sur les épaules nues et a disparu comme il était venu. Serait-ce, sous une nouvelle forme, le petit homme rouge qui annonce les grandes catastrophes politiques? M. de Rambuteau fait des fautes d'orthographe et M. Dupin fait des mots. Un jour que la salle des séances était vide, par une chaleur accablante, il a ordonné aux huissiers d'aller chercher les députés à l'école de natation. « Il y en a là une centaine qui apprennent à nager entre deux eaux. » Et, à travers les traits d'esprit ou de bêtise, les petits cancans et les grosses nouvelles, revient périodiquement la formule sur laquelle une longue habitude avait blasé les hommes de ce temps-là : « On a tiré sur le roi ».

M. Thiers est une des figures qui reparaissent le plus souvent dans cette correspondance. Mérimée le voyait beaucoup, le goûtait comme un admirable comédien, bien qu'il ne le trouvât pas également bon dans tous les rôles. En ce moment, M. Thiers en avait fini avec les gamineries du bel âge; il jouait au philosophe, ne voulait plus entendre parler de politique et se réservait pour un nouveau règne. Il était tout à l'histoire et au dilettantisme artistique, achetait des tableaux de Madrazo beaucoup plus cher qu'ils ne valaient, à ce que prétend Mérimée, et obligeait despotiquement tous ses amis à les admirer. Les trois premiers volumes de l'*Histoire du consulat* paraissaient, et le libraire se vantait partout de deux cent mille exemplaires vendus en quelques semaines; mais M. Thiers, dans un jour de franchise et de mauvaise humeur, avouait à Mérimée qu'il n'était pas content. Cependant il continuait avec ardeur et se plongeait dans les affaires d'Espagne : « Il n'y entend pas un mot, écrivait Mérimée à son amie; si vous étiez là, vous lui épargneriez bien des brioches [1] ». L'historien de Napoléon avait, par l'intermédiaire de Mérimée, demandé à la comtesse des renseignements sur D. Eugenio de Montijo et sur l'échauffourée d'Aranjuez. Mme de Montijo ne se pressait pas de donner ces documents et M. Thiers les réclamait, avec l'obstination que l'on connaît, toutes les fois qu'il rencontrait l'auteur de *Colomba*. Cela devint une obsession. « Pour Dieu! délivrez-moi de M. Thiers! » Les documents vinrent enfin; lorsqu'ils furent utilisés, la nièce et filleule de D. Eugenio était sur le trône.

Il y avait des jours où l'historien, le philosophe, l'homme amoureux de tableaux, disparaissaient, laissant la place au politicien déçu qui s'irritait d'être si longtemps exilé du pouvoir. « M. Thiers enrage de la Toison d'or donnée à M. Guizot [2]. » Un jour, Mérimée,

---

1. Correspondance avec la comtesse de Montijo, 1847.
2. *Ibid.*

voyant qu'il s'évertuait à déconsidérer et à entraver le gouvernement, se risqua à lui faire observer qu'il est mieux de ne pas mettre ses bottes crottées sur la banquette où l'on doit s'asseoir. Le petit homme répondit lestement : « Bah! on la brossera [1] ».

Vers la fin, une sorte d'amertume se mêla à la bonne humeur avec laquelle Mérimée chroniquait pour son amie les folies mondaines et les jeux de la politique. Il parlait souvent de ses cheveux gris : « Je blanchis et ne peux m'empêcher de regretter l'heureux temps où je faisais des sottises ». Il vieillissait et il lui semblait que tout vieillissait avec lui. Il avait vu de trop près comment les législateurs font les lois et comment on fait les législateurs. L'amour de l'égalité n'était qu'un faux nom de l'envie; le parlementarisme ramenait les hommes à la grossièreté; on s'injuriait à la Chambre comme à la Halle, et les vieillards du Luxembourg, qui avaient paru tenir aux traditions de politesse, commençaient à suivre l'exemple. Il s'étonnait

1. Lettre à la comtesse de Montijo.

de voir un ministère qui se mourait sans maladie apparente et sans autre faute réelle que d'avoir duré quatre ans. Il sentait régner autour de lui cette étrange impatience des fins de règne, qui grossit les plus chétifs incidents et transforme en critiques les dévoués d'autrefois. 1847 vint et l'impatience devint de l'irritation, la lassitude se tourna en malaise. A ce moment, les lettres de Mérimée se font graves. Dès le mois de janvier, il signale une misère épouvantable dans toutes les provinces, et surtout en Bretagne : « Pas de pain, pas de pommes de terre! Les sardines ont disparu à Saint-Pol-de-Léon. Les pauvres se battent pour avoir le sang des boucheries; ils ne vivent que d'algues marines bouillies [1]. » Cependant Paris donnait des fêtes. Le feu prenait, pendant un bal, à l'hôtel de Galliera, et on pouvait redouter une catastrophe analogue à celle de l'hôtel Schwarzenberg. Mais la duchesse montra un beau sang-froid et M. le duc de Montpensier se mit à la tête des travailleurs. « Plusieurs invités s'installèrent au buffet pour

---

1. Lettre à la comtesse de Montijo, du 23 janvier 1847.

éviter à l'incendie la peine de fondre les sorbets, de dévorer les truffes et les ananas; quelques jeunes filles parlaient de recommencer un quadrille dans un salon que le feu n'avait pas atteint [1]. »

Ce violent contraste entre la richesse qui dansait et la misère qui râlait, entre les mangeurs d'algues et les mangeurs de truffes, était exploité par les ennemis de la société. « Hier, je passais sur le boulevard des Italiens lorsqu'un gros pétard est parti à quelques pas de moi et de quelques femmes qui étaient assises, presque sous leurs jupes. Cela a lancé un certain nombre de petits papiers communistes, où il y avait écrit, m'a-t-on dit, car je n'ai pas pu en attraper : « Brûlons jusqu'à ce qu'on abolisse l'odieuse loi de propriété [2]. » Vers ce moment éclataient deux scandales, le procès Teste et le procès Cubières. Age d'or de l'anarchie, innocents pétards qui ne lançaient que du papier imprimé, temps heureux où un seul ministre soupçonné de tripotage, un seul général, un seul pair de

---

1. Lettre à la comtesse de Montijo, du 23 janvier 1847.
2. Lettre à la comtesse de Montijo, du 16 août 1847.

France accusé de faiblesses financières, suffisaient à bouleverser l'opinion !

Pourtant, même en jugeant cette époque avec la modestie qui convient à la nôtre, on reconnaîtra que les symptômes de décomposition morale, notamment parmi les hautes classes, se multipliaient d'une manière effrayante. Ils eurent pour comble l'affaire de Praslin, qui intéressa d'autant plus vivement la comtesse de Montijo et Mérimée que l'un et l'autre avaient dîné plus d'une fois chez les Delessert avec l'assassin et avec la victime. « Il n'y a jamais eu, écrivait Mérimée, en parlant de la duchesse, de personne plus douce ni plus aimable. » Quelques jours après, le vieux chancelier, dont il était le convive une fois la semaine, lui montrait une espèce de journal de Mme de Praslin, daté du 17 juin, précisément deux mois avant sa mort. « Elle parle de scènes terribles avec son mari pour le renvoi de cette gouvernante, et à chaque page perce un pressentiment fatal. Il est impossible de rien lire de plus navrant. Elle s'abandonne tristement à l'avenir et ne pense qu'à ses enfants et à son devoir.... » Mérimée ajoute :

« Le chancelier se plaint amèrement de la bêtise des procureurs du roi qui, tout étourdis d'avoir à instrumenter contre un duc et pair, l'ont laissé à peu près libre pendant six heures après le meurtre.... Voyez la courtisanerie de nos gens qui ont culbuté un trône il y a dix-sept ans. Lorsque les gens de justice se sont présentés pour dresser procès-verbal de décès du duc de Praslin, ils avaient mis qu'il était mort rue de Vaugirard, tel numéro. C'est le chancelier qui a été très ferme dans toute cette affaire, qui a exigé qu'on mît qu'il était mort dans la prison du Luxembourg où il était détenu. Cependant le roi, c'est une justice à lui rendre, pressait l'instruction et avait recommandé de poursuivre avec la dernière rigueur. Mais ces imbéciles de robins, quand ils n'ont pas affaire à un échappé des galères, sont à plat ventre devant un grand nom [1]. »

Cette année, Mérimée avait quitté la rue des Beaux-Arts pour venir habiter 18, rue Jacob, dans un appartement qui « donnait sur des jar-

---

[1]. Correspondance avec la comtesse de Montijo, août 1847.

dins ». Donner sur des jardins! N'est-ce pas le rêve du Parisien homme d'étude? Mais le nouveau logis contiendrait-il tout ce qu'avait tenu l'ancien? En passant la revue de ses livres, Mérimée se découvrit possesseur de mille choses qu'il ignorait et en chercha vainement d'autres qu'il croyait avoir. Enfin le voici, dans son appartement, « lui, sa mère, ses chats et ses livres ». Comme tout est encore dans le chaos, il va dîner « chez le traiteur », où sa côtelette fait scandale, car c'est justement le vendredi saint.

On devait l'envoyer, dans l'automne de 1847, faire une inspection en Algérie, où « nos officiers, dit-il, détruisent les monuments romains ou arabes avec une grande impartialité [1] ». Le tableau qu'il se faisait à l'avance de notre colonie ne l'exposait, on en conviendra, à aucune désillusion. « Elle est peuplée, dit-il, des gens qu'on a négligé de pendre dans leur pays. Quant aux Bédouins, ils ne valent guère mieux que les chrétiens et ont plus de poux [2]. » Mais son

1. Corresp. Montijo, 3 juillet 1847.
2. *Ibid.*

ami, M. de Laborde, devait l'accompagner dans ce voyage et Mérimée se proposait, « s'il avait assez d'argent », de revenir par l'Andalousie. A Alger, une gracieuse hospitalité l'attendait chez l'aimable et noble prince qui gouvernait alors l'Algérie et pour lequel il n'était pas un inconnu. Mais les bureaux de la guerre et ceux de l'instruction publique ne purent se mettre d'accord au sujet de ce voyage, et on l'ajourna à l'année suivante. L'année suivante, ce fut 1848.

VII

Pressentiment d'une catastrophe. — Précis de la révolution de Février dans une lettre inédite de Mérimée. — Le Gouvernement provisoire et la Constituante. — Diner chez Monckton Milnes et rencontre avec George Sand. — Le 15 mai. — Une réception à l'Académie française. — Mérimée pendant les journées de Juin.

Tout le monde admet que la révolution de 1848 fut une surprise, même pour ceux qui la firent ou qui en profitèrent; la correspondance de Mérimée avec la comtesse de Montijo ne peut que confirmer cette opinion. Cependant le sagace et impartial observateur avait relevé, à l'horizon, des signes de tempête. Le 15 janvier, il constate le malaise profond du commerce parisien qui se plaint de ne rien vendre. « La ville est triste; cependant le duc de Nemours va donner des concerts au mois de février. » Le 22, il écrit : « Il y a à Paris et, je crois, dans toute la

France une terreur instinctive d'une révolution; chacun en parle avec effroi. » Et il ajoute : « Vous devinez de quel côté viendra l'orage ». Le 5 février, il annonce que M. Guizot et M. Thiers sont malades. C'était un bruit que l'on faisait courir pour aggraver l'inquiétude générale. On prédit « quelque petite émeute après l'adresse.... Ce sera peu de chose, mais c'est un mauvais symptôme. » Un vent de révolte souffle partout. Les trônes s'ébranlent; les rois, affolés, jettent en hâte des constitutions à leurs peuples qui grondent. Avant-hier, c'était le roi de Naples; hier, le roi de Danemark; à qui le tour aujourd'hui ?

Enfin, le 19 : « Nous dansons à Paris, mais pas de trop bon cœur.... On s'attend à quelque événement. » Il raconte l'histoire du banquet autorisé, puis interdit, mais toléré; la mise en scène presque enfantine, arrêtée entre le ministère et l'opposition. Tout se passera entre bourgeois; on n'admettra pas les ouvriers à la fête. Il y aura un discours très bref d'Odilon Barrot, qui se gardera de soulever les passions. A ce moment entrera un commissaire qui priera très poliment l'assemblée de se retirer. Elle refusera : il dressera procès-verbal comme l'Intimé dans les *Plaideurs*. Quand il n'y aura plus rien dans les assiettes, ni au fond des verres, ces braves gens crieront : « Vive la réforme! » et iront retrouver leurs femmes ou leurs maîtresses.

Ces pitoyables arrangements ne rassurent pas Mérimée. « Nous vivons, dit-il, dans une bonne ville où il suffit que trois personnes s'arrêtent sur un pont à voir couler l'eau pour qu'il s'en attroupe des milliers alentour. Pour moi, je ne doute pas que les communistes, les républicains, les émeutiers de profession ne profitent de la circonstance pour faire quelque tentative.... Dans ce mois de février, il y a déjà eu quatre révolutions : qui peut prévoir ce qui arrivera? » Tout le monde meurt de peur, y compris les chefs de l'opposition. On dit les soldats excellents, mais, en ce temps-ci, on ne peut compter sur rien. « Il suffirait d'un capitaine qui trahît et perdît la tête. » Une circonstance, cependant, peut tout sauver : une pluie battante. Et Mérimée termine cette lettre étrangement mêlée de moquerie et d'inquiétude par ces mots : « Il faudra que celui qui fera l'histoire du xix° siècle sache écrire sur tous les tons, la tragédie et le vaudeville à la fois ».

La catastrophe arrive. Le 24, il était au château, probablement en costume de garde national, et donnait le bras à Mme Delessert pour sortir des Tuileries prises d'assaut. Dès le lendemain il envoyait quelques lignes à son amie : « Les journaux vous auront tout appris. Jusqu'à présent beaucoup d'ordre. Il y a, dans ce peuple si terrible, une singulière disposition à la grandeur dans de tels moments. Des ouvriers ont rapporté au musée des camées pris aux Tuileries et valant plus de 100 000 francs.... Adieu, chère comtesse. Au milieu d'une si grande catastrophe, on ne pense guère à ses affaires particulières; cependant, je commence à être en peine de savoir comment je vivrai et ferai vivre ma pauvre vieille mère. » Huit jours après il n'était pas encore revenu de sa première stupeur : « Avez-vous entendu parler d'une chose semblable ? Il n'y a pas quatre-vingts morts. En vérité, la dynastie de Juillet est tombée plutôt sous les sifflets que sous les coups de fusil. Nous voilà en république, sans enthousiasme, mais décidés à nous y cramponner, car c'est la seule chance de salut qui nous reste.... Quant à ma propre position, je n'en sais rien encore, mais je n'augure rien de bon pour moi. Il faut vivre au jour le jour et se féliciter quand la journée est passée et que l'on a dîné [1]. » Il revient encore sur le désintéressement du peuple parisien : « Au milieu de toutes les scènes terribles de cet inconcevable drame auquel nous venons d'assister, il y a une chose qui fait honneur à la nation, c'est le peu de désordre après une crise semblable. Les gens qui ont pris les Tuileries et qui n'avaient pas un sou dans leur poche n'ont rien volé. J'ai vu des ouvriers en guenilles rapporter des objets d'un prix inestimable et monter la garde au milieu de chambres remplies de vaisselle et de bijoux [2]. » Puis vient un mot de sympathie pour la duchesse d'Orléans, un mot amer pour le roi et les

---

[1]. Lettre à la comtesse de Montijo, du 3 mars 1848.
[2]. *Ibid.*

princes : « A quoi diable sert l'histoire puisque personne n'en profite ¹ ! »

Peu de temps après il recevait une lettre de Mme de Montijo, dont il est aisé de deviner le contenu par la façon dont il y répond : « Je suis bien touché, écrit-il, des offres que vous me faites. J'en profiterai peut-être un jour, mais nous n'en sommes pas là encore, Dieu merci ! Croyez qu'il n'y a personne au monde à qui je demandasse un service avec plus de confiance qu'à vous, ni aucun lieu où je me trouvasse moins exilé qu'à Madrid ². »

Mme de Montijo lui demandait des détails, Mérimée fit de son mieux pour la satisfaire. Un précis de la révolution de Février par un témoin oculaire, qui s'appelle Mérimée, me semble mériter d'être recueilli, même quand il ne révèle pas de faits nouveaux. C'est pourquoi je le donnerai ici en entier.

« Tout le monde à Paris savait, excepté le ministre de l'intérieur et le commandant de la garde nationale Jacqueminot, que cette

---

1. Lettre du 3 mars 1848.
2. Lettre du 18 mars 1848.

garde était fort mal disposée. Tout au dernier moment, c'est-à-dire lundi 21 février, au soir, le ministre sut que le banquet avait été contremandé. Il décommanda alors le grand déploiement de troupes qu'il avait résolu de faire ce jour-là. Le mardi 22, on ne voyait de soldats presque nulle part. Ils étaient consignés dans les casernes. Il n'y avait que quelques compagnies de garde municipale, aux abords de la Madeleine, qui dispersaient la foule des curieux autour de la maison d'Odilon Barrot dans les Champs-Élysées, et sur la place de la Concorde. Vers le soir, les gamins commencèrent à jeter des pierres, à culbuter les voitures pour faire des barricades, à ôter quelques pavés. Rien n'indiquait que cela fût sérieux : l'émeute n'avait pas d'armes. Les soldats y allaient assez mollement, et pendant toute la nuit il n'y eut pas d'engagement sérieux.

« Le lendemain mercredi, les troupes parurent en plus grand nombre; la foule des curieux et les insurgés augmentèrent. La garde nationale, rassemblée très lentement, criait : « Vive la réforme! » aux oreilles des soldats, les faisait boire et les engageait à ne pas tirer. Du moment que la garde nationale avait le même cri que les révoltés, il ne fallait plus compter sur les soldats. Vous savez ce qui se passa alors dans la Chambre. Le roi renvoya son ministère et chargea M. Molé d'en composer un. Ainsi, au beau milieu de l'émeute il n'y avait plus de ministres. M. Molé ne pouvait se charger d'une tâche si difficile; M. Guizot n'osait plus donner d'ordres. Partout, les troupes laissaient faire les barricades et ne faisaient nulle démonstration d'attaque.

« Cependant le bruit de la retraite du ministère s'était répandu partout. On croyait que le lendemain tout se calmerait avec quelques concessions. Jusqu'alors les sociétés secrètes ne s'étaient pas mêlées aux rares combattants; mais elles étaient réunies et délibéraient. Les rues étaient pleines de monde, et bien des gens pensaient que l'affaire était finie. Vers neuf heures du soir, une foule assez considérable se porta devant l'hôtel des affaires étrangères que M. Guizot avait quitté. Son secrétaire s'était amusé à faire boire les officiers et les soldats du poste qui gardait le ministère. La foule pressant un peu les soldats, on commanda de la faire reculer en croisant la baïonnette. En ce moment, le fusil d'un conscrit partit par hasard. Les autres, prenant ce coup de feu pour un ordre, firent feu et tuèrent ou blessèrent une centaine de personnes, la plupart inoffensives. Grande stupeur de part et d'autre. Il y eut une heure ou deux d'un calme étrange. Tout à coup on répand dans les faubourgs la nouvelle; on promène les cadavres sur des charrettes. Les sociétés secrètes se mettent en mouvement. Les ouvriers sortent en foule et on leur donne, par les fenêtres, les armes des gardes nationales. On élève de nouvelles barricades.

« Cependant le roi n'avait pu s'entendre avec M. Molé. Il avait appelé MM. Thiers et Odilon Barrot. Nul ordre n'était donné. On demanda au maréchal Bugeaud s'il croyait possible de repousser l'émeute. Il répondit qu'il n'en savait rien et qu'il craignait d'avoir à tuer dix mille hommes. Après l'avoir nommé commandant général des troupes, on le remplaça presque aussitôt par Lamoricière, avec l'ordre de faire évacuer la ville par les troupes et de la laisser à la garde nationale. Vous devinez l'effet que produisaient tous ces ordres et contre-ordres successifs. Les officiers ne savaient à qui obéir. Ils empêchaient les soldats de tirer. Le roi abdique enfin, le jeudi matin, sans avoir pris aucune mesure. Il quitte les Tuileries au moment où une assez grande masse de peuple s'y portait. Les troupes se retiraient vers leurs casernes, déchargeant leurs armes en l'air et les donnant au peuple. Personne n'eut l'idée de réunir cinq ou six cents hommes autour de la Chambre. La duchesse d'Orléans qui, seule, a montré beaucoup de courage dans toutes ces scènes, vint à pied avec ses deux enfants dans la Chambre. Le président Sauzet, qui mourait de peur, ne savait que dire ni que faire. Une centaine d'hommes armés, pas davantage, pénètre dans la Chambre, en criant et menaçant. Avec la garde nationale et les soldats du poste, il eût été facile de les chasser, mais tout le monde perdait la tête : les députés se croyaient entourés par vingt mille hommes. Vous avez vu le reste dans les journaux. La révolution a été faite par moins de six cents hommes qui, la plupart, ne savaient ni ce qu'ils faisaient ni ce qu'ils voulaient. Maintenant tout est accompli [1]. »

Toute la révolution tient dans ces quelques pages, émouvantes à force de brièveté comme les récits de certains écrivains antiques. Mérimée y est aussi tout entier, avec sa netteté et sa sécheresse, qui juge et peint à la fois, avec son système de romancier et d'historien qui fait intervenir, au moment psychologique, le petit fait décisif, le verre de vin versé par un subalterne imprudent, le fusil du conscrit qui part tout seul et qui tue une dynastie. Et Mérimée est enfin dans le dernier mot, laconique et fataliste : « Tout est accompli ».

Une nouvelle lettre lui apporta de nouvelles offres. Mme de Montijo l'engageait à se réfugier à Madrid. Il répondit : « J'ai des devoirs ici et je saurai les remplir [2] ». Il ajoutait : « Vous ne sauriez croire combien je souffre au milieu du désordre où ce pauvre pays est livré. J'aimerais, je crois, à me cacher pour quelques années

---

1. Lettre à la comtesse de Montijo, 8 mars 1848.
2. *Ibid.*, 18 mars 1848.

dans un cloître, ne fût-ce que pour échapper à cette continuelle tension d'esprit sur le même sujet. Qu'arrivera-t-il demain? Voilà ce que chacun se demande toute la journée, bien sûr de n'avoir pas de réponse; car, pour en faire une, il faudrait être prophète. « Tout est possible, même le bien », disait l'autre jour un de mes amis. Voilà notre situation.... D'un côté, il y a des gens étonnés de leur victoire et ne sachant trop qu'en faire; de l'autre, une masse immense de poltrons, tantôt se rassurant, tantôt s'abandonnant au plus abject découragement, prêts à tout céder, peut-être jusqu'à leurs têtes qu'on ne leur demande pas [1]. » Quant au Gouvernement provisoire, il semble à Mérimée se composer de deux éléments. Quelques-uns essaient de fonder un état politique qui ressemble à celui des États-Unis; d'autres — et ce sont les plus énergiques — ne pensent pas que la république puisse exister en France sans réveiller les souvenirs et restaurer les mœurs de 93. « On cherche partout quelque nom à mettre en avant. Vous savez que les Français s'attachent plus volontiers

---

1. Lettre du 25 mars 1848.

à un homme qu'à une idée. Mais cet homme, où est-il? » Comment interpréter les signes du temps, lorsqu'ils se contredisent, lorsque l'opinion, au lieu de souffler comme un vent régulier, se déchaîne dans tous les sens en tourbillon? « Hier, c'étaient vingt mille gardes nationaux qui venaient, en procession, se plaindre qu'on cherchât à les désorganiser. Aujourd'hui, vingt mille blouses venaient protester contre la démonstration d'hier. » Huit jours plus tard, la situation est encore plus trouble. A travers toute l'Europe, continue à sévir la tempête qui « balaie les rois comme de la paille » et « chaque jour apporte la nouvelle d'un trône renversé ». « Ici, on est tranquille, mais il y a une réaction en province. Les rois sont devenus impossibles. Aussi n'est-ce pas à la forme républicaine qu'on en veut, mais à la centralisation qui a mis le sort de toute la France entre les mains du peuple de Paris. Il y a des tendances au fédéralisme qui, si elles se prononçaient, nous mettraient encore plus mal que nous ne sommes [1]. » Le 1er avril, il écrit : « Lamartine disait à un

---

1. Lettre à la comtesse de Montijo, 1er avril 1848.

de mes amis : « Tout ira bien, et j'en réponds,
« pourvu qu'on me donne encore vingt jours de
« tranquillité ». Le Gouvernement provisoire sait
que l'on conspire contre lui; les chefs du com-
plot sont Blanqui et Cabet. « Mais, ajoutait
« Lamartine, nous avons le peuple pour nous, le
« véritable peuple, et il nous défendra. » Tout
cela est fort beau, et je l'espère; mais, quand on
a vu ce véritable peuple, au 24 février, laisser
faire non seulement ce à quoi il ne pensait pas,
mais encore ce qu'il ne voulait pas, il est difficile d'avoir grande confiance en son bon sens et en
son courage. » Les symptômes anarchiques se
multiplient partout. On ne paie plus les impôts,
on coupe les bois des particuliers, on incendie
les maisons de campagne et les fabriques, et
personne n'ose se plaindre. Il viendra pourtant
un moment où l'excès du mal amènera une
réaction. Mais qui sait si cette réaction ne mettra
pas en danger notre unité nationale? « Quoi qu'il
en soit, la liberté est perdue dans ce pays-ci.
Elle ne résistera pas à l'anarchie ou bien à la
fureur de l'ordre qui lui succédera peut-être un
jour. »......

Un matin de ce mois d'avril, il reçut une visite inattendue. C'était M. de Lesseps qui venait lui annoncer sa nomination comme ministre de France en Espagne et lui dire adieu. « Cette nomination m'a fait grand plaisir, d'abord parce que je l'aime beaucoup, ensuite parce qu'il aime l'Espagne et la connaît bien. Il emporte de bonnes instructions, et son nom suffira, je pense, pour rassurer votre gouvernement.... Je crois qu'il réussira à Madrid comme à Barcelone où il s'est fait aimer et estimer de tout le monde [1]. »

Le jour même où commençaient les élections pour la Constituante, il traçait un lugubre tableau de la situation : « Chaque jour nous rend un peu plus pauvres et un peu plus malheureux. La vie se passe ou bien à méditer tristement ou à écouter les lamentations de ses amis.... Ce qu'il y a de pire, c'est d'entendre répéter ce qu'on aurait dû faire et ce qu'on n'a pas fait [2].... De bonnes intentions, mais pas d'idées et, avec cela, la rage de faire. Chaque

---

1. Lettre à la comtesse de Montijo, 12 avril 1848.
2. Lettre du 23 avril 1848.

jour paraît un décret qui désorganise quelque chose. Nos finances sont à tous les diables; on détruit des impôts productifs et on en imagine qui sont insensés.... D'abord on a tout passé au Gouvernement provisoire, et maintenant, à l'approche des élections, on se rassure et on le laisse faire encore comme un vieillard qui radote et dont les dernières paroles n'ont plus d'importance. Ce qui est accablant, c'est le sentiment de honte que chacun éprouve. Personne, sauf peut-être une centaine de tapageurs, n'a fait ce qu'il voulait faire, mais tout le monde a la responsabilité de ce qu'ont fait les cent tapageurs, les uns — et c'est le plus grand nombre — pour avoir été indifférents, les autres pour avoir été aveugles, ceux-ci pour avoir été imprudents, tous pour avoir été parfaitement lâches. Tout considéré, c'est bien la lâcheté qui fait le fond du caractère français. Personne n'ose. La vanité se combinant avec la lâcheté, on décore sa peur du nom d'entraînement et d'enthousiasme. Ajoutez encore un grand vice de notre temps et de notre pays : c'est l'envie et la haine des supériorités. Elle est poussée si loin que le spectacle des maux du voisin suffit pour consoler des siens propres. Le peuple, qui perd tout à Paris où toute fabrication de luxe est anéantie pour longtemps, oublie sa misère en voyant la déconfiture des riches. Le jour où Rothschild fera faillite sera un beau jour pour tous les petits commerçants qui seront ruinés le lendemain. Lorsqu'un cordonnier fait banqueroute, tous les savetiers sont dans l'enchantement. Que voulez-vous faire d'une nation aussi gangrenée que celle-ci? » Puis, faisant un retour sur lui-même, il ajoute : « Je voudrais être jeune et recommencer ma vie, de façon à être libre partout. Je me demande sans cesse à quoi je suis bon et comment je peux me tirer d'affaire, et je ne trouve pas une seule réponse en moi. Je suis comme ce négociant qui avait imaginé de porter dans les Indes une cargaison de patins. Moi, je ne me suis pas mis à voyager pour porter mes patins, mais le climat a changé, ce qui revient au même. »

En effet, le libraire — c'était Charpentier — n'osait lancer l'*Histoire de don Pèdre*. « Il n'y a, écrivait Mérimée, que le commerce des affiches et des proclamations qui aille en ce moment. Ce sera pour bien longtemps, je le crains, notre seule littérature [1]. »

Il n'y avait, alors, d'autres étrangers à Paris que ceux qui venaient spéculer sur notre sottise ou étudier, en *dilettanti*, notre désordre intellectuel et nos maladies sociales. Parmi eux, Monckton Milnes, plus tard lord Houghton et père du vice-roi actuel de l'Irlande. Mérimée le définit « un homme d'esprit, plus vif et plus fou qu'il n'appartient à un Anglais ». Monckton Milnes invita Mérimée à un dîner « en *petite* comité ». Trois femmes et une demi-douzaine de fouriéristes, dont Considérant; plus, Mignet et Tocqueville, « qui se trouvaient, je pense, pour la première fois, à pareille fête. C'était Considérant qui tenait le dé de la conversation, parlant très haut et frappant sur la table, avec des manières toutes républicaines.... Une des femmes avait de fort beaux yeux qu'elle baissait sur son assiette. Elle était en face de moi et je trouvais que ses traits ne m'étaient pas inconnus.

---

1. Lettre à la comtesse de Montijo, 25 avril 1848.

Enfin, je demandai son nom à mon voisin. C'était Mme Sand. Elle m'a paru infiniment mieux qu'autrefois. Nous ne nous sommes rien dit, comme vous pouvez penser, mais nous nous sommes fort entre-lorgnés.... N'est-ce pas un dîner bien assorti, et il n'y a qu'un Anglais pour inventer cela [1]? »

La nouvelle Chambre s'était réunie le 4 mai, mais Mérimée n'augurait pas grand'chose de ce vaste troupeau d'hommes honnêtes et timides, nouveaux aux affaires et inconnus les uns aux autres. « La situation, écrivait-il, est absolument la même qu'au 17 brumaire, avec cette légère différence que, bien que nous ayons des prétendants en quantité, nous n'avons pas un Napoléon [2]. »

Au lieu d'un Napoléon, on eut un Ledru-Rollin et, au lieu d'un 18 brumaire, il vint cette parodie des « journées » de la Convention qui s'appelle le 15 mai et que domine le casque d'un pompier fantastique et inexpliqué. « J'ai assisté, écrit Mérimée, en qualité de garde

1. Lettre à la comtesse de Montijo, 6 mai 1848.
2. *Ibid.*, 28 mai 1848.

national à la dissolution et à la réintégration de la Chambre le 15.... Tout le monde avait perdu la tête et les figures des députés étaient si décomposées par la peur... ou l'indignation, pour parler noblement et officiellement, qu'on avait peine à reconnaître les gens qu'on rencontre tous les jours. Mon bataillon est entré le premier dans la Chambre, mais nous n'avons pas eu grand mérite, car nous n'avons vu que les talons des factieux qui m'ont paru n'être, en général, que des gamins. Mais ces gamins ont failli tout bouleverser. Notre chose publique est si fragile qu'elle peut se casser au moindre choc. »

Le décor et le costume changeaient vite. Trois jours après, le garde national qui sauvait la Chambre se trouve assis au bureau de l'Académie, dans son habit « brodé d'estragon », où il reçoit gravement son vieux camarade Ampère, son compagnon dans le voyage d'Asie Mineure et aussi dans le voyage de la vie. Mais, au lieu de laisser couler les souvenirs charmants dont leurs esprits étaient pleins, Mérimée l'appelait « monsieur », et lui parlait de ses ouvrages comme s'ils ne les avaient lus ni l'un ni l'autre. Si le discours de réception m'a semblé pâle, que dire de celui-ci? Un seul mot : on n'y voit ni Mérimée ni Ampère. En terminant, là où les académiciens d'autrefois plaçaient le panégyrique du souverain, Mérimée glissa quelques allusions à cette terrible politique qui pesait sur toutes les pensées, notamment une phrase sur la république qui était un conseil sous la forme d'un éloge : « Pour conquérir les sympathies de l'Europe, elle n'a qu'à déployer sa bannière et à y montrer ces deux mots écrits : « Ordre et Liberté ».

Cette banalité était une hardiesse, comme on le vit quelques semaines plus tard. Échangeant de nouveau la défroque académique contre la tunique bleue à liséré rouge, Mérimée eut à soutenir sa péroraison les armes à la main. « Chère comtesse, écrivait-il le 28 juin, voilà cinq jours que je vis et couche sur le pavé des rues, avec tout ce qu'il y a d'honnêtes gens à Paris. Je rentre enfin chez moi et ne perds pas un moment pour vous écrire. Nous l'avons échappé belle. Toute cette armée révolutionnaire, organisée par Lamartine et Ledru-Rollin et prêchée par Louis Blanc, s'est enfin mise en mouvement, et peu s'en est fallu qu'elle ne triomphât. Heureusement telle était leur folie qu'ils ont mis sur leur drapeau la devise du communisme, qui devait soulever contre eux toute la saine population. Au milieu de cette bataille acharnée de quatre jours, pas un cri ne s'est fait entendre en faveur d'un prétendant quelconque et, à vrai dire, on ne s'est battu que pour prendre et pour conserver. Pour les insurgés, il s'agissait de piller Paris et d'y établir un gouvernement de guillotine; pour nous, de défendre notre peau.

« Les insurgés étaient nombreux, parfaitement organisés et bien pourvus d'armes et de munitions. En quelques heures, ils ont été maîtres du tiers de la ville et s'y sont fortifiés par des barricades admirablement construites, quelques-unes s'élevant à la hauteur des premiers étages. La garde nationale a donné d'abord; elle a perdu beaucoup de monde, mais elle a entraîné les soldats et la garde mobile, sur la fidélité de laquelle on avait de sérieuses inquiétudes. Ce corps, composé de gamins de Paris, exercé depuis quatre mois et devenu très militaire par la facilité qu'a le Parisien à se transformer en soldat, comprenait de quinze à dix-huit mille hommes. Il s'est admirablement comporté et a fait merveille. Nous avons eu, dans ces cruelles journées, tous les traits d'héroïsme et de férocité que l'imagination puisse concevoir. Les insurgés massacraient leurs prisonniers, leur coupaient les pieds et les mains. Parmi un convoi de prisonniers que notre compagnie a conduits à l'Abbaye, il y avait une femme qui avait coupé la gorge à un officier avec un couteau de cuisine [1], et un homme qui avait les bras rougis jusqu'au coude, pour s'être lavé les mains dans le ventre ouvert d'un mobile blessé. Sur leurs barricades, à côté du drapeau rouge, on voyait des têtes et des bras coupés.

« A côté de toutes ces horreurs, j'ai vu des choses bien étranges. Dimanche, n'ayant rien à faire au poste, je suis allé, avec quelques-uns de mes camarades, voir l'affaire de plus près.

---

1 Voir les *Lettres à une inconnue.*

Nous sommes entrés dans des maisons de la rue Saint-Antoine d'où les insurgés venaient d'être délogés. Les habitants nous ont dit qu'on ne leur avait rien pris. Sur les boutiques on voyait écrit à la craie par les insurgés : « Mort aux voleurs! » Pendant trente-six heures ils ont été les maîtres du quartier où se trouve la prison de la Force, qui n'était occupée que par un faible poste de gardes nationaux. Ils leur ont dit de ne se mêler de rien que de garder les prisonniers, promettant de ne pas les attaquer. Cependant, il y avait là sept à huit cents voleurs qui auraient été des auxiliaires utiles. Explique qui pourra ces anomalies, ces alternatives de générosité et de barbarie! Le peuple s'est fait ici des sentiments avec la littérature de mélodrame et les infâmes journaux qui le corrompent à l'envi. Sera-t-il jamais possible de faire quelque chose d'un peuple pour qui un jour d'émeute est un jour de fête, toujours prêt à tuer et à se faire tuer pour un mot vide de sens? La dernière bataille a été une leçon sévère, mais on ne peut espérer que le danger soit définitivement conjuré. Le gouvernement n'a ni énergie ni intelligence; il se sent abhorré de la France, et, pour ne pas avouer ses fautes, ou plutôt ses crimes, il en fait et en fera, chaque jour, de nouveaux.... Adieu, chère comtesse. Je ne puis en écrire davantage : je tombe de fatigue et de sommeil [1]. »

[1]. Lettre à la comtesse de Montijo, 28 juin 1848.

VIII

Mérimée reprend ses travaux. — Étude du russe. — Lettre à Augustine Brohan. — *Le Carrosse* joué et sifflé à la Comédie-Française. — A Londres, pendant l'Exposition universelle. — Mort de Mme Mérimée. — L'affaire Libri. — Mérimée devant la justice. — En prison. — Découragement. — Un coup de théâtre.

Maintenant l'orage s'éloignait; bientôt on cessa d'en entendre les derniers grondements. Une stupeur de tristesse et d'épuisement lui succéda. Le Napoléon appelé par Mérimée entrait dans Paris à ce moment même et descendait de voiture pour aider, de ses mains, à replacer les pavés de la rue Saint-Antoine. Mais le petit groupe orléaniste au milieu duquel vivait Mérimée n'avait que des railleries pour le conspirateur de Strasbourg et de Boulogne. Au cours d'une tournée, il écrivait à son ami Stapfer : « On est très tranquille en Alsace et on ne

nommera pas président Louis-Napoléon [1] ».
Bientôt il eut à modifier sa première impression.
Quelques jours après le scrutin du 10 décembre,
il écrivait : « L'illusion de Cavaignac a passé
l'aveuglement de tous ses prédécesseurs. Jusqu'au dernier moment, il a cru avoir la majorité.
On se perd en conjectures sur le nouveau président. Il étonne tous ceux qui l'approchent par
cet air de *self-conscience* particulier aux légitimes. Il est le seul que son élection n'ait pas
surpris. D'ailleurs on le dit entêté et résolu. A
l'enthousiasme des premiers jours de sa nomination a succédé une curiosité silencieuse. On se
demande comment il s'en tirera, mais nul ne
se hasarde à faire des prédictions. La chambre
flotte entre sa mauvaise humeur et sa platitude.
Elle voudrait rester et se cramponne à ses
banquettes malgré le mépris général qu'elle a
soulevé. Je ne crois pas qu'il faille en venir à un
coup d'État pour en délivrer le pays [2] ».

Quant à lui, il essayait de reprendre ses travaux littéraires, si longtemps troublés. « J'ap-

---

1. Correspondance avec Albert Stapfer, 16 octobre 1848.
2. Lettre à la comtesse de Montijo, 25 décembre 1848.

prends le russe, disait-il. Peut-être cela me servira-t-il un jour à parler aux Cosaques dans les Tuileries. » Il prenait tristement congé de cette cruelle année où les épreuves intimes s'étaient jointes, pour lui, aux malheurs publics et aux dangers de la rue. « Je suis découragé, sans espoir pour l'avenir.... Je voudrais être auprès de vous, mon amie, et vous conter toutes mes douleurs. Il n'y a que vous au monde à qui je puisse dire tout cela; il n'y a que vous qui puissiez me donner quelques consolations, car vous avez du cœur et de la tête, et, de ce côté des Pyrénées, je ne sache personne qui ait l'un ou l'autre [1]. »

L'année suivante, il avait repris toutes ses occupations. Il s'excusait de son retard à répondre à M. Stapfer sur « la paresse bien naturelle à un homme qui fait partie de huit commissions [2] ».

Vers ce moment, s'offrit à lui certaine bonne fortune littéraire qui lui fit peur. On était allé déterrer dans la *Revue de Paris* de 1829 *le Carrosse du Sant-Sacrement* et on avait imaginé

---

1. Lettre à la comtesse de Montijo, décembre 1848.
2. Lettre à Albert Stapfer, 12 novembre 1849.

de le produire sur la scène du Théâtre-Français. Les amis de Mérimée avaient-ils voulu lui ménager la surprise de se réveiller un matin auteur dramatique et auteur à succès? Pas le moins du monde. Augustine Brohan s'impatientait d'être condamnée aux Dorines à perpétuité. Elle aspirait à un succès de jolie femme; elle tenait à se montrer sur la scène telle qu'elle se voyait souvent dans la vie réelle, avec un homme à ses pieds, et il ne lui déplaisait pas que, pour commencer, cet homme fût un roi, ou à peu près. L'idée lui vint-elle toute seule? Lui fut-elle suggérée par M. Arsène Houssaye, alors administrateur général de la Comédie-Française? Ce qui est certain, c'est que Mlle Brohan, dès qu'elle connut le rôle, en raffola, en rêva. A tout prix, il lui fallait être Périchole. Elle écrivit à Mérimée une lettre qui le troubla profondément. Ce qui rend la situation piquante, c'est que — si j'en crois le malicieux post-scriptum d'une lettre que M. Arsène Houssaye [1] a bien voulu

---

[1]. M. Arsène Houssaye a raconté l'aventure dans le troisième volume de ses *Confessions*. Mes recherches personnelles et d'autres témoignages me permettent d'ajouter quelques traits à son récit.

m'écrire à ce sujet — Mérimée avait alors un goût très vif pour la comédienne. Il était donc aussi embarrassé que son vice-roi pour refuser le carrosse à Périchole. Cependant la bague lui conseillait toujours de se méfier et cette fois la bague avait raison. Il écrivit à Mlle Brohan la lettre suivante[1] :

16 septembre 1848.

« Madame,

« Je suis très surpris et très flatté que vous preniez plaisir à des vieilleries comme *le Carrosse du Saint-Sacrement*. J'aurais cependant deux petites objections à le laisser représenter.

« Premièrement, cela a été écrit à une époque où il y avait un peu de courage à se moquer des vice-rois et des évêques. Maintenant ces pauvres gens sont si bas que je me ferais scrupule de faire rire à leurs dépens. En second lieu, la pièce, si pièce il y a, a obtenu, il y a vingt ans, tout le succès auquel elle pouvait prétendre. Je me souviens qu'elle obligea Mme la duchesse de

---

1. L'original de cette lettre se trouve dans la collection de M. Alfred Arago.

Berry à se désabonner à la *Revue de Paris*. Remettre en lumière quelque chose d'aussi léger me semble un peu dangereux. Le public ne pense pas à mal : j'ai quelque peur de le mettre de mauvaise humeur en me jetant à sa tête.

« Je ne doute pas que la Périchole jouée par vous ne fût applaudie. Mais on pourrait vous accuser de bizarrerie pour avoir choisi ce rôle, et l'on en dirait bien d'autres de l'auteur.

« Troisième objection. Je viens de relire *le Carrosse du Saint-Sacrement*, et je trouve, malgré mes entrailles paternelles, que cela ne ressemble nullement à une comédie. Les scènes sont cousues à la diable les unes au bout des autres, et mille défauts, qui passent à la lecture, deviendraient énormes à la représentation.

« Voilà mes objections, madame. Je serais bien enchanté, d'ailleurs, si *ma*[1] saynète pouvait vous servir de canevas. Mais il faudrait bien des broderies pour en cacher la grossièreté. Malheureusement, je suis tout à fait incapable de vous aider à en refaire quelque chose de présentable.

---

1. La lettre originale porte *mona*.

Je n'ai pas la moindre habitude de la scène et je me sens particulièrement impropre à écrire pour le théâtre. Ne connaissez-vous personne qui voulût se charger de travailler à transformer ma Périchole et de la rendre digne de vous?

« Je vous demande pardon, madame, de répondre si mal et si tard à votre aimable lettre. Je vous ai dit franchement tous mes scrupules, et, avant de vous les dire, il a fallu que je relusse mon œuvre qui m'a semblé n'avoir d'autre mérite que celui d'avoir attiré votre attention.

« Veuillez agréer, madame, l'expression de tous mes très humbles hommages.

« Prosper Mérimée. »

Si le post-scriptum de M. Arsène Houssaye a raison, et si Mérimée était amoureux d'Augustine Brohan, on conviendra qu'il jouait serré avec elle et que la lettre qui précède n'est pas d'un amoureux naïf. On remarquera aussi qu'elle est datée de la fin de l'été de 1848 et que la pièce fut jouée seulement au printemps de 1850. Mérimée mit donc environ dix-huit mois à se laisser séduire : je parle de l'auteur et non de l'homme. Ces dix-huit mois avaient emporté une de ses objections. Les rois et les vice-rois avaient regagné du terrain, s'étaient rassis pour un temps sur leurs trônes ou leurs demi-trônes. Les évêques tenaient le haut du pavé, faisaient des lois et faisaient la loi. Pour un homme qui vivait de sa place et en faisait vivre sa mère, il y avait de nouveau du danger et, par conséquent, du courage à les attaquer. En mars 1850 comme en septembre 1848, Mérimée était toujours étranger aux choses du théâtre et il ne semble pas que le collaborateur invoqué dans la lettre à Augustine Brohan se fût présenté dans l'intervalle. Mérimée donna pourtant son consentement et les rôles furent distribués [1]. Brindeau dut jouer le vice-roi, M. Maubant l'évêque; M. Edmond Got se chargea du secrétaire Martinez et *le licencié* échut à Monrose. On abrégea le titre : *le Carrosse du Saint-Sacrement* devint *le Carrosse* tout court. M. Arsène Houssaye

---

1. M. Jules Claretie n'a pu découvrir sur les registres de la Comédie-Française aucune trace d'une lecture faite au comité ni, par conséquent, d'un vote régulier.

m'a écrit : « Mérimée ne vint qu'une fois aux répétitions et s'en alla content ». M. Got ne se rappelle pas la présence de l'auteur à une seule répétition, et ajoute qu'en raison de son absence « on n'osa presque rien modifier [1] ».

Le jour de la représentation, Mérimée se présenta au théâtre avec deux dames et, au moment d'entrer dans sa loge, il entendit siffler dans la salle. « Il me demanda, écrit M. Arsène Houssaye [2], quelle pièce on sifflait et ne pouvait croire que ce fût la sienne, n'ayant jamais été sifflé, ni dans son œuvre ni dans sa vie. Il me dit comme Pradon : « Je vais siffler avec tout le monde ». Mais il eut beau faire semblant de rire, il était atteint et il m'en voulut toute sa vie de cet échec imprévu. »

Sans mentionner les sifflets, M. Got, si bien placé pour en juger, m'a assuré que la pièce

---

1. Le texte joué est introuvable. Il n'existe ni à la censure, ni aux archives du Théâtre.
2. Il va sans dire que je donne cette anecdote sous la responsabilité de M. Arsène Houssaye. M. Jules Claretie me l'a confirmée de son témoignage indirect. Il l'a entendu raconter à un de ses amis qui la tenait d'Augustine Brohan. Voir sa lettre aux appendices.

n'avait eu « en somme qu'un médiocre succès ». On lisait le lendemain 14 mars dans la *Revue et Gazette des Théâtres* : « M. Mérimée aurait dû penser qu'il pouvait compromettre son nom. Il n'a rien demandé, mais il a laissé faire, abandonnant même ses droits d'auteur qui profiteront aux indigents. » Les artistes, comme c'est l'usage, se tiraient de la bagarre mieux que l'auteur. Dans ce même article, signé Eug. Laugier, Brindeau était déclaré « charmant »; Mlle Brohan s'était montrée « très aimable, très fine, très spirituelle ». On n'en voulait qu'à sa robe d'argent qui rappelait trop le papier dans lequel on enveloppe le chocolat ou dont on habille les bouchons de champagne.

Était-ce cette robe qui avait fait tomber la pièce? On a vu des désastres de ce genre dans notre ville fantasque. Je crois plutôt que cette saynète fort spirituelle, mais encore plus indévote, comme eût dit le bon Étienne Delécluze, déplut aux « honnêtes gens » de ce temps-là, qui étaient les libéraux de 1829 unis à leurs anciens adversaires et devenus, de par la fusion, les cléricaux de 1850.

On fit des coupures, mais sans succès. La pièce parut arrêtée à la quatrième représentation : Mlle Brohan, disait-on, était malade. De quoi donc? Les méchants répondaient : « D'une chute de Carrosse ». On donna encore deux représentations, à des intervalles assez longs ; puis tout fut dit [1].

J'ai tenu à raconter avec quelque détail cette curieuse expérience parce qu'elle fut unique dans la vie de Mérimée. Il se le tint pour dit et, comme on l'a vu par la lettre à Augustine Brohan, il n'avait pas besoin de ce dur avertissement. Le public lui refusait les qualités drama-

---

[1]. Mérimée avait-il réellement fait l'abandon de ses droits aux indigents? Et à combien pouvaient se monter ces droits? L'inépuisable complaisance de M. Jules Claretie me permet de jeter un peu de lumière sur ces questions.

Le 13 mars, on donnait avec *le Carrosse*, *Louison* et *la Ciguë*. Augier et Musset touchèrent chacun 17 fr. 13 ; Mérimée rien. Le 14, Augier recevait 39 fr. 15 ; Mérimée, toujours rien. Le 17, les droits d'Augier montaient à 161 fr. 18, et les héritiers Vial touchaient 88 fr. 59. Le nom de Mérimée est toujours absent. Le 20, on joue Racine et Mérimée ; le second ne se présente pas plus que le premier pour émarger. Les deux dernières représentations ont lieu le 8 et le 14 avril, et l'auteur du *Carrosse* ne vient point prendre sa part des maigres recettes. Si l'on calcule les droits de Mérimée d'après ceux de ses confrères, on verra qu'il s'agit d'une somme de cent à deux cents francs qu'il a non pas abandonnée aux indigents, comme le dit le *Messager des Théâtres*, mais oubliée systématiquement dans la caisse des sociétaires.

tiques; il se les refusait à lui-même. Qui sait si le public et Mérimée ne se trompaient pas tous deux? Un homme qui, apparemment, s'entendait quelque peu aux choses du théâtre et qui avait vu de près tomber *le Carrosse*, Émile Augier, n'en persista pas moins à croire que l'auteur des *Espagnols en Danemark*, et, plus tard, des *Débuts d'un aventurier*, possédait quelques-uns des dons nécessaires à la scène, puisque, à l'apogée de son propre succès, il lui propose une collaboration. D'ailleurs *le Carrosse* n'avait pas dit son dernier mot, en matière théâtrale. Il devait prêter le nom de son héroïne à une des plus brillantes opérettes d'Offenbach et fournir une situation à une des jolies pièces de M. Meilhac. Si Mérimée avait pu toucher des droits d'auteur pour cette unique scène du *roi Candaule* qu'il avait inspirée, ces droits eussent été fort supérieurs à ceux dont il avait fait, en 1850, le dédaigneux abandon[1].

Après l'aventure du Théâtre-Français, de nou-

---

1. Je citerai, pour mémoire, la tentative bizarre de deux jeunes poètes qui, l'année dernière (1893), ont mis en vers *le Carrosse du Saint-Sacrement* et l'ont fait jouer sous cette forme, à l'Odéon.

veau je perds de vue Mérimée pour quelque temps. Il semble qu'à cette époque il ait écrit peu de lettres ou que ses amies aient mis moins de soin à les conserver. La correspondance reprend lorsqu'il va en 1851 visiter l'Exposition universelle de Londres et refaire connaissance avec ses amis les Anglais. Beaucoup de choses le charmèrent, d'autres lui déplurent : ses lettres à la comtesse de Montijo et à Mlle Dacquin trahissent ces impressions opposées, mais également justes. Il appréciait l'esprit d'ordre, la commodité parfaite, la perfection des arrangements matériels ; le jargon religieux et la fausse bonté le dégoûtaient et l'ennuyaient, comme ils ont, depuis, ennuyé et dégoûté d'autres Français, jetés par leur libre fantaisie ou leur mauvais destin sur les blanches falaises d'Albion. Le *clergyman* lui faisait aimer le capucin, son vieil ennemi. D'autre part, il reconnaissait que « tout ce qui peut se faire avec de l'argent, du bon sens et de la patience, les Anglais le font [1] ».

1. *Lettres à l'Inconnue.*

Il suivait les événements politiques, mais d'un peu loin et sans bien connaître les hommes. Dans le conflit entre l'Assemblée et le président, il n'eût voulu parier pour personne et se figurait volontiers que le pays partageait son indifférence. C'est tout au plus s'il consent à reconnaître que le peuple « semble » préférer le président. Il n'en est même pas sûr et recueille sans trop de déplaisir les petits cancans avec lesquels les vaincus de la veille et du lendemain entretenaient leurs illusions et pansaient leurs blessures. « Il paraît que notre pauvre président a été indignement reçu à Dijon; je crains qu'il ne le soit plus mal encore à Strasbourg, sans parler de la chance possible d'un coup de pistolet. Avant de partir, il a donné un banquet aux troupes, qui ont crié : Vive Changarnier ! [1] » Le sabre de Changarnier, voilà la dernière ressource de la France contre les rouges. Quand Louis-Napoléon congédie le général, Mérimée pense qu'il « a coupé sa main droite avec sa main gauche ». Et il répète que la France « s'en

1. Lettre à la comtesse de Montijo, 16 août 1850.

va à tous les diables » jusqu'à certain matin de décembre qui l'étonne fort. « Nous venons, dit-il, de tourner un récif et nous voguons vers l'inconnu[1]. »

Il croit que cela ne durera pas, mais cela dure. « Nous nous habituons petit à petit à la tranquillité, dont la monotonie n'est troublée que par des revues ou des séances à l'Académie. Ceux qui ont vu Paris il y a quatre ans se demandent s'ils sont dans la même ville ou si ce sont les mêmes yeux qui le voient.... Cela ressemble de tous points à un opéra pour la soudaineté des transitions[2]. » Avec les premiers beaux jours du printemps de 1852, il se répandit partout comme une mollesse heureuse ; la gaîté et l'élégance étaient de nouveau dans l'air ; tout ce qui était jeune aspirait avec délices ces souffles tièdes, chargés de parfums. Mérimée se sentait isolé et comme étranger au milieu de cette joie renaissante. A ce moment un grand chagrin et un gros ennui fondirent sur lui dans le même temps.

Mme Mérimée mourut après une maladie de

1. *Lettres à l'Inconnue*, 3 décembre 1851.
2. Lettre à la comtesse de Montijo, 18 avril 1851.

quelques jours. « Vous la connaissiez, écrivait Mérimée. Vous savez ce que j'ai perdu.... Mes amis ont été excellents pour moi [1]. » Au premier rang de ces amis, empressés à le consoler ou à s'affliger avec lui, étaient Mme de Montijo et ses filles : elles avaient connu personnellement Mme Mérimée, et l'impératrice conserve encore aujourd'hui un souvenir très net et très vif de cette curieuse vieille dame, aussi originale dans ses manières et dans son costume que dans ses opinions.

Ce qui soutint Mérimée dans cette épreuve, ce fut surtout, chose singulière ! l'appréhension d'un procès qu'il allait avoir à soutenir devant la justice, pour s'être mêlé de l'affaire Libri. Cette affaire est close depuis longtemps et ne donne plus, je crois, de doutes à personne. Alors elle partageait les esprits.

M. Libri était admirablement doué. Avec une énergie et une volonté indomptables, il possédait une mémoire digne d'un Mezzofanti ou d'un Pic de la Mirandole, une acutesse d'esprit

---

1. Lettre à Albert Stapfer, 9 mai 1852.

qui le rendait propre aux problèmes des mathématiques comme à ceux de l'érudition ; en outre, un savoir-faire inquiétant, une dextérité d'escamoteur qui lui rendait peut-être la vertu trop ardue et la tricherie trop facile. Il ne semble pas que ce fût un hypocrite : c'est par la supériorité de son esprit qu'il avait gagné la bienveillance de M. Guizot, la sympathie de M. Buloz, l'amitié d'hommes comme Jubinal et Mérimée.

A cette époque, la France se montrait aussi largement, aussi naïvement hospitalière qu'elle est aujourd'hui soupçonneuse et refrognée envers les étrangers. M. Libri avait été accablé d'honneurs et de places. Cependant quelques personnes, moins bien disposées, avaient éprouvé auprès de lui un certain malaise ; elles avaient senti que quelque chose n'était pas droit dans cette nature, qu'un homme dangereux se cachait sous cet homme si brillant. Des volumes précieux avaient disparu des bibliothèques de province inspectées par lui. Des rumeurs coururent, qui prirent de la consistance. Une instruction fut ouverte, conduite dans le plus grand secret. Le rapport de M. Boucly, procureur du roi, au garde des sceaux, rapport qui concluait à la nécessité d'une poursuite, était, le 24 février, sur la table de M. Guizot. La révolution l'y trouva et le publia dans le *Moniteur*.

M. Libri, qui avait des amis partout, avait été averti à temps. Il avait évacué sur Londres, avec une merveilleuse prestesse, toute sa bibliothèque, et lui-même mettait bientôt le Pas de Calais entre sa personne et la justice française qui le condamna par contumace à dix ans de réclusion et à la perte de ses titres et dignités, sur le rapport des experts, MM. Bordier, Lalanne et Bourquelot. Mais ses amis et ses patrons lui restaient fidèles. M. Libri avait eu l'art de se donner pour victime d'une révolution qui n'était pas du goût de tout le monde, et cette persécution lui faisait une sorte d'auréole. M. Guizot ne voulait pas admettre que l'État eût pu être volé par un homme qui se proposait, disait-il, de faire de l'État son héritier. Les magistrats, répétait-on, s'étaient perdus dans le labyrinthe des détails techniques et avaient commis de grossières erreurs; les experts, ennemis jurés de l'accusé, et de vieille date, avaient mis leur compétence au service de leurs passions. Le parti prêtre avait voulu frapper en Libri l'Italien révolutionnaire et libre penseur; les rouges, flétrir un favori de M. Guizot. Tels sont les sentiments dont Mérimée se fit l'interprète dans une lettre adressée au directeur de la *Revue des Deux Mondes* et publiée dans le numéro du 15 avril 1852.

Obéissait-il seulement à une impulsion chevaleresque comme il l'écrivait à Mlle Dacquin et à Mme de Montijo? « J'ai manqué au précepte si juste de feu M. de Montrond, qui recommandait de se méfier des premiers mouvements parce qu'ils sont presque toujours honnêtes [1]. » M. Tourneux donne à entendre et diverses personnes m'ont confirmé qu'il y avait là-dessous une histoire de jupon. Ce qui est évident, c'est que les ennemis de Libri étaient aussi ceux de Mérimée, quoique pour des raisons fort différentes. Lui aussi, il avait été accusé, au début de sa carrière d'inspecteur général, d'avoir

---

1. Lettre à la comtesse de Montijo, 27 mai 1852.

détourné un manuscrit précieux qu'il n'avait jamais vu et qui, semble-t-il, n'existait pas. Cette accusation, si niaise que je n'ai pas cru devoir la mentionner comme un incident sérieux de sa vie, lui avait laissé un souvenir amer; à tort ou à raison, il imputait cette avanie ridicule aux élèves de l'École des chartes et s'imaginait que M. Libri était victime d'une calomnie analogue.

M. de Loménie trouve que l'article sur Libri rappelle la fameuse lettre de Beaumarchais à Goezman, classée comme une « étincelante satire » (c'est le cliché d'usage) dans la mémoire de ceux qui ne l'ont pas lue. Oserai-je avouer que ni la lettre à Goezman, ni la lettre sur Libri ne me paraissent des merveilles? L'exorde de ce dernier morceau était spirituel et méchant, quoique un peu embarrassé par toutes les malices qui avaient voulu y trouver place à la fois. Mérimée rappelait le mot de Molière : « En France, on commence par pendre un homme, ensuite on lui fait son procès ». Il était trop facile de répondre que M. Libri avait été jugé et n'avait pas été pendu. Mérimée rappelait aussi un mot de Benvenuto Cellini qui passait toujours le coin des rues *al' largo*. C'est pourquoi, disait-il, M. Libri se défend de loin. » L'argument se retournait contre son client. Rien ne ressemblait mieux à un bravo italien, embusqué dans un angle obscur, que ce pamphlétaire infatigable, qui, du fond de sa retraite, inondait la France de brochures accusatrices. Enfin, au bout de quelques pages, le lecteur le plus bienveillant doit renoncer à suivre la discussion, s'il n'est initié à tous les mystères de l'art des Bauzonnet.

M. Buloz, fort loyalement, ouvrit la *Revue* (n° du 1ᵉʳ mai) à la réponse des experts, qui était peu spirituelle, mais assez probante. A son tour, Mérimée leur répliqua, en protestant qu'il n'avait nullement songé à mettre en suspicion leur honorabilité et leur bonne foi. Mais la justice s'était considérée comme offensée et elle cita devant elle le gérant de la *Revue* et l'écrivain. La colère de Mérimée contre la magistrature était extrême. On peut voir dans les *Lettres à l'Inconnue* comment il maudissait à l'avance ses juges. Donnant un tour espagnol à sa mauvaise humeur, il écrivait à Mme de Montijo que l'arrêt ne les guérirait pas de la banderilla qu'il leur avait plantée derrière l'oreille. Le grand jour venu, il se vit traité avec beaucoup de politesse et se montra, en somme, assez content de lui-même, de la cour et de l'arrêt qui le condamnait à 1 000 francs d'amende et à quinze jours de prison, tandis que M. de Mars s'entendait infliger 200 francs d'amende. En publiant l'arrêt, M. Buloz le fit suivre d'une note très digne, où il s'inclinait devant la chose jugée sans désavouer ses collaborateurs.

Il restait maintenant à Mérimée à s'exécuter. Il le fit de bonne grâce. Pour un homme de sa sorte, c'était nouveau et presque amusant d'aller en prison. Sans accepter les offres de vendetta que lui adressait un Corse, lecteur enthousiaste de *Colomba*, il se constitua prisonnier dans les premiers jours de juillet et subit sa peine à la Conciergerie. Dans cette captivité qui ne rappelait en rien celle des prisonniers classiques, il n'eut le temps ni de faire pousser une fleur ni d'élever une araignée; mais il travailla à l'histoire des faux Démétrius, sans être, comme il le disait plaisamment, « incommodé du soleil », ni dérangé des visiteurs. Il avait pour voisin M. Bocher, le beau-frère de son ami M. de Laborde : nommer un tel compagnon, c'est dire que cette prison valait mieux que la liberté de beaucoup de gens. « La justice, écrivait-il à un de ses amis, me doit de la soupe et du pain de *politique*, mais je n'en profite pas. C'est le traiteur, le buvetier de Messieurs, qui me nourrit, et c'est un artiste pour le veau et les côtelettes. Outre cela, des dames charitables nous apportent des ananas, des pâtés, des marrons glacés, etc. Nous faisons du thé excellent quand notre esclave, notre co-criminel, ne boit pas l'esprit-de-vin de nos lampes. Alors, c'est un jour de deuil.... J'ai vue sur le préau des prisonniers, où je vois leurs ébats, et j'entends quelques conversations édifiantes comme celle-ci : « *Demande* : Pourquoi que tu as tué ton onque? — *Réponse* : C'te bêtise! Pour avoir son argent. — *D*. Combien qu'y avait? — *R*. Deux cent cinquante francs. — *D*. C'est pas gros. — *R*. Damé! Je croyais qu'y avait davantage.... »

Dès le 27 mai, il avait écrit au ministre pour

lui offrir sa démission. « Car, disait-il, ma position de repris de justice pourrait lui être embarrassante [1] ». Quelques jours après, il donnait à Mme de Montijo la suite de l'affaire : « Ainsi que vous l'aviez prévu, on m'a répondu par une lettre polie et même aimable pour me dire qu'il n'est nullement question de se séparer de moi. Ma démarche n'était qu'un devoir : peut-être la réponse n'est-elle qu'une politesse. Quoi qu'il en soit, je reste et je fais mon métier jusqu'à nouvel ordre [2]. »

Il partit pour sa tournée d'inspection peu après être sorti de la Conciergerie. En route il tomba malade à Moulins, en septembre, et pensa mourir tout seul à l'auberge. Les idées noires qu'il avait déjà exprimées à son amie le reprenaient. « Il y a quelque chose de bien triste dans l'idée qu'on ne tient à rien et qu'on est absolument libre. Tant que ma pauvre mère a vécu, j'avais des devoirs et des empêchements. Aujourd'hui le monde est à moi comme au Juif-Errant, et je n'ai plus ni enthousiasme ni activité. » Il

---

1. Correspondance avec la comtesse de Montijo, 27 mai 1852.
2. *Ibid.*, 10 juin 1852.

sentait venir une autre séparation : celle à laquelle il avait donné sa plus sérieuse affection se refroidissait et s'éloignait de lui chaque jour.

Il rêvait un coin au soleil, quelque doux et riant exil où il vivrait avec peu de chose. Pourquoi ne serait-ce point en Espagne, puisqu'aussi bien il n'y était pas tout à fait un inconnu et qu'en 1848 sa prévoyante amie l'avait fait nommer académicien de l'Histoire. A Paris, « on s'amusait comme aux jours heureux de la monarchie ». Une ère nouvelle, littéraire et mondaine, se préparait, dominée par cet art réaliste dont il avait été le précurseur. Y aurait-il seulement sa place? Il y avait longtemps qu'il n'écrivait plus de romans pour les belles dames. Confiné dans les travaux érudits, oublié au coin de son feu solitaire, allait-il partager les restes de son cœur et de son esprit entre ses trois chats et ses huit commissions? La cinquantième année approchait, et il commençait à découvrir les pâles horizons du chemin qui descend, ces perspectives mornes et grises du second versant de la vie dont parlait Jouffroy dans un discours mémorable. Il en était là de ses mélancoliques réflexions lorsqu'éclata le coup de théâtre d'où devait dater pour lui une existence nouvelle.

IX

Le mariage de l'impératrice. — Départ de Mme de Montijo. — Les débuts d'une souveraine. — Situation de Mérimée à la cour. — Rapports personnels avec Napoléon III. — La *Vie de César*. — Politique de Mérimée.

Mérimée était-il dans le secret? Le mariage de l'impératrice fut-il pour lui une surprise? Sans jouer sur les mots, je crois pouvoir répondre qu'il n'y eut de secret pour personne et qu'il y eut une surprise pour tout le monde. On connaissait la passion du prince-président pour la comtesse de Teba. Cette passion était née dès l'année 1849, mais dans des circonstances qui n'éclairaient pas de leur vrai jour les caractères et les situations. Elle se réveilla plus forte, lorsque la jeune enthousiaste, en pleine bataille de décembre, avant que la fortune se fût prononcée, écrivit au prince pour mettre, en cas d'échec, tout ce qu'elle possédait à sa disposition. D'un séjour de Fontainebleau à un séjour de Compiègne — c'est un témoin oculaire qui me l'affirme — on vit grandir rapidement cet amour. Mais tant de gens étaient intéressés à le combattre! Et, dans le cœur du prince, la politique, la raison d'État n'était pas encore vaincue.

Je n'ai pas à raconter l'incident qui précipita la crise et amena le dénouement, la scène de roman qui se passa aux Tuileries, dans la salle des Maréchaux, le soir du 31 décembre 1852. Ce soir-là, l'empereur se montra un homme différent de celui qui avait laissé partir Marie Mancini. Dans un de ces moments où l'on se sent également la force de renier ou de conquérir le monde pour une femme, il prit sa résolution, passa une seconde fois son Rubicon. Déjà s'ébauchait dans sa pensée cette page étonnante de simplicité et de hardiesse, cette confidence d'amour faite au peuple français, que les jeunes hommes liront avec un battement de cœur, les vieillards avec un sourire mélancolique, quand toutes les rancunes et toutes les colères de notre temps seront mortes avec nous.

Le lendemain, la comtesse de Montijo recevait la demande officielle. Mérimée s'employait à la rédaction du contrat où il veillait à l'énonciation correcte des titres de la mariée. Le 29 janvier, les nouveaux époux recevaient la bénédiction nuptiale à Notre-Dame. Moins de deux mois après la cérémonie, Mme de Montijo repartait pour l'Espagne. Mérimée l'escorta jusqu'à Poitiers; après quoi, il revint en flânant, s'arrêtant toutes les dix lieues pour s'occuper des « choses de son métier ». De Paris, il écrivait à son amie, non pour la complimenter, mais pour la consoler : « C'est une terrible chose que d'avoir des filles et de les marier. Que voulez-vous ? L'Écriture dit que la femme doit quitter ses parents pour suivre son mari. Maintenant que vos devoirs de mère sont accomplis (et, en vérité, personne ne vous contestera d'avoir fort bien marié vos filles), il faut songer à vivre pour vous-même et à vous donner du bon temps. Tâchez de devenir un peu égoïste [1]. »

Tandis que Mme de Montijo méditait ce

---

1. Correspondance avec la comtesse de Montijo, 28 mars 1853.

conseil, Mérimée assistait aux débuts de la jeune impératrice. En paraissant au bras de l'empereur, elle pouvait plus, pour le faire accepter, que n'aurait pu une très noble et très laide princesse, venue de loin avec une mine peureuse ou méprisante et apportant, dans sa corbeille de mariage, des alliances fragiles et des préjugés invincibles. Ce second coup d'État, qui faisait presque oublier le premier en donnant aux conversations un autre aliment, ce trône décerné comme un prix de beauté, cette couronne offerte à genoux par un souverain amoureux, avait à la fois le charme d'une très ancienne chose et le prestige d'une chose très nouvelle. C'était comme une féerie, dans un décor qui allait rajeunir toutes ses splendeurs. Au reste, je ne recherche pas ce qu'en pensa le public; je suis les impressions d'un seul spectateur, et d'un spectateur privilégié. Il n'avait rien rencontré de pareil, si ce n'est dans les contes. Plus d'une fois, pendant les premiers mois de l'année 1853, il dut se demander s'il rêvait, ou s'il jouait encore la comédie à Carabanchel. Cette petite fille qu'il avait promenée, grondée, amusée, dont les menus doigts, nerveux et timides, s'accrochaient, se confiaient aux siens, à travers les foules parisiennes, on lui disait maintenant — et lui comme les autres — « Votre Majesté ». Sur ce front où il avait vu naître les premières langueurs et les premières rêveries, étincelaient les joyaux célèbres qui racontaient quatre siècles de monarchie et d'empire : l'histoire de France en diamants. Il avait contribué à lui apprendre la langue de ce peuple sur lequel elle allait régner; les mots que, le premier, il avait mis dans sa mémoire, elle allait les répandre comme autant de faveurs, et ceux qui les recueilleraient en seraient comblés.

Certains hommes regardent si bien que regarder leur suffit. Les amis de Mérimée voulaient davantage pour lui; ils lui cherchaient un rôle à remplir. Mais quel rôle? On pensa à le faire secrétaire des commandements. La place était probablement au-dessous de Mérimée puisqu'on la donna à Damas-Hinard. Il est vrai que Mérimée, s'il l'avait eue, l'aurait élevée à sa hauteur. Le 23 juin, il apprit sa nomination de sénateur et, par une délicatesse d'amitié que l'on comprendra, remercia la mère de ce qu'il recevait de la fille : « Vous avez fait un sénateur il y a deux ou trois heures. J... me dit que l'impératrice a embrassé son mari avec effusion lorsqu'il lui a annoncé la chose. Ce petit détail me fait, je vous l'assure, plus de plaisir que la chose elle-même, à quoi je ne suis pas encore parfaitement réconcilié. Il y a un an, jour pour jour, on me condamnait à quinze jours de prison pour avoir défendu quelqu'un que je jugeais innocent. Aujourd'hui je suis sûr que mes juges ont des remords, mais je voudrais retrouver mes amis tels qu'ils furent l'année passée, lorsqu'ils venaient me voir dans ma petite cage [1]. »

M. d'Haussonville nous donne à entendre [2] que, si Mérimée s'était résigné à subir quelques bouderies et quelques épigrammes, il n'aurait perdu aucune des relations qui lui étaient chères. Il préféra une rupture définitive au stage de pénitence par lequel le faubourg Saint-Germain avait résolu, paraît-il, de lui faire acheter son absolution. Il eut beaucoup de consolations,

---

1. Correspondance avec la comtesse de Montijo, 23 juin 1853.
2. Revue des Deux Mondes du 15 août 1879.

entre autres celle de se trouver bonne mine dans son nouvel habit, un habit bleu et or, plus favorable au teint que le frac académique, « brodé d'estragon ». Ce qui le charmait, maintenant qu'il voyait les choses de tout près, ce qu'il était vraiment heureux de redire à Mme de Montijo, c'était la façon dont l'impératrice jouait son rôle, ou, comme il disait, « faisait son métier ». Ce n'était pas seulement la figure du milieu dans un admirable tableau vivant, c'était une véritable souveraine. Elle savait parler et se taire, voyait vite et juste parce qu'elle cherchait le bien, étudiait les devoirs de son état pour s'y dévouer. Il fut frappé de son bon sens lorsqu'on proposa, pour lui plaire, d'introduire en France les courses de taureaux. L'empereur inclinait à accepter l'idée parce qu'il y voyait comme une image des jeux de gladiateurs. « Les Français, pensait-il, veulent, comme les Romains, des spectacles émouvants, et il est bon de mettre parmi eux le courage à la mode. » L'impératrice comprit que les courses de taureaux, à Paris, seraient un scandale ou un fiasco, peut-être l'un et l'autre, et le projet tomba dans l'eau. Au moment de la guerre de Crimée, l'empereur, impatient de voir un champ de bataille, songea à aller prendre le commandement des troupes. L'idée n'étant pas bonne, quelques personnes de l'entourage impérial chuchotèrent qu'elle venait de l'impératrice. Mérimée le crut un moment, mais il fut vite détrompé. Cette fois encore, il se réjouit avec Mme de Montijo de trouver la jeune souveraine du côté de la prudence et du bon sens. Les ministres le confirmèrent dans cette opinion en lui parlant de l'attitude de l'impératrice au conseil et des heureux effets de sa présence. Lorsque la régence lui fut confiée pour la première fois, il la trouva en train d'apprendre par cœur la Constitution. En effet, ceux qui la connaissent réellement savent qu'il n'y a point d'esprit plus attaché à la loi et plus opposé aux coups de force.

Quant à son courage, il n'en parle que pour s'en plaindre. A chaque nouvelle tentative contre la personne des souverains, il revient, en vieil ami grondeur, sur les précautions qu'il voudrait qu'on prît pour les protéger. « Si nous pensions à cela, lui répond un jour l'impératrice, nous ne dormirions pas. Le mieux est de n'y pas songer et de se fier à la Providence [1]. » Le soir du 14 janvier, mettant le pied sur le trottoir de l'Opéra, après la première explosion, l'impératrice dit à ceux qui accourent vers elle : « Ne vous occupez pas de nous : c'est notre métier. Occupez-vous des blessés. » Mérimée répète ce mot sans commentaire. S'il l'admire, c'est malgré lui.

Dans un pays démocratique, la cour ne saurait être que le premier des salons. Le difficile est d'empêcher que ce salon ressemble au *reading-room* d'un grand hôtel cosmopolite. L'impératrice n'avait pas trop de toute sa grâce, de toute son intelligence, de tous ses amis pour l'aider à remplir ses devoirs de maîtresse de maison et de *leader* de la société. Mérimée s'y employa très complaisamment. Il se fit, à Fontainebleau et à Compiègne, directeur, auteur et acteur, comme il l'avait été à Carabanchel. Certaines personnes l'en estiment moins; d'autres ont la maladresse de l'en justifier.

1. Correspondance avec la comtesse de Montijo, 16 janvier 1858.

Ce que j'admettrai, c'est que ces impromptus, ces canevas de charades, si j'en juge par l'aperçu qu'il en donne à la comtesse de Montijo, n'étaient pas des meilleurs. Mais il n'est pas démontré qu'il eût employé à écrire des chefs-d'œuvre le temps ainsi dépensé. Tout n'était pas pur dévouement dans ces besognes mondaines, où il avait pour compagnons des hommes d'esprit qu'il aimait beaucoup et depuis longtemps, tels que Saulcy et Viollet-le-Duc. Elles étaient accompagnées de ces mille petits bonheurs auxquels il était le plus sensible et que donne la présence des femmes élégantes. Par là, il retrouvait l'illusion d'une seconde jeunesse, les beaux jours évanouis du secrétaire de M. d'Argout. Vieux et souffrant, altéré de repos et de solitude, les chaînes dorées se brisèrent d'elles-mêmes sans qu'il eût à les secouer.

En attendant, d'aimables prévenances le payaient de sa peine, si c'en était une. Il était l'hôte des jours de gala; il était aussi le commensal des intimités. Il arrivait qu'au sortir de quelque réception officielle, à travers une fenêtre entr'ouverte ou une porte entre-bâillée, il s'entendait appeler par une voix familière, et il se trouvait tout à coup transporté dans les coulisses de ce pompeux théâtre de la politique où, comme dans les coulisses des autres théâtres, les visages reprennent leur air naturel. Lorsque, pendant la guerre d'Italie, ce joli groupe des dames d'honneur, peint par Winterhalter, était réuni à Saint-Cloud autour de la régente, Mérimée aidait ces doigts fins et chargés de bagues à déchirer la charpie pour les blessés, entre deux télégrammes de victoire. Dîner aux Tuileries n'était pas une faveur bien rare; y déjeuner en tête à tête avec le souverain et la souveraine n'était accordé qu'à très peu, et Mérimée était l'un des plus favorisés parmi ce petit nombre. Il était partout le bienvenu, qu'il apportât à Madrid les dernières nouvelles des Tuileries ou qu'il rapportât aux Tuileries les messages affectueux et les impressions toutes fraîches de Madrid et de Carabanchel. Ces jours-là, l'impératrice s'emparait de lui, le faisait asseoir à son côté, l'interrogeait impétueusement en espagnol, puis traduisait toutes ses réponses à l'empereur. Il est bien peu d'hommes dont une telle situation n'eût chatouillé l'amour-propre; pourtant je ne trouve aucune trace de ce sentiment chez Mérimée à ce moment-là; soit que son orgueil et sa bonne tête l'aient prémuni contre l'étourdissement des hauteurs sociales, soit que l'humilité fût, après tout, le dernier fond de cet esprit pour qui tout n'était rien. Quoi qu'il en soit, il raconte ses gloires de cour d'un ton amusé, bonhomme, presque attendri, nullement vaniteux.

Dirai-je le mot? On le « gâtait ». Il ne s'en étonnait pas, ayant été gâté toute sa vie. Courtisan, il ne pouvait l'être; il ne l'a jamais été. Il n'a connu, de ce métier, d'autres inconvénients que de veiller tard, de faire de trop bons dîners et de rester debout quelquefois plus longtemps qu'il ne convenait à des jambes de son âge. Il avait ses humeurs, qui se trahissaient par une respectueuse sécheresse, par certaine raideur silencieuse; au besoin, il donnait franchement son avis. Blaze de Bury, dans la préface des *Lettres à une autre Inconnue*, donne un exemple de sa liberté de parole et d'action qui ne me semble pas bien authentique, parce que, dans cette circonstance, Mérimée aurait manqué non seulement de patience, mais d'esprit. Un Mérimée qui ne comprend pas la plaisanterie n'est pas notre Mérimée. Mais sa franchise, quelquefois, avait tort. Dans une lettre à Panizzi, écrite pendant un séjour à Biarritz, il se montre fort alarmé d'un voyage que l'impératrice songeait à faire en Espagne et qui lui paraît le comble de l'imprudence. Qui lui avait soufflé ces inquiétudes? Il faut avoir vécu auprès des princes pour savoir combien il y a, dans l'atmosphère qui les entoure, de plaintes fausses, d'anxiétés chimériques, de gémissements affectés et ridicules. Mérimée y fut pris et se laissa pousser en avant. Il parla à l'empereur, lui exposa tous les périls de ce terrible voyage, qui eut lieu et se passa admirablement.

Bien entendu, je ne fais pas à Mérimée une gloire d'avoir souvent contredit l'impératrice. C'était si facile, si peu dangereux, même pour des hommes infiniment moins autorisés qu'il ne l'était! Avec l'empereur, le cas était différent. Ici j'arrive au plus délicat de mon sujet, aux sentiments de Mérimée pour Napoléon III.

Dans un chapitre précédent de ces études, on l'a vu montrer une sympathie médiocre pour celui qu'il appelait « notre pauvre président ». Le 2 décembre modifia sa manière de voir. Ses amis l'invitèrent à pleurer avec eux sur la mort du parlementarisme : les yeux de Mérimée restèrent très secs. Avant trente ans, sa position auprès de M. d'Argout lui avait permis de « savoir exactement le prix de la conscience de chaque journaliste[1] ». Chaque élection à laquelle il assistait, chaque discussion de la Chambre sous le régime de Juillet, chaque crise ministérielle augmentait son scepticisme et son dédain. Le suffrage universel ne lui inspirait pas plus de respect que le suffrage restreint. Il lui semblait démontré qu'il faut un maître aux démocraties. Mais il ne s'ensuivait pas de là, pensait-il, qu'un peuple doive se donner au premier balayeur d'assemblées qui s'offre à lui. Il avait vu, en Espagne, certains hommes s'acquitter à merveille de cette grosse besogne, et se montrer ensuite fort impropres à gouverner. Louis-

---

1. Correspondance inédite, 1868.

Napoléon n'était pas l'homme de paille, le figurant politique que ses amis avaient supposé. Qu'était-il donc? Mérimée se réservait.

Le mariage de l'empereur fut une révélation. Décidément, il se rapprochait de César, le héros favori de Mérimée. Lui aussi, il savait aimer, jouer sa popularité pour une femme. Et cela s'était fait franchement, brillamment, avec une bravoure et un élan superbe! Mais je suppose qu'à ce moment les yeux de Mérimée tombèrent sur l'inscription grecque de sa bague, et il continua de se méfier.

Il paraît — c'est encore M. d'Haussonville qui nous l'assure — que, la veille du jour où sa nomination de sénateur fut insérée au *Moniteur*, Mérimée, sortant d'une soirée orléaniste, reconduisit un de ses amis et que, dans le cours de cette conversation, il s'exprima sur l'empereur avec beaucoup d'indépendance. Et pourquoi pas? Il entrait au Sénat à titre d'écrivain célèbre et comme le plus vieil ami de l'impératrice : il n'avait donc pas à payer son nouvel habit en bruyantes platitudes. Dans la correspondance avec la comtesse de Montijo, il y a, au début, en ce qui touche Napoléon III, une imperceptible nuance de doute et d'ironie. Cependant, sans qu'il le sût lui-même, sa séduction était commencée.

Prévost-Paradol, au moment où il combattait l'Empire avec le plus de vivacité, a dit que Napoléon III était « un parfait gentleman », et ce point n'avait pas moins d'importance pour Mérimée. Lorsqu'on paraissait devant l'empereur, le calme et la perfection de ses manières mettaient, d'abord et tout ensemble, les gens à leur aise et à leur place. Une attention profonde et bienveillante achevait la conquête du visiteur. Ceux qui sortaient de son cabinet étaient enchantés de lui parce qu'ils étaient enchantés d'eux-mêmes. Une longue habitude fortifiait cette impression. Il ne caressait pas les gens de lettres comme beaucoup de princes l'ont fait avant et depuis. Mais ceux qui le pratiquaient longtemps n'ont jamais senti en lui ce mépris secret de notre métier, que les grands déguisent mal sous leurs empressements intéressés. En attendant que Mérimée en vînt à aimer dans Napoléon III un confrère qui partageait ses goûts et pensait comme lui sur les sujets essentiels, il suivait curieusement les moindres mouvements du grand joueur politique dont un coup de fortune l'avait rapproché. Un joueur heureux, qui se fie au hasard parce qu'il s'en sait bien traité et auquel ses inadvertances mêmes réussissent : telle est la comparaison qui revient souvent dans les premières lettres et qui disparaît dans la suite de la correspondance. Peu à peu il s'avise que le joueur a un système. « Je commence, écrit-il, à connaître l'inflexibilité de votre gendre. » La première fois qu'il se risque à parler des affaires d'Espagne, il n'obtient d'autre réponse qu'un tortillement de moustache. Soit, cela doit être, et les Anglais ont raison de mettre cette inscription sur leurs paquebots : « Ne parlez pas à l'homme qui est à la barre ». Pour un souverain, le premier mérite est d'avoir une volonté, et le second de la cacher. La force de l'empereur réside surtout, pense-t-il, dans une sorte d'intimité mystérieuse avec l'âme de la nation. « Il a, dit-il, un tact incroyable pour deviner les mouvements si singuliers de ce pays. Où diable a-t-il appris cela, et quel démon familier a-t-il à ses ordres pour le lui dire [1]? » Malgré tout, l'inquiétude revient, parce qu'elle est dans le tempérament de Mérimée. Il pressent, dans chaque nuée qui passe, la foudre qui doit nous pulvériser. Le nuage s'éloigne sans avoir crevé et, de nouveau, il respire. A force d'être heureusement déçu, il en vient à croire que l'empereur sait toujours où il va et peut tout ce qu'il veut. Lorsqu'il va prendre le commandement de l'armée, en 1859, Mérimée se rassure en se disant que « c'est le caractère qui fait les généraux ». Les événements paraissent lui donner raison, et il écrit avec plus de confiance encore : « J'ai toujours pensé que l'art de la guerre s'apprend très vite, qu'un homme de génie est toujours un grand capitaine, témoin César [2]... ».

C'est la première fois qu'il prononce le mot de génie, et qu'il compare Napoléon III à César. Ce mot et cette comparaison marquent l'apogée de son admiration pour l'empereur. Mais la

---

[1]. Correspondance avec la comtesse de Montijo, 6 janvier 1855.
[2]. *Ibid.*, mai 1859.

sympathie intellectuelle fait un pas de plus, la distance diminue encore entre le sujet et le souverain, lorsque le César moderne entreprend l'histoire de l'ancien et qu'il associe Mérimée à cette œuvre unique. M. de Loménie nous fait comprendre, dans son discours de réception, que la *Vie de César* de Napoléon III a coûté au public la *Vie de César* par Mérimée, que celle-ci, devenue un simple mémoire à consulter, a été absorbée par celle-là, au détriment de la postérité. Il croit même avoir tenu dans ses mains un fragment de l'œuvre inédite, trouvé aux Tuileries après le 4 septembre. Où serait donc aujourd'hui ce fragment? M. Tourneux l'a vainement cherché parmi les papiers que l'État a conservés, et je suis en mesure d'assurer qu'aucun manuscrit de cette nature n'a été remis par les liquidateurs de la liste civile à l'empereur ou à ses héritiers [1]. M. de Loménie n'a donc tenu qu'un de ces travaux dont Mérimée parle fréquemment à Panizzi, soit l'étude sur la religion

---

1. Les notes de Mérimée, relatives à l'histoire de César, sont entre les mains de M. le baron Stoffel, qui, j'en suis convaincu, ne me démentira pas.

des Romains, soit l'analyse du travail de Hurtado sur la bataille de Munda, soit tout autre écrit de ce genre, et, si quelque chose excuse son erreur, c'est le soin, la conscience, le fini que Mérimée apportait en ces modestes besognes comme autrefois dans ses rapports administratifs, et qui en faisaient de véritables traités sur la matière.

Dans ses lettres, il raconte, avec un plaisir visible, certaine excursion archéologique, faite aux fouilles d'Alise-Sainte-Reine avec son impérial confrère, et où il put déployer sa sagacité et son expérience tout à loisir. En somme, cette collaboration ne lui laissa que des souvenirs agréables. Je suis probablement le dernier écrivain qui ait eu l'honneur de travailler pour l'empereur, et je puis lui rendre ce témoignage que rien n'égalait la bonne grâce et la bonne foi avec laquelle il accueillait soit des suggestions de détail, soit des vues nouvelles, même quand elles ne coïncidaient pas entièrement avec les siennes. J'ai eu l'infinie tristesse de l'assister dans la rédaction d'un plaidoyer personnel où il s'arrêta devant l'impossibilité de se justifier sans accuser autrui. Je garde une page qui racontait la bataille de Sedan, page émouvante à voir, hachée de ratures de sa main, dont chacune représente un effort pour couvrir un serviteur malheureux. Il y en eut tant, de ces généreuses ratures, qu'à la fin le récit a presque disparu. Mérimée, du moins, a eu ce bonheur, dans ses communes études avec l'empereur, de ne rencontrer d'autres noms de bataille que ceux de Thapsus et de Munda.

Au début de ce travail, l'empereur, qui savait le prix du temps pour un tel écrivain, lui donna à entendre qu'il serait largement indemnisé. Mérimée sourit : « J'ai, dit-il, chez moi tous les livres nécessaires. Je calcule qu'avec deux mains de papier, une douzaine de plumes d'oie et une bouteille d'encre de la Petite Vertu, je suffirai à tout. Que Votre Majesté me permette de lui faire ce cadeau. » Ce fut au tour de l'empereur de sourire, et Mérimée interpréta ce sourire dans un sens peu favorable à l'humanité. Napoléon III n'avait pas encore été servi pour rien; il pensa peut-être que ce désintéressement ménageait, pour l'avenir, quelque ruineux appel à sa reconnaissance, quelque grosse et insolite demande, ce que Mérimée appelle en style réaliste « une carotte ». Inutile de dire que la « carotte » ne vint jamais. Mérimée ne voulut, pour sa récompense, que l'estime du maître, plus rare que sa faveur, et le droit d'être franc. Il le fut. Il engagea l'auguste écrivain à ne point s'embarrasser d'une histoire complète de son héros et à se contenter de donner au public ses idées sur le sujet, d'expliquer César en s'expliquant lui-même par le rapprochement des deux époques et des deux situations. C'eût été la *Vie de César* réduite à la préface. Peut-être le conseil était-il bon. Il ne fut pas suivi. Mérimée apprécia l'œuvre, quand elle parut, en toute sincérité et en toute justice, non seulement dans ses lettres, mais dans un article du *Journal des Savants*, article agréable aux Tuileries et qui satisfit à la dignité de l'Institut, responsable de ce recueil. Il était de ceux qui, suivant l'expression de M. Lavisse, « plaisent sans flatter ».

Dans sa correspondance avec la comtesse de Montijo, il juge librement les discours de l'empereur, les approuve ou les critique sans embarras. Il en aimait la forme simple et forte et la préférait, je n'en doute pas, à la rhétorique charlatanesque des proclamations du premier empire. Quand l'idée et l'expression étaient également de son goût, il était charmé et il lui échappait de dire : « Si l'empereur n'était pas le protecteur de notre Académie, je lui donnerais ma voix pour qu'il en fût [1] ».

M. Louis Fagan, l'éditeur des lettres à Panizzi, se risque à dire que Mérimée n'était pas bonapartiste. Cela est vrai, mais il faut ajouter immédiatement qu'il était plus impérialiste que l'empereur. Si quelques gouttes du sang du grand homme coulaient dans les veines de quelqu'un qui ne lui plaisait pas, ce n'était pas un titre suffisant à son respect. De la légende, il se souciait peu, mais il tenait fort au système; il s'y cramponnait, de toute l'aversion que lui inspiraient le parlementarisme et la révolution. Il était, proprement, un monarchiste du second empire. Tant que dura la période ascendante, il accepta cette souveraineté fondée sur la grâce

---

1. Correspondance avec la comtesse de Montijo.

de Dieu et la volonté populaire, bien qu'il ne crût ni à l'une ni à l'autre. Aristocrate par tous ses goûts, mais sans rien attendre de l'aristocratie française, il pardonnait à Napoléon III ses tendances démocratiques comme une nécessité des temps. Mais quand l'empire se fit libéral, il entra dans la catégorie de ces dévoués mécontents qui se font tuer en haussant les épaules. Il devint un « ultra », avec l'esprit qui manque, d'ordinaire, aux ultras. Il eut des jugements sévères, des mots presque durs dont l'amertume consolera un peu le lecteur, fatigué peut-être d'entendre dire si longtemps du bien des gens et des choses.

X

Bonnes actions. — On veut convertir Mérimée. — Et le marier. — Aventures galantes. — Le *home* de Mérimée. — Le thé jaune et celles qui le boivent. — Rôle de Mérimée à l'Académie pendant le second empire. — Discours au Sénat. — Encore l'affaire Libri. — Les « serinettes ».

Pourtant, à mon regret, je dois encore rapporter des actions louables.

Lorsque Mérimée fut nommé sénateur, il se vota à lui-même une loi contre le cumul et refusa de toucher les émoluments de ses anciennes places, mais non de les remplir. Il croyait devoir y mettre plus de zèle que jamais, maintenant que, comme il l'écrivait à Mme de Montijo, « il travaillait pour l'honneur ». Ce n'est pas mal, à ce qu'il semble, pour un homme qui « n'avait pas de cœur ». Tel de nos contemporains, dont le cœur est si grand qu'on a peur de le voir déborder de sa poitrine, n'eût peut-être pas songé à cela. Il n'y avait pas huit mois qu'il recevait son traitement de sénateur lorsqu'il imagina d'en distraire 100 louis par an pour faire une pension à un ami, ancien préfet de Louis-Philippe, tombé — j'ignore comment — dans le dernier dénûment. Pendant vingt ans, il ne cessa de chercher des commandes et des protecteurs à un jeune artiste auquel s'intéressaient les Stapfer, un sabotier protestant des environs de Mer, qui, un beau jour, s'était senti sculpteur en taillant avec son couteau un tronc de poirier. La piété envers les morts ou la charité envers les vivants lui faisait colporter des manuscrits de Beyle pour les vendre au profit de sa sœur, et entreprendre une édition nouvelle des lettres de Jacquemont, afin d'aider un de ses neveux. Sans parler des nombreuses circonstances où sa souveraine le prit pour complice — j'ai bouche close là-dessus, — sa correspondance m'a découvert beaucoup de bonnes actions dont il se cachait comme les hypocrites se cachent des mauvaises. On ne le trouvait légèrement réfractaire que quand on attendait de lui une recommandation pour les prix de vertu. A un ami qui voulait le mettre en campagne pour un « sujet » de son choix, il révèle les détails de l'officine. C'étaient MM. Dupaty et Pingard qui étaient « les grands faiseurs ». Quant à la difficulté d'obtenir le prix, « elle dépend du nombre et de la qualité des vertus en... (j'efface la date). Je ne sais comment ces messieurs s'y prennent pour soupeser cela. » Le mot prix et le mot vertu lui semblaient mal mariés ensemble; la vertu qu'on proclame et qu'on prime ne lui paraissait plus une vertu. Je ne lui infligerai donc pas une sorte de prix Montyon posthume, en révélant tous les secrets de ce cœur auquel il désirait qu'on ne crût pas.

Dès que l'empire lui eut fait une situation, certaines bonnes âmes s'occupèrent de le convertir et d'autres travaillèrent à le marier. Les premières avaient fort à faire, car il avait à revenir de loin, n'étant même point baptisé. Comme une dame de ses amies le pressait de se soumettre à cette cérémonie : « Soit, j'y consens, dit-il, à la condition que vous serez ma marraine. Je serai habillé de blanc et vous me porterez dans vos bras. » Sous Louis-Philippe, il avait grand'peine à se défendre contre les mondaines qui voulaient l'envoyer aux sermons du P. de Ravignan. Il répondait par le mot de M. Rossi : « J'ai de bien meilleurs sermons dans ma bibliothèque et je ne les lis pas ». Sous l'empire, les obsessions recommencèrent et il en raconte un épisode à son amie. Une dame mûre, le voyant bâiller dans un bal, s'était approchée de lui et, discernant dans ce bâillement de bon augure un signe assuré qu'il se détachait des pompes du siècle, avait paru disposée à entreprendre son salut. Quelques jours après, il recevait une petite boîte mystérieuse à l'intérieur de laquelle quelque chose sonnait. « Or, dit-il, depuis une quinzaine de jours, un inconnu s'amuse à m'envoyer des lettres d'impertinences, et je crus, à une certaine ressemblance dans l'écriture, que la boîte venait de mon correspondant anonyme. Aussi, j'ai pris les plus grandes précautions pour l'ouvrir, persuadé qu'il y avait dedans ou un pétard, ou, tout au moins, une douzaine de hannetons. Enfin, j'ai soulevé prudemment le couvercle et j'ai trouvé une médaille d'argent de la Vierge qui me paraît venir de madame de plus de cinquante ans[1]. » Il se rappelle qu'on trouve dans l'église d'Atocha certains rubans sur lesquels est imprimée une prière et qui ont de grandes vertus : « Ne pourriez-vous m'en envoyer un pour rendre à cette âme charitable la monnaie de sa pièce? »

Il éluda de même les propositions de mariage. La comtesse de Montijo aurait voulu le voir en ménage, non seulement à cause des dangers que l'Écriture prévoit pour l'homme qui vit seul, mais surtout parce qu'une femme est nécessaire à un sénateur qui aurait envie de devenir ambassadeur ou ministre. Cette ambition ne tracassait que bien faiblement Mérimée. Ce qui était plus puissant sur lui, c'était l'éternelle et dangereuse attirance, la fascination qu'exerce la jeune fille sur l'homme qui a passé le milieu de la vie. Cela semblerait si bon d'absorber les sensations d'un être jeune et pur, de recommencer la vie avec lui! Sorte de vampirisme inconscient où l'imagination jette la fougue désespérée de

---

1. Correspondance avec la comtesse de Montijo, 10 mai 1854.

ses derniers désirs, cette violence joue si bien la passion que de pauvres enfants y sont prises et se donnent à des cœurs morts. La tentation passa sur Mérimée. Il y en eut deux surtout : l'une mourut presque subitement; l'autre, très belle, se fana, d'une année à l'autre, sans qu'on sût comment.

Les cancans matrimoniaux allaient leur train. Au retour de son voyage d'Espagne, en 1853, on le disait déjà marié, et il faut bien croire qu'il y avait eu quelque chose; mais il sut s'échapper à temps. En 1857, comme on le pressait encore, il s'expliqua avec lui-même et avec son amie : — « Si vous me voyiez (il était grippé), vous ne penseriez pas à me marier avec les deux belles demoiselles dont vous parlez. On guérit de la grippe, mais ce dont on ne guérit pas, c'est d'être vieux. » Il rappelait à Mme de Montijo le triste dénoûment du roman sur lequel il avait bâti son bonheur : « Je n'ai, ajoutait-il, ni le courage ni la force d'essayer un nouvel arrangement de vie. Le seul avantage que le mariage, maintenant, pourrait m'offrir, c'est quelque douceur pendant les maladies et surtout au moment, toujours très désagréable, où il faut partir pour l'autre monde. Peut-être, en ne faisant qu'un calcul égoïste, cet avantage mériterait-il réflexion. Mais, d'un autre côté, la responsabilité d'une femme, les soins qu'il lui faut, l'avenir qu'on lui laisse, tout cela est effrayant. Lorsque j'avais un chat, j'aimais beaucoup à jouer avec lui, mais lorsqu'il avait envie d'aller voir les chattes sur les toits ou les souris à la cave, je me demandais si j'avais le droit de le retenir pour mon amusement personnel. Je me ferais cette question de conscience avec bien plus de scrupule à l'égard d'une femme. J'aimerais mieux, si j'étais sûr de laisser quelque chose après ma mort, avoir une fille que j'élèverais le mieux possible, mais c'est une loterie bien chanceuse. Le mieux, je crois, c'est de s'habituer à vivre comme un arbre et à se résigner [1]. »

Vivre comme un arbre ! A la bonne heure ! Encore les arbres eux-mêmes ont-ils parfois d'étranges aventures. Trompés par la douceur

---

[1]. Correspondance avec la comtesse de Montijo, 8 septembre 1857.

de certains automnes, ils se risquent à fleurir hors de saison. La gelée vient, qui brûle tout.

Quelques femmes traversaient alors sa vie. On les aperçoit, ou plutôt on les devine, dans la correspondance avec Panizzi, silhouettes rapides, furtives et voilées, romans dont les premières lignes seules sont jolies, sphinx qui finissent par donner non la clef d'une énigme, mais la clef de leur chambre. Il en était plus honteux que fier. C'étaient, semble-t-il, de ces détraquées qui rôdent autour des gens de lettres, ou de ces nomades qui parlent toutes les langues sans accent, intrigantes cosmopolites qui cherchaient une porte de derrière entr'ouverte pour se glisser dans le monde impérial. Misérables bonnes fortunes des hommes à cheveux gris, si misérables qu'on voudrait les voir y renoncer de bonne grâce pour leur dignité et leur repos! Heureusement, Mérimée était fidèle, et plus que jamais, à ses habitudes de gourmandise élégante : il ne faisait que tremper ses lèvres à la coupe. On ne vit point ce sénateur dans la posture où Otway nous a montré le sien.

Ces maîtresses d'une heure ne venaient pas

chez lui. Il n'y recevait que des curieuses, auxquelles il offrait une tasse de ce fameux thé jaune, grâce auquel on aurait digéré un éléphant.

Cela se passait dans l'appartement qu'il occupait, 52, rue de Lille, au second étage d'une maison qui appartenait à son cousin Dubois-Fresnel. Cette maison, brûlée sous la Commune avec tout ce qu'elle contenait, faisait le coin de la rue du Bac. Le modeste appartement de Mérimée comprenait trois pièces, quatre si l'on compte le vestibule. Ce vestibule donnait accès dans une salle à manger fort obscure; puis venaient deux chambres à coucher. Voici comment Mérimée lui-même décrit son logis à Mrs Senior, qui songeait à venir l'occuper pendant l'Exposition de 1855, mais qui éprouvait ou feignait d'éprouver des scrupules à la pensée de s'installer « chez don Juan », même en son absence. « Il n'y a point de trappes, ni de murailles recouvertes de tapisseries, cachant des issues secrètes. Il y a trois lits, dont un assez bon et deux très mauvais, deux chambres assez gaies, un assez grand nombre de bouquins, deux divans, avec des pipes turques et autres [1]. » Une des deux chambres devint le cabinet de Mérimée. L'alcôve, débarrassée du lit, formait une sorte de réduit intérieur, « garni de sofas et orné de tableaux, particulièrement d'études de Mérimée père, d'après Rubens. Deux fenêtres, prises sur la rue de Lille, éclairaient les livres entassés un peu partout. Sur la cheminée, située à droite, se dressait une couple d'admirables cornets du Japon, d'un mètre de hauteur. En face de la cheminée, une très belle table de travail en bois de rose, avec cuivres dorés et ciselés, et deux vastes fauteuils, l'un très bas et recouvert de basane, où s'asseyait Mérimée, le plus souvent drapé dans sa robe de chambre d'étoffe persane [2]. »

Il est maintenant aisé de se le figurer faisant les honneurs de ce cabinet à deux ou trois visiteuses, attirées bien moins par les mérites du thé jaune que par la mauvaise réputation de celui qui le versait. Ces visiteuses, en effet,

---

[1]. Lettres à Mrs Senior, publiées par M. le comte d'Haussonville. (Voir la *Revue des Deux Mondes*, 15 août 1879.)
[2]. Maurice Tourneux, *Prosper Mérimée*, etc.

n'avaient pas toutes la discrétion pudique de Mrs Senior : « Trois jeunes femmes, écrivait-il, sont allées chez un de mes amis, possesseur d'une belle collection de curiosités qu'il leur a montrées avec beaucoup de complaisance. Puis elles lui ont dit : « Nous savons que vous « avez des tiroirs secrets où vous mettez des « choses drôles. Faites-les nous voir. » — Il a objecté qu'il y avait des choses un peu étranges qu'il n'oserait pas montrer à beaucoup d'hommes. A toutes ces objections elles répondaient : — « Nous voulons tout voir ». — Elles ont tout vu [1]. »

Il est difficile de ne pas croire que « l'ami » était Mérimée lui-même, et que cette scène très suggestive s'est passée dans le cabinet où je viens de faire entrer le lecteur.

Maintenant que nous n'avons plus rien à faire rue de Lille, suivons Mérimée à l'Académie et au Sénat. Il eut, pendant toute la première partie de l'empire, une position à part parmi les quarante. Nisard et Sainte-Beuve s'étaient ralliés,

[1]. Lettre inédite du 29 mai 1868.

comme lui, au nouvel ordre de choses; mais ils ne pénétrèrent jamais dans l'intimité du souverain. Mérimée était donc le seul canal resté ouvert entre les Tuileries et l'Académie, et cela dans un moment où elle était le seul corps public qui pût ou osât faire de l'opposition. L'empereur aurait bien voulu reconquérir l'Académie; l'Académie tenait à son rôle frondeur, mais n'entendait pas pousser les choses à l'extrême, parce que les gens d'esprit et de bonne compagnie n'aiment pas à briser les vitres et parce qu'il faut toujours ménager l'avenir. Par moments, cela ressemblait au *flirt* agressif de Béatrice et Benedict, voire à une scène du *Dépit amoureux* où les amants se regardent malicieusement par-dessus l'épaule. Mérimée représentait assez bien le valet de comédie, qui envenime ou raccommode les choses et s'en amuse.

La galanterie venait à propos tempérer les aigreurs de la politique; tel qui affichait bruyamment son hostilité pour le mari se rachetait par une admiration respectueuse envers la femme. Lorsque M. Thiers s'entendit appeler par l'empereur « l'historien national », sa vanité attendrit un moment sa rancune. Une parole d'émotion et de reconnaissance passa, par Mérimée, à l'impératrice. Mérimée était présent lorsque l'empereur annonça à M. Villemain la nomination de son gendre à une sous-préfecture et contraignit à un remercîment l'intraitable secrétaire perpétuel. Lorsqu'on éleva une statue à Froissart, l'Académie trouva bon que Mérimée fît, en son nom, un beau compliment aux souverains; elle fut très heureuse encore que, dans le *Journal des Savants*, il se chargeât de louer, sans bassesse, l'auteur de la *Vie de César.* Ainsi, elle s'efforçait de faire oublier au maître, par quelques douceurs secrètes, l'amertume de ses épigrammes publiques.

L'Académie fut longtemps seule à pouvoir et à savoir dire des choses désagréables en bons termes, sans tomber sous le coup de la loi : elle perdit ce privilège quand tout le monde retrouva la parole. Sa mauvaise humeur la jeta dans le cléricalisme extrême, et Mérimée se sentit très isolé au milieu de ses confrères. Cousin fut un des plus ardents dans cette évolution religieuse, mais ne se laissa entraîner à aucun acte discourtois envers les personnes impériales. Bien loin de là : il rendait visite à la comtesse de Montijo, au château de Saint-Cloud ; il offrit à l'impératrice ses études sur les femmes du xvii⁰ siècle, et il accompagna cet hommage d'une lettre où il suggérait à la souveraine de remettre à la mode, comme l'avaient fait par deux fois des reines espagnoles, les sentiments héroïques dont s'étaient autrefois inspirées notre littérature et notre société. L'impératrice répondit par une lettre que Mérimée trouvait très jolie et qui fut une des dernières joies du philosophe [1].

Pendant toute la durée de l'empire, je ne vois Mérimée sortir qu'une fois de son indolence académique et entamer une lutte d'influence. Et contre qui cette lutte ? Contre l'empereur lui-même, qui désirait faire nommer M. Haussmann à une place d'académicien libre, vacante à l'académie des Beaux-Arts. Mérimée soutenait la candidature d'un de ses amis personnels avec une passion dont les plus violents adversaires

---

1. Correspondance avec la comtesse de Montijo, 16 mars 1866.

du souverain étaient presque épouvantés. J'espère qu'on ne m'accusera pas de courtisanerie rétrospective, si j'ajoute que l'auteur de la *Vie de César* avait raison contre son collaborateur et que l'homme qui avait rebâti Paris n'était pas indigne d'un strapontin sous la coupole du palais Mazarin.

Au Sénat, il montra la même humeur. Il n'y ouvrit la bouche que trois fois en dix-sept ans, et toujours pour contredire les ministres ou agacer la majorité. Ce fut d'abord la malheureuse affaire Libri qui le fit monter à la tribune à propos d'une pétition adressée au Sénat par Mme Libri, pour la revision du procès de son mari. Pétition impertinente et insensée, car M. Libri n'avait qu'à se présenter pour purger sa contumace. Mérimée avait donc tort de se charger encore une fois de cette mauvaise cause, et M. Libri qui, n'ayant point de sens moral, blessait sans cesse le sens moral d'autrui, s'arrangea pour lui donner deux fois tort en répandant d'aigres pamphlets où il attaquait au lieu de se défendre. La pétition Libri s'étayait sur des certificats fournis par des sommités scientifiques de l'étranger, et Mérimée eut l'imprudence de s'y appuyer. Notre patriotisme, toujours ombrageux et quelquefois un peu bête, était, en cette circonstance, très bien fondé à engager les illustres bibliophiles de Londres, Rome et Berlin à se mêler de leurs affaires : c'est ce qui fut fait. Dans la séance du 6 juin 1861, M. Bonjean, chargé du rapport, fit voir que, si la pétition était renvoyée au garde des sceaux, la seule mesure à prendre serait, pour le gouvernement, de faire appel du jugement intervenu contre Libri. Cette démarche, à elle seule, eût été une censure sévère contre la magistrature française, si amèrement et si violemment dénoncée par le factum de Mme Libri. Ce rapport, très grave, très digne, très longuement et très fortement motivé, concluait en priant le Sénat de passer à l'ordre du jour. Mérimée essaya de combattre ces conclusions dans la séance du 11 juin. Il apporta à la tribune cette figure de condamné à mort qu'il avait montrée au public académique le jour de sa réception. On écouta avec politesse ce froid discours qui n'entraîna et ne pouvait entraîner personne. Comme toujours la joie d'en être quitte put seule faire croire à Mérimée qu'il avait bien parlé. Les magistrats, qui prirent ensuite la parole, dépecèrent Libri, non sans atteindre un peu son défenseur. Delangle et Dupin y mirent quelque discrétion, mais M. de Royer, qui parla le dernier, fut le plus rude de tous. Il accabla Libri d'un dernier coup, en apprenant au Sénat que ce personnage avait falsifié l'acte de décès de son père pour obtenir sa naturalisation. Il n'y eut pas de scrutin : un scrutin était une cruauté inutile. Mérimée, très froissé, alla se consoler à Fontainebleau, où son amour-propre fut délicatement pansé. Il eut seulement le tort de prendre ces égards de l'amitié pour une adhésion à sa thèse : aux Tuileries, personne n'a jamais cru à l'innocence de M. Libri.

Dans l'affaire des serinettes, il eut à combattre deux ministres, M. Rouher et M. Vuitry. Le gouvernement présentait une loi sur les instruments de musique mécaniques. Tout en ayant l'air de ne s'occuper que des orgues de Barbarie, elle touchait au fondement de la propriété littéraire et artistique. Mérimée était de ceux qui pensaient avec Alphonse Karr que la seule loi juste sur la matière serait composée d'un article unique ainsi conçu : « La propriété littéraire est une propriété ». La loi des serinettes établissait, au contraire, le principe que la propriété littéraire est une concession. Le Sénat, dans un accès de sympathie pour les écrivains et les artistes qui, assurément, ne lui était pas coutumier, parut disposé à rejeter la loi et choisit Mérimée pour rapporteur. « Je passe mon temps, écrit-il (26 avril 1866), à faire des discours. J'en suis à mon quatrième. Tout cela dans ma chambre, bien entendu. Je ne veux pas lire, mais improviser par les procédés connus de M. Guizot et de M. Thiers. » Cela veut dire qu'il apprit par cœur sa harangue. La discussion eut lieu le 8 mai. « J'ai fait mon speech hier soir sans la moindre émotion. On m'a écouté, et je n'ai pas trop ennuyé. » Malheureusement il s'était préparé pour une réplique et gardait dans son sac certaine citation de Cicéron destinée à aplatir comme des galettes les robins du Sénat, qui prenaient cette haute assemblée « pour un tribunal de première instance ». Mérimée dut réserver l'accablante phrase pour une autre occasion, qui ne vint jamais. Il renonça à répondre au gouvernement et subit philosophiquement sa défaite. « Tout le monde, au fond, trouvait la loi détestable, mais on ne voulait pas donner un soufflet au Corps législatif en rejetant, pour inconstitutionnalité, la loi qu'il avait votée, et on voulait dîner [1]. » Cette fois, Mérimée avait le droit de dire qu'il « était battu en ayant raison ».

Un autre jour, il obtint au Sénat un vrai succès, non d'orateur, mais d'homme d'esprit. Il proposait d'ouvrir un crédit au ministre des beaux-arts qui était alors M. Walewski, mais il avait eu l'imprudence (était-ce imprudence?) de mêler à cette proposition un bel éloge de Fould que M. Walewski venait de supplanter. C'est pourquoi le ministre, d'un air bourru et « en assez mauvais termes », repoussa la largesse qu'on lui offrait et que le Sénat paraissait disposé à ratifier. La chose tombait dans l'eau. Troplong se tourna vers Mérimée, assis à

---

[1]. Lettres à Panizzi, t. II, p. 188-191.

quelques pas de lui en sa qualité de secrétaire, et lui exprima un regret poli. « Que voulez-vous? dit Mérimée ; on ne peut pas faire boire un ministre qui n'a pas soif. » Le mot fit le tour des couloirs et charma tous les assistants, un seul excepté.

On vient de voir que Mérimée était secrétaire. C'est au début de la session de 1861 qu'on lui « joua ce mauvais tour », comme il l'écrit à Jenny Dacquin. Cette dignité le contraignait à une assiduité gênante et l'obligeait à dépouiller des scrutins : opération qu'il compare, pour le charme et l'intérêt, à celle d'écosser des pois. Il s'en dépêtra le plus tôt qu'il put. En somme, Mérimée fut un sénateur médiocre. S'il a joué un rôle politique de quelque importance, c'est ailleurs qu'il faut le chercher.

XI

Voyages, amitiés exotiques. — Liaison avec Panizzi. — Caractère de l'homme ; ses ambitions secrètes. — Séjour à Biarritz et négociations avec Napoléon III ; leur résultat. — Mérimée parle en anglais au dîner du *Literary fund* ; il est juré pour les papiers peints à l'Exposition de 1862. — Relations avec Palmerston et Gladstone. — Conclusion sur Mérimée diplomate.

Il avait gardé le goût des voyages, mais voyageait comme un homme d'autrefois, attentif aux maisons, aux plats, aux femmes, aux auberges, aux scènes de mœurs, indifférent à la beauté naturelle des lieux. En 1857 et en 1858, il visita l'Oberland bernois et fit plusieurs ascensions, à titre d'expériences, « pour mesurer ce qui lui restait de jambes ». Il ne paraît pas avoir trouvé sur ces hauteurs aucune sensation digne d'être relatée dans ses lettres. Il appelle cela « une vie de brute », et considère comme un bienfait l'effroyable fatigue qui l'empêche de penser, lorsqu'il se retrouve, le soir, dans une chambre d'hôtel, en tête à tête avec lui-même. Il ne réussit même pas à écarter les « diables bleus », et les lettres qu'il écrit en ces mêmes occasions semblent indiquer un état d'âme assez misérable. A Madrid, il est entouré de femmes ; à Vienne, on le « lionise », on lui apporte des albums pour qu'il y laisse tomber une phrase. Bien que les adulations féminines l'affadissent et qu'il se prétende honteux de lui-même, on sent, au ton des lettres, qu'il est dans son élément. C'est surtout à Londres qu'il retourne avec plaisir, attiré par des relations d'amitié et par des affinités de nature, qui, du reste, n'ôtent rien à la liberté ni à l'acuité de son jugement. Mérimée n'est pas un « anglomane », mais il est un des très rares Français de ce siècle qui aient un peu compris les Anglais et qui aient su en tirer quelque agrément.

Il séjournait volontiers à Glenquoich chez son vieil ami Ellice. Il était reçu avec beaucoup de sympathie à Holland-House, noble maison qui rappelait tant de souvenirs. Une personne fort remarquable qu'il voyait à Paris et à Londres était cette lady Ashburton qui inspira à la pauvre Mrs Carlyle une jalousie un peu ridicule. Elle aimait à réunir autour de sa table les penseurs et les hommes d'action, persuadée que de leur rencontre et même de leur choc une étincelle jaillirait. Intelligence hardie, curieuse, froide et claire, quelque peu hautaine, à cinquante ans elle n'en paraissait que vingt-cinq et disparut, comme foudroyée, sans avoir été touchée par la maladie ni par la vieillesse. Deux jours auparavant elle avait dit à Mérimée, en lui tendant la main : « A bientôt ! » Ce rendez-vous hanta quelque temps l'imagination de l'écrivain.

Mais le préféré, ce fut Panizzi qui, pour être venu tard dans l'amitié de Mérimée, n'y prit pas moins la première place, parce qu'il lui ouvrit un nouveau champ d'étude, d'amusement et d'action très convenable à sa situation et à son âge, et surtout parce qu'il donna à ce brillant esprit une impulsion qui le rajeunit. Dans toutes les correspondances de Mérimée, je remarque une première période où il a toute sa verve, comme si les liaisons d'esprit avaient une lune de miel à l'égal des liaisons du cœur. C'est de 1858 à 1862 que s'étend la partie vraiment intéressante de la correspondance avec Panizzi. Mais cette correspondance avait commencé dès 1851. Mérimée cherchait un acquéreur pour certains manuscrits copiés par les soins de Beyle à la bibliothèque du Vatican (alors qu'il était consul à Civita-Vecchia) et restés en la possession de sa sœur. Il s'adressa à Panizzi, qui était administrateur du *British Museum*, sur un ton qui me semble indiquer ou qu'ils s'étaient déjà croisés dans le monde ou qu'ils avaient des amis communs.

Quelques années plus tard (en 1855), Mérimée recommande à Panizzi M. de Lagrenée et sa fille qui se rendent en Angleterre. Deux ans s'écoulent, et, de nouveau, il lui écrit, avec une commission de Cousin pour lord Spencer qui possédait un portrait de Julie d'Angennes par Mignard. La lettre est gaie et le « cher monsieur Panizzi » est déjà devenu « mon cher Panizzi ».

C'est à peu près vers ce temps qu'on tenta

la reconstruction et la réorganisation de notre bibliothèque impériale. On voulait copier le *British Museum*, sans en avoir l'air, faire mieux si l'on pouvait. Mérimée devint la cheville ouvrière de la commission nommée dans ce but. Son travail était double. Il s'agissait d'abord de relever les imperfections de l'institution française : ingrate et triste besogne qui l'obligeait à morigéner des maîtres ou des amis. La seconde partie de sa tâche consistait à étudier le *British Museum*; le concours cordial de Panizzi la rendit facile et charmante. Pour commencer, Panizzi l'installa chez lui, lui versa des vins rares, lui présenta des gens curieux, le choya, l'amusa, le fascina et lui fit tout voir en se jouant, sans un instant de fatigue. Jamais enquête administrative ne fut plus délicieuse. Mérimée en parlait avec une sorte de sensibilité comme on parle d'une bonne fortune inoubliable; il s'attendrissait surtout à la pensée d'un admirable bœuf salé qui éveillait la soif en endormant la faim.

A part le bœuf salé, bien des choses rapprochaient ces deux hommes. *Eadem velle eadem nolle*, dit le Catilina de Salluste, *eâ demum firma est amicitia*. Mérimée et Panizzi détestaient les prêtres d'une haine joviale et rabelaisienne qui commençait à passer de mode. Tous deux ils considéraient l'Angleterre comme un gras pâturage pour des sensualistes intelligents. Tous deux ils aimaient en gourmands la table, l'esprit et les femmes; surtout les femmes. Panizzi devait avoir, quelques années après, l'effroyable douleur d'être abandonné de sa maîtresse, à soixante-quatorze ans : catastrophe qu'il ne manqua pas d'attribuer aux jésuites et où Mérimée le soutint de sa philosophie, ayant traversé, à une période moins avancée de sa jeunesse, la même cruelle épreuve.

Avec des côtés ridicules, Panizzi a fait ce que feront bien peu d'entre nous : il a créé quelque chose, laissé derrière lui une œuvre qui lui survit, organisé cet admirable *British Museum* dont nous jouissons. Moins qu'un autre, j'ai le droit de me montrer ingrat, moi qui ai passé de si belles heures dans cette maison d'étude et de pensée. Aussi n'aurais-je jamais le courage de me moquer de Panizzi si je ne me rappelais qu'il s'est tant moqué du monde avec son compère Mérimée.

Tout en devenant très Anglais, il était resté très Italien. Il avait en lui du Machiavel et du Polichinelle. Polichinelle empêchait qu'on ne se méfiât de Machiavel, et Machiavel qu'on ne méprisât Polichinelle. A l'époque où Mérimée le connut, son œuvre de rangeur de livres et de faiseur de catalogues était finie; il en rêvait une seconde, de politicien et de diplomate, qui eût été consacrée à l'indépendance et à l'unité de son pays. L'indépendance de l'Italie était un thème favori et comme un « morceau de concert » pour les orateurs du libéralisme anglais. Lord Palmerston l'avait joué plus d'une fois, non sans une certaine maestria, mais sans l'ombre de conviction, avec des variations que lui suggérait son ami du *British Museum*. C'était à l'Angleterre d'émanciper l'Italie. Pourquoi n'aurait-elle pas, en cette circonstance, le concours, l'appui de la France, comme elle l'avait eu dans la question d'Orient? Il n'y avait rien à attendre des hommes qui s'étaient succédé à Albert-Gate comme les représentants de la

France. L'un, exalté jusqu'à la folie, mettait de la fantaisie et de la violence dans la diplomatie, qui ne comporte ni l'une ni l'autre. Il s'était, d'ailleurs, déconsidéré en donnant à la société anglaise le spectacle du ménage le plus étonnant qui fut jamais. L'autre, soldat glorieux, voyait sa voiture suivie et acclamée par les gamins. Mais, ignorant son nouveau métier et le milieu où il devait agir, sa présence à Londres équivalait à une suspension amicale des relations diplomatiques. C'était à Napoléon III lui-même qu'il fallait s'adresser, à l'ancien carbonaro, à l'insurgé des Romagnes, qui devait se souvenir de l'Italie comme on se souvient d'un amour de jeunesse. Ah! si Panizzi, qui avait réfléchi trente ans à ces questions et qui se savait un charmeur, puisqu'il avait amusé Abd el-Kader et apprivoisé le maréchal Malakoff, s'il avait pu causer deux heures, en tête-à-tête, avec le sphinx des Tuileries!.. Et justement, un familier du souverain français, homme d'esprit et très discret, diplomate d'instinct en attendant qu'il le devînt par brevet, venait, à propos de bibliothèque, se placer sous sa main, lui offrir l'intermédiare désiré. Comment n'eût-il pas saisi l'occasion? Mérimée ne vit en Panizzi qu'un délicieux compagnon qui le mettait en verve : c'est de quoi les hommes d'esprit savent le plus de gré. Souvent trompé par les femmes, il ne l'a été que cette fois par un homme, et si Panizzi n'avait point les traits de la femme, il ressemblait un peu, par les grâces ondoyantes et fascinatrices, à son vieil ami le serpent.

On s'était lié au *British Museum*; on se retrouva avec joie à Venise, au palais Lorédan, où les deux amis passèrent quelque temps avec les deux dames anglaises, miss Lagden et Mrs Ewers, qui formaient à Mérimée comme une demi-famille. D'abord Venise lui déplut. « Les palais sont sales, mal bâtis et mal tenus; les canaux sont bien étroits, les gondoles peu commodes ; la Fenice est au-dessous du théâtre de Bordeaux, et les musées n'ont rien qui se puisse comparer à ce qu'on voit de la peinture vénitienne à Paris et à Madrid. Mais il y a dans cette ville un je ne sais quoi qui vous prend malgré vous [1]. » Chaque jour, ce je ne sais quoi

---

1. Corresp. avec la comtesse de Montijo. Venise, 9 août 1858.

le tenait davantage. Jamais il n'avait vu « tant de jolies femmes à la fois ». D'ailleurs Panizzi, le magicien, touchait toutes choses de sa baguette. Les Vénitiens lui paraissaient des esclaves résignés et insouciants, sinon heureux. Ils ne savaient rien des choses de ce monde, « si bien qu'ayant appris la naissance du prince impérial, ils sont allés donner une sérénade au comte de Chambord, qui, pensaient-ils, devait en être bien aise, en sa qualité de prince français [1] ». Mérimée, qui connaissait personnellement Daniel Manin, n'ignorait pas que toutes les âmes vénitiennes n'étaient pas plongées dans cette torpeur. Il sentait que les temps allaient venir. Cette Italie que Stendhal avait aimée, que l'art et la galanterie consolaient de tout, ses yeux étaient pour ainsi dire les derniers à la regarder. Encore quelques mois, quelques années, et elle entrerait pour jamais dans le passé.

En effet, l'année suivante vit de grands événements. Ce que Panizzi eût aimé à tenter, Cavour le fit à Plombières, mais de façon un

1. Corresp. Montijo, 9 août 1858.

peu différente. Pendant que lord Palmerston parlait de l'indépendance et de l'unité italiennes, Napoléon III les réalisa à coups de canon. Rien n'est plus plaisant que la mauvaise humeur d'un homme qui a longtemps prêché une idée et qui proteste contre elle lorsqu'il la voit accomplie par un rival, et, dans cette posture, les gouvernements ne sont pas moins ridicules que les individus. L'Angleterre accentua ce ridicule par la formidable levée de boucliers des volontaires, prêts à mourir pour une patrie que personne n'attaquait. L'empereur ne donna pas plus d'attention à cette campagne de toasts qu'il n'avait fait, dix-huit mois plus tôt, à l'hospitalité protectrice offerte à ses assassins. Dans le temps où lord Palmerston donnait cours à ses rodomontades, Cobden, Rouher et Michel Chevalier, assis autour d'une table dans une maison de la rue de Poitiers, discutaient paisiblement les bases du traité de commerce.

C'est dans ce moment, peu favorable, on en conviendra, que Panizzi entreprit de négocier secrètement, à ses risques et périls, pour amener, dans les affaires italiennes, une action commune de la France et de l'Angleterre, action qu'il jugeait nécessaire à la constitution définitive de l'Italie. Mérimée remit à l'empereur une première lettre du diplomate improvisé, puis une seconde. Panizzi fut invité à Biarritz; c'était le terrain préféré de l'empereur pour la politique extra-officielle. L'administrateur du *British Museum* déploya tous ses talents de bouffon et de courtisan. Bien des années après, j'ai encore trouvé l'écho des drôleries et des gentillesses de ce maître amuseur, qui, de son côté, parut s'amuser beaucoup. Il prit part à plusieurs excursions dans la montagne; il en fut l'âme et la joie. Il partit de Biarritz, radieux, enchanté de ses hôtes, et, si son voyage avait été un fiasco politique, nul n'en sut rien, pas même son visage.

La correspondance reprit ensuite, mais il ne semble pas que l'empereur s'en tourmentât beaucoup, car nous voyons qu'il garda huit jours une lettre de Panizzi sans l'ouvrir. Lorsque Mérimée était dans le Midi, les lettres passaient par M. Fould, et, après la démission de M. Fould, par le docteur Conneau. Qu'advint-il de tous ces efforts, prolongés pendant deux ou trois ans? Rien, absolument rien.

M. Louis Fagan, dans la préface des *Lettres à Panizzi*, compare le rôle de Napoléon III, en cette circonstance, à celui que le duc de Broglie fait jouer par Louis XV dans le *Secret du roi*. C'est, je crois, méconnaître la différence des caractères et des situations. Admettons un instant que l'empereur pût prendre plaisir à ce jeu dangereux, qu'il ne se sentît pas aussi parfaitement maître de sa politique étrangère avec des ministres comme Drouyn de Lhuys et Thouvenel qu'il l'était de sa politique intérieure avec un Billault ou un Rouher. Il connaissait trop bien l'Angleterre pour penser qu'une politique personnelle et secrète fût permise et possible à un ministre de la reine. Ce n'était donc pas des plans de conduite, ni des ébauches de traités qu'il demandait, mais des renseignements sur l'état de l'opinion, et, sur ce point, un numéro du *Times* lui en disait plus qu'une lettre de Panizzi. La plus élémentaire prudence lui conseillait même de n'accepter que sous bénéfice d'inventaire toute information qui lui parvenait par ce canal. Il ne crut jamais qu'un homme qui avait déjà deux patries, l'Italie et l'Angleterre, pût réserver à la France et aux intérêts français le meilleur de son dévouement.

La vérité, c'est qu'il ne vit plus très clairement sa route dans la question italienne, à partir de 1860, après l'échec de la combinaison qui faisait le pape président de la confédération italienne et qui n'eut jamais d'autre partisan que son inventeur. Placé entre ses intérêts et ses sympathies, entre les catholiques qui l'avaient porté au trône et les révolutionnaires qui voulaient l'en faire descendre, donnant secrètement raison à ses ennemis contre ses amis, menacé de l'autre côté du Rhin par un péril que, le premier, il vit grandir, il chercha le salut dans une politique de bascule et de non-intervention, et mit autant de soin à dissimuler sa pensée qu'il avait mis, jusque-là, de vigueur à l'affirmer. Le ministère anglais, de son côté, vivait au jour le jour et dans la peur des élections. L'unité italienne se fit toute seule, moins par le talent de ses hommes d'État que par les sottises de ses aventuriers et de ses enfants perdus.

Donc, ces négociations prétendues ne furent que des conversations. Mérimée le sentit bien vite et s'en arrangea. Sa seule prétention était de comprendre l'Angleterre mieux qu'un autre, de s'y plaire et d'y être bien reçu. Depuis 1856, il avait pris l'habitude de passer à Londres une partie de la saison. Invité à un banquet du *Literary fund*, qui réunissait l'élite des écrivains (mai 1858), il répondit en fort bon anglais à un toast qu'on lui adressa. En 1862, il était membre du jury de l'Exposition universelle. « Comme j'ai beaucoup barbouillé de papier dans ma vie, tant avec la plume qu'avec le pinceau, on m'a chargé des papiers peints [1]. » Il donne une idée assez amusante des séances de la commission : « Nous nous disputons beaucoup, nous ne faisons pas grand'chose de bon, et souvent nous sommes très injustes. Nous avons pour président un Allemand qui parle un anglais absolument incompréhensible. Nous avons des Italiens et des Belges qui ne savent que le français. Enfin arrive un diable d'homme

---

1. Correspondance avec la comtesse de Montijo, 3 juin 1862.

qui doit venir de bien loin, lequel ne parle aucune langue connue. Vous jugez de l'intérêt que présentent nos discussions [1]. » Il servit de secrétaire à cette tour de Babel et s'en tira à son honneur.

Il dînait beaucoup en ville, se plaignait qu'on le fît trop manger et toujours le même dîner. Les cuisiniers de Londres manquaient d'originalité, de génie ; leurs maîtres aussi. Sa première impression de lord Palmerston fut très complexe : « Il m'a paru un mélange très bizarre d'homme d'État et de gamin. Il a l'aplomb d'un vieux ministre et le goût des aventures d'un écolier. Je le crois très étourdi, confiant dans son étoile et parfaitement sans scrupules. Il bouleverserait le monde pour avoir un petit succès d'éloquence au Parlement. Il a tous les préjugés et toute l'ignorance de John Bull, avec son opiniâtreté et son orgueil. Bref, je crois que c'est un des mauvais génies de notre époque [2]. » Lord Palmerston, lui croyant encore plus d'influence

---

1. Correspondance avec la comtesse de Montijo, 13 juillet 1857.
2. Ibid.

qu'il n'en avait, se mit en frais de coquetterie, et lady Palmerston l'y aida de son mieux. Elle traitait Mérimée en intime et l'introduisit un jour dans son cabinet de toilette. C'était quelques jours après le fameux vol de diamants dont Sa Seigneurie fut victime. Ce qui exaspérait lady Palmerston, c'est que les voleurs, après avoir crocheté et vidé de ses richesses un petit Dunkerque bourré de bijoux, s'étaient lavé les mains avec un savon parfumé, fabriqué exprès pour elle, et s'étaient soigneusement fait les ongles avec un citron. Mérimée vit les meubles fracturés et les écrins ouverts. Il vit aussi dans ce cabinet une table couverte de papiers étiquetés et attachés avec des cordons rouges. « C'est évidemment à cette table, entre milord et milady, que se font les affaires de ce pays [1]. »

Mérimée détesta, jusqu'au bout, cette politique égoïste et brouillonne qui sacrifiait tout à un succès oratoire ou électoral, qui caressait et soudoyait la révolution dans toute l'Europe, sans jamais se risquer elle-même, et étalait sa

---

[1]. Corresp. Montijo, sans date.

couardise systématique avec une sorte de forfanterie. Personnellement, Palmerston, comme M. Thiers, l'amusait. Tous les deux étaient des comédiens politiques qui savaient supérieurement leur métier. La vitalité enragée de lord Palmerston le frappait surtout : « Il est toujours jeune, écrivait-il, boit, mange, chasse, monte à cheval. Je ne sais ce qu'il ne fait pas [1]. » Un procès scandaleux, où il apparut comme le héros d'une aventure galante, mit le comble à la gloire du vieux Pam.

« Après lord Palmerston, s'écrie un jour Mérimée, il n'y a plus rien. » Lord Derby est trop goutteux, et quant à lord Russell, il fait échouer les combinaisons où il entre : « C'est le verjus qui fait tourner toutes les sauces ». Cependant, Panizzi l'a mis en relation avec certain commentateur d'Homère, qui a nom Gladstone. On admire déjà son habileté merveilleuse à fabriquer des budgets, mais il va bientôt passer au premier rang du parti, et son heure approche. Mérimée et lui se retrouvent dans ce

---

1. Corresp. Montijo, 3 juin 1862.

monde des idées et des sentiments antiques vers lequel ils aiment tous deux à s'échapper : l'un par ennui des choses modernes ; l'autre parce que rien n'étanche sa soif de savoir, rien ne lasse son universelle curiosité. En août 1865, Mérimée fut, pendant trois jours, l'hôte de M. Gladstone, dont il ne subit le prestige qu'à moitié. « M. Gladstone m'a paru, sous certains aspects, un homme de génie, sous d'autres un enfant. » Puis, se raturant par une seconde phrase qui rend mieux sa pensée : « Il y a en lui de l'enfant, de l'homme d'État et du fou ». Cela signifie que l'âme impulsive, entreprenante, enthousiaste de M. Gladstone lui échappait. C'est le grand côté de cette nature qui lui semblait le côté dangereux.

Il observait aussi le peuple anglais. Au cours d'un de ses voyages, il assista à une fort belle émeute, où l'on arracha, sur une longueur d'un demi-mille, les grilles d'Hyde-Park. Il pensa que nos réfugiés communistes, excellents professeurs de barricades, avaient dû passer par là et donner des leçons à leurs confrères de Londres. Il n'en fallait pas tant à cet esprit délié pour reconnaître l'approche des temps nouveaux, la transformation qui se préparait dans les idées et dans les mœurs. « Cela a commencé, disait-il, quand on s'est mis à aller en bottes à l'Opéra. » Il voyait venir la « démocratisation » de l'Angleterre et n'en augurait rien de bon, car elle allait, croyait-il, contre le génie individualiste de la nation.

Telles sont les impressions qu'il rapportait en France. Quelques jours, ou quelques semaines plus tard, sous les grands marronniers de Saint-Cloud ou sur la terrasse de Biarritz, l'empereur, appuyé sur la canne de son oncle (que surmontait un bec d'aigle mâchant la boule du monde), faisait crier le gravier sous son pas lent et rythmé. Mérimée marchait à côté de lui, racontant ce qu'il avait vu de la haute société anglaise, mêlant l'anecdote mondaine à l'information politique et soulignant, çà et là, sa pensée d'un mot vif, qui faisait sourire Napoléon III.

Là se borna la politique de Mérimée. Son ami du *British Museum* eut des heures de fièvre et d'illusion; lui, jamais. Sa susceptibilité, autant que son tact, le défendait contre ces excès de zèle qui perdent les diplomates amateurs. Il ne savait pas s'imposer ni s'insinuer, se rendre nécessaire ; il n'avait pas cette effroyable patience de l'ambition qui souffre tout, se sert de tout, qui se couche plus tard que le vice et se lève plus tôt que la vertu. Il craignait « le tortillement de moustache ». — « Vous savez, écrivait-il à la comtesse de Montijo, que vous avez un gendre qu'on ne fait pas parler comme on veut. » Il y avait des jours où il trouvait l'empereur fermé. Il cherchait à amener l'entretien sur la Rome papale de 1862 ; et on lui répondait en parlant de la Rome républicaine de l'an 50 avant Jésus-Christ. Ce refroidissement intermittent n'était peut-être que de la distraction. Mérimée l'attribuait à d'autres causes et se reculait plus loin qu'il n'eût fallu.

Il eût fait certainement bonne figure dans une de ces grandes situations où l'éloquence est un défaut et où le talent d'écrire est, au contraire, plus qu'une grâce et un ornement. Pourquoi donc ne fut-il jamais ambassadeur ?

Je l'ai dit, il n'était pas marié. D'ailleurs, Napoléon III connaissait à fond cette nature d'homme de lettres, nerveuse, pessimiste jusqu'au dégoût, trop subtile ou trop indolente pour se plier à un joug régulier, pour s'appliquer à la fastidieuse continuité des affaires. Encore une fois, Mérimée ne fut pas déçu, parce qu'il n'avait rien souhaité. Le rôle qui lui convenait le mieux était celui de spectateur à 30 000 francs l'an. On trouve peut-être que c'est payer cher un spectateur; mais il s'est acquitté, je pense, envers la France en lui laissant ces fins portraits à la plume, ces pages de bon sens et d'ironie qui ont leur place, à la fois, dans notre littérature et dans notre histoire.

XII

Travaux sur la littérature russe. — Articles sur Pouchkine, Gogol, Tourguénef. — Les épreuves de *Fumée*. — *Les Cosaques d'autrefois* et *le Faux Démétrius*. — *La Chambre bleue*. — Composition et lecture de *Lokis* à Saint-Cloud. — Opinion de Mérimée sur les écrivains du second Empire.

Mérimée n'était pas perdu pour la littérature. On a vu par quelles raisons il se fit l'éditeur des œuvres de Beyle et de Jacquemont. Il donna aussi au public une édition de Brantôme et en prépara une d'Agrippa d'Aubigné. Il sema de nombreux articles dans la *Revue des Deux Mondes*, dans le *Moniteur*, dans le *Journal des Savants*, principalement sur des auteurs ou sur des sujets étrangers. Mais le meilleur de son temps, il le donna à la littérature russe, dont il a commencé chez nous la popularité. Il écrivait à Albert Stapfer : « La langue russe est la plus belle langue de l'Europe, sans en excepter le grec. Elle est bien plus belle que l'allemand et d'une clarté merveilleuse. Vous savez qu'on peut comprendre tous les mots d'une phrase allemande sans se douter de ce que l'auteur a voulu dire. Mon ami Mohl, Wurtembergeois de naissance, s'excusait de ne pouvoir me traduire une phrase d'un de ses compatriotes, parce que cette phrase était dans la préface et qu'il aurait fallu lire les douze volumes pour en bien pénétrer le sens. Cela n'arrive pas en russe [1]. » Il ajoute que « la langue est jeune; les pédants n'ayant pas encore eu le temps de la gâter, elle est admirablement propre à la poésie [2] ». C'est cette idée qu'il développa dans un article très étudié sur Pouchkine. Il traduisit, comme il savait traduire, deux nouvelles saisissantes de l'écrivain russe, *le Coup de pistolet* et *la Dame de pique*; il y mêla sa fine raillerie à l'angoisse sans nom qui plane sur ces deux récits. Il fit connaître aussi au public *l'Inspecteur général*, la

---

1. Correspondance avec Albert Stapfer. Cannes, 10 février 1869.
2. *Ibid.*

terrible satire de Nicolas Gogol, et analysa, dans un article, *les Ames mortes*, mais je ne pense pas qu'il ait vu jusqu'au fond de Gogol. Dans l'amertume du conteur slave, il critiquait, un peu mesquinement, l'abus d'un procédé littéraire, au lieu d'y voir l'incurable tristesse d'une race et le mal religieux qui torture, là-bas, jusqu'aux incroyants. Son étude sur Tourguénef manque aussi d'ampleur. Pourtant, il connaissait et aimait l'auteur de *Pères et Enfants*, avec lequel il se lia dès le premier séjour de Tourguénef en France, peu après la paix de Paris et l'émancipation des serfs. Dans l'automne de 1867, il revisait les épreuves de *Fumée*, que traduisait, pour *le Correspondant*, le prince Auguste Galitzine. Une lutte très amusante s'engagea entre le traducteur et le reviseur. A mesure que la pudeur du premier supprimait un passage, la malice du second le rétablissait. Mais le prince revisait à son tour, supprimait encore, et, de nouveau, Mérimée réclamait. Je crois que le prince eut le dernier mot : ce qui gâta quelque peu l'œuvre du grand charmeur.

Quant à Mérimée, quelle chose l'attirait dans Tourguénef, et, par exemple, dans *Fumée*? Est-ce la peinture poignante de cette impuissance qui fait de la vie du Slave un long rêve déçu? Ou n'est-ce pas plutôt l'art contenu et suggestif du peintre, son coup de pinceau sobre et fin? Mérimée a dit quelque part : « Les Russes sont sortis de l'ornière classique sans tomber dans la fondrière du romantisme »; et il les aimait pour cela.

Il n'a pas terminé son histoire de Pierre le Grand, mais il nous a laissé une double étude sur deux héros cosaques, Bogdan Chmielnicki et Stenka Razine. C'est de l'histoire mixte, moitié documentaire, moitié dramatique, entremêlée de harangues à la façon de Tite-Live ou de Saint-Réal. Bien qu'il se borne à raconter, Mérimée donne plus d'idées que tel historien qui disserte ou qui procède par tableaux surchargés et par énumérations infinies, en vidant tous ses tiroirs sur notre tête. Quand on a lu *les Cosaques d'autrefois*, on a une vue très claire de cette démocratie militaire, des raisons qui la rendirent un moment redoutable et de celles qui l'empêchèrent de former un empire cosaque. Ce fut une Rome condamnée à ne pas grandir.

Rien n'inspira mieux Mérimée que l'aventure du faux Démétrius qui se donna pour le fils du Terrible, régna un moment, périt d'une mort affreuse, et dont d'autres imposteurs prirent ensuite la place. L'écrivain a abordé le sujet deux fois : comme historien et comme dramaturge. Le premier semblait frayer la route et déblayer le terrain pour le second qui, malheureusement, n'acheva point sa tâche. Mérimée tenait, dans son livre, à séparer la personnalité mystérieuse et attirante de Démétrius et celle du moine vulgaire, impudent et ivrogne qui lui servit de précurseur et que l'on confond souvent avec lui. Cela fait, il put inventer librement, et il retrouva quelque chose de cette puissance d'évocation et de divination qu'on avait reconnue dans la *Guzla*, de cette imagination presque shakspearienne qu'on avait admirée dans *Clara Gazul*. Je ne me lasse pas de voir ces quatre hommes assis à table et buvant dans une arrière-boutique : le prince suédois exilé, le marchand d'Ouglitch, le moine Otrépief et le jeune Youril, qui sera bientôt le faux Démétrius. J'écoute les choses qu'ils disent, si différentes de nos pensées à nous et pourtant si semblables. Ainsi auraient parlé et pensé ces quatre personnages si, par fortune, ils s'étaient rencontrés, en 1603, dans ce coin perdu de l'Europe, à l'ombre de l'église où reposaient les os du tsaréwitch assassiné. Voilà bien leurs sentiments, leurs peurs, leurs doutes, leurs ignorances et leur savoir, leur religion et leur philosophie, toute leur âme barbare tremblant d'angoisse et de curiosité sur le seuil du monde moderne. Et, encore, quelle progression, quelle métamorphose lentement suivie que celle de ce Youril, d'abord enfant brave et espiègle, qui devient le plus consommé des comédiens et apprend à parler en prince, même à celle qu'il aime! Pas de monologues, pas de confidents, et pourtant aucun trait ne manque à sa psychologie. C'est par ses mensonges que nous connaissons la vérité. La scène avec Marine Mniszek est très belle. Mais combien eût été plus belle celle où l'imposteur se serait rencontré en tête à tête avec l'impératrice mère Marfa! Quelle épreuve pour l'aventurier et quel combat dans l'âme de cette mère! Fut-elle trompée, séduite, intimidée? Crut-elle embrasser son fils vivant? Crut-elle venger le mort tout en le reniant? Cédait-elle à une ambition personnelle? Pensa-t-elle, femme humble et croyante, qu'une haute volonté conduit tout, et que se soumettre aux faits, c'est se courber devant Dieu? Nul ne sut ce qui s'était passé entre eux. Un auteur russe a tenté la scène sans y réussir; Mérimée n'a même pas essayé. Il a abandonné son héros à la première étape de cette route longue et sanglante qui le conduisit au trône et à la mort. Telle qu'elle est, l'esquisse vaut mieux qu'un tableau.

« Je ne voudrais pas mourir, disait Mérimée, sans avoir écrit encore un roman. » Il se donna satisfaction en composant deux nouvelles, *la Chambre bleue* et *Lokis*. « Elles m'ont fort amusé, écrivait-il à son ami Stapfer, mais elles ne verront pas le jour [1]. » Le manuscrit de *la Chambre bleue* fut remis par lui à l'impératrice, avec une illustration à la plume qui a la séche-

---

1. Correspondance avec Albert Stapfer, 10 février 1869.

resse élégante des gravures de la fin du xviiie siècle. Trouvé aux Tuileries le 4 septembre, ce manuscrit a été publié peu après, et M. de La Rounat en a tiré une petite comédie. Au fond, Mérimée n'en pensait pas grand bien. Suivant lui, elle était contraire à l'esthétique du genre. Traitée légèrement, elle aurait dû aboutir à une surprise tragique. Du moment que le dénonement est une surprise gaie, il aurait fallu accentuer la terreur dans l'histoire elle-même. Voilà une recette à discuter pour ceux qui croient encore à la vertu des recettes en littérature. Dans l'espèce, le cas peut être proposé ainsi. Deux amants, enfermés dans une chambre d'hôtel où ils tremblent à chaque instant d'être surpris, voient filtrer sous la porte de la chambre voisine, où un voyageur anglais est couché, un ruisseau de vin de Porto qu'ils prennent pour un ruisseau de sang, et ils s'épouvantent jusqu'au moment où le quiproquo s'explique. Retournez l'hypothèse : ils prennent un ruisseau de sang pour un ruisseau de porto et s'en égaient jusqu'au moment où l'erreur est découverte. Dans le premier cas, c'est un homme gris qui a renversé sa bouteille, et, dans le second, il y a mort d'homme. J'essaie de me figurer ce qu'aurait été *la Chambre bleue*, récrite en sens inverse, et je la trouve toujours médiocre.

Lokis est une œuvre longtemps caressée par son auteur. L'ours qui donne son titre à la nouvelle, attaque, pendant une chasse, une dame lithuanienne qui se trouve en état de grossesse. Elle devient folle et accouche d'un fils en qui sommeillent des instincts féroces, mal combattus par l'éducation. La nuit de ses noces, le malheureux déchire à belles dents la charmante créature qu'il vient d'épouser. C'est une conséquence du phénomène que le vulgaire appelle « un regard ». Mérimée avait rêvé quelque chose de plus, et il interrogeait assidûment non seulement ses dictionnaires, mais ses collègues de l'Académie des Sciences pour savoir jusqu'où pouvait bien se porter la galanterie des plantigrades. Ces messieurs (pas les ours, les académiciens) s'amusèrent à lui fournir des exemples. Il soumit la première version de *Lokis*, où sa pensée était fort claire, à Mlle Dacquin, qui s'indigna; il la lut à Panizzi qui s'endormit. C'est alors qu'il se décida, sinon à ramener son ours au bien, du moins à jeter prudemment, sur toute l'aventure, un voile qui autorisait des interprétations différentes.

Je crois voir Mérimée s'installant avec son petit cahier relié pour lire *Lokis* devant l'impératrice. C'était pendant l'été de 1869, au château de Saint-Cloud, dans le salon qui occupait le milieu du premier étage, au fond de la cour d'honneur, salon contigu à cette originale bibliothèque, si ingénieusement arrangée par Louis-Philippe et dont Jules Sandeau était le gardien nominal. La soirée était chaude, mais on ferma les fenêtres par égard pour le lecteur. Les portes des salles voisines, éclairées, mais désertes, demeurèrent ouvertes, et bientôt il n'y eut que la voix de Mérimée qui résonnât dans cette quiétude et ce recueillement du grand palais ensommeillé. L'impératrice était assise à une table ronde placée dans un coin de la pièce, devant un buste en marbre du roi de Rome à vingt ans. A sa gauche, Mérimée. Autour de la table, les deux dames du palais, qui faisaient le service de semaine, les demoiselles d'honneur,

Mlle de Larminat et Mlle d'Elbée, enfin les nièces de l'impératrice, Marie et Louise, avec la femme très aimable et très distinguée qui dirigeait alors leur éducation [1]. Une lourde lampe éclairait le cahier blanc où *Lokis* était écrit d'une écriture large et ferme, les éventails qui battaient l'air lentement, les broderies qu'agitaient sans bruit des doigts agiles et menus, tous ces fronts penchés et ces yeux de jeunes filles qui se levaient quelquefois vers le lecteur avec une expression de curiosité et de rêverie. Deux ou trois hommes, assis un peu plus loin, complétaient le petit cercle. Mérimée lut de sa voix indifférente et monotone, interrompu seulement par des sourires ou par de légers murmures d'approbation dont l'impératrice donnait le signal.

Lokis est un petit roman très bien fait, très vigoureux d'exécution, très habilement varié de ton et où l'ironie se soutient à la hauteur voulue pour ne point gâter la couleur sombre du sujet. En le relisant ces jours-ci, il m'a semblé que c'était une des meilleures œuvres

---

1. Mlle Redel, aujourd'hui Mme Victor Duruy.

de Mérimée. Mais, ce soir-là, son ingrat et malheureux débit m'empêcha de m'en apercevoir.

Un peu après avoir fini, il se leva et me dit à demi-voix, d'un ton brusque :

« Avez-vous compris, vous? »

Je dus avoir l'air assez niais. J'aurais peut-être fini par trouver une réponse encore plus niaise, mais il ne m'en donna pas le temps.

« Vous n'avez pas compris, c'est parfait! »

Et il me laissa complètement abasourdi. En effet, je n'ai compris que longtemps après, en lisant les *Lettres à l'Inconnue*. Il l'informa qu'il avait lu *Lokis*, à Saint-Cloud, « devant des petites filles qui n'y avaient vu que du feu ». Il n'avait plus aucune raison de le refuser à M. Buloz, et *Lokis* parut dans la *Revue*.

Malgré les heures qu'il donnait à la cour, au monde, aux voyages, à ses correspondances, à l'Académie et au Sénat, il lui en restait beaucoup, l'insomnie aidant, pour la lecture. Mais il se plaignait que les livres lui manquassent et il était obligé de descendre quelquefois à de misérables romans anglais, écrits par de petites demoiselles. Cependant il me semble, sauf erreur, qu'il y avait alors en France des livres et des écrivains. Je crois même que cette période du second empire fera bonne figure dans notre histoire littéraire, et si je la désigne ainsi, c'est pour la dater et non pour essayer de lancer un « siècle de Napoléon III », que les faits ne soutiendraient pas. L'empereur n'eut de part à cet épanouissement, peut-être final, de l'esprit en France qu'en assurant des loisirs à la nation pour assister, sans trouble, aux jeux brillants de la littérature. Le mouvement procédait de diverses causes où notre état politique n'avait rien à voir. C'était le retour inévitable du réalisme après les excès du romantisme que Victor Hugo avait fini par tuer sous lui après l'avoir enfermé dans une formule étroite et fausse. Mais ce retour était aidé par les tendances générales de la société européenne, par les victoires de la science positive, l'attiédissement des croyances religieuses, la prédominance de l'utilitarisme dans le gouvernement des affaires humaines, le début d'une nouvelle ère économique caractérisée par l'avènement de la vapeur et de l'électricité. Ce mouvement, qui s'accommodait mieux avec la nature française que celui de l'âge précédent, trouva surtout son expression dans notre critique et dans notre théâtre.

Mérimée, qui en était, sous certains rapports, un des précurseurs, eut-il conscience qu'il traversait une grande époque? Je suis obligé de dire que non. Les arbres, dit-on, empêchent de voir la forêt, et le voyageur n'en juge l'étendue qu'après l'avoir quittée. Des deux grands talents dramatiques de ce temps-là, Dumas et Augier, le second entretenait avec Mérimée des relations très amicales et voulut faire une pièce avec lui. L'entreprise échoua, je n'ai pu découvrir pourquoi. Ce que je sais, c'est qu'aucun refroidissement ne résulta de ce petit accident. Mérimée s'intéressait fort à ce pauvre *Giboyer*, suspendu entre les griffes de la censure, et conseilla peut-être à Augier de s'adresser en haut lieu: « Sire, dit Augier en entrant dans le cabinet impérial, M. Walewski est trop occupé pour me recevoir ; je viens à vous, qui n'avez rien à faire [1]. » L'empereur rit et prit *Giboyer* sous sa protec-

---

1. Correspondance avec la comtesse de Montijo.

tion. Mérimée en fut ravi, mais il n'étendait pas cette bienveillance à tout le monde. Je m'étonnais de le voir, dans une lettre à Panizzi, montrer le plus tendre intérêt pour la santé de Ponsard. Le mystère s'est vite éclairci. Il présidait alors l'Académie, et si l'un des immortels s'était avisé de mourir sous sa présidence, il aurait eu à prononcer son éloge et à recevoir le successeur. Le trimestre écoulé, Ponsard pouvait mourir.

Quand on lui parlait d'Octave Feuillet, il répondait que, pour sa part, il aimait fort Ponson du Terrail. Quand on lui faisait l'éloge de Renan, il lui reconnaissait un joli coup de pinceau, un agréable talent de paysagiste idyllique, mais préférait « pour le sérieux » Peyrat et Charles Lambert. *Salammbô* paraît : il s'excuse de l'avoir feuilleté. « En tout autre lieu, où il y aurait eu *la Cuisinière bourgeoise* à lire, je n'aurais pas ouvert ce volume. » Parmi les nouveaux venus, il ne s'humanise, ne s'entr'ouvre qu'avec About et Taine. Prévost-Paradol, qui, de loin, lui inspirait un peu de méfiance, lui plut lorsqu'il le connût à Cannes, par une charmante simplicité à laquelle il ne s'attendait point. La fille de l'écrivain des *Débats* l'intéressa et fit revivre en lui, comme il le raconte dans une lettre à la comtesse de Beaulaincourt [1], le désir qu'il avait eu d'adopter une enfant pour l'élever et jouir, en délicat, de sa grâce naissante et de son progrès intellectuel. C'eût été sa dernière volupté d'âme : il y renonçait à regret.

Quelqu'un, qui voulait l'agacer, lui prêta un volume de Baudelaire : il pensa en devenir enragé. Mais c'est à Victor Hugo qu'il réserve les épithètes les plus désobligeantes. Après avoir lu les six premiers volumes des *Misérables*, il donne son impression à la comtesse de Montijo : « Cela semble avoir été écrit en 1825.... Aujourd'hui ce style-là n'étonne plus, mais assomme.... Hugo n'a pas un moment de naturel. Si ce livre était moins ridicule et moins long, il pourrait être dangereux. Tel qu'il est, il me semble inférieur de tous points aux romans socialistes d'Eugène Süe. » La question qui se pose pour lui est celle-ci : « Victor Hugo a-t-il toujours

---

1. Lettre inédite.

été fou ou l'est-il devenu [1] ? » Et il écrit à Mlle Dacquin, toujours à propos des *Misérables* : « Quel dommage que *ce garçon*, qui a de si belles images à sa disposition, n'ait pas l'ombre de bon sens, ni la pudeur de se retenir de dire des platitudes indignes d'un honnête homme [2] ! »

Pour se remettre, disait-il, au diapason de la vraie prose, il relisait les lettres de Mme de Sévigné. Il relisait aussi ses maîtres favoris, Aristophane, Cervantes, Rabelais, Shakspeare. Il était là en bonne compagnie, dans ce monde des beautés acceptées et définitives, que n'agitent plus les vilaines petites colères des gens de lettres. Mais c'est un mauvais signe que de se refuser à des impressions nouvelles et de revenir aux premiers livres qu'on a aimés. C'est le symptôme de la fin; c'est l'esprit qui retourne mourir au gîte.

1. Corresp. Montijo, 3 juin 1862.
2. On trouvera peut-être Mérimée un peu dédaigneux. On fera bien de relire les abominables injures dont le grand poète l'avait couvert, non dans des lettres intimes, mais dans des livres que l'Europe avait dévorés. Alors, si l'on revient à Mérimée, il paraîtra, à côté de son adversaire, l'indulgence même et la courtoisie en personne.

XIII

Spectacles mondains. — Le bal de la duchesse d'Albe. — Changement de la politique impériale. — Mérimée et l'Empire libéral. — La croix de grand officier. — Mérimée cesse de comprendre Napoléon III.

Mérimée jugeait la société avec la même sévérité que la littérature, mais cette disposition défavorable n'apparaît d'abord que par accès, dans sa correspondance, pendant les premières années de l'Empire. C'est d'abord de son ancien ton, moitié amusé, moitié moqueur, qu'il raconte à son amie de Carabanchel ces folies mondaines dont il prenait encore sa part. Parmi beaucoup de récits de ce genre, je détache celui d'une soirée qui est restée célèbre, du bal costumé qui fut donné à l'hôtel d'Albe au mois d'avril 1860 :

« Je vais vous parler de la fête donnée chez

vous et où vous manquiez beaucoup. En avant de votre maison et du côté de l'avenue, on avait fait une galerie en bois; derrière la maison, dans le jardin, une immense salle à manger où l'on descendait par des escaliers; tout autour une galerie, qui pourtournait la table. Quand, à deux heures, on a ouvert les portes, le coup d'œil était magique, surtout quand les salles, les escaliers et les galeries ont été couvertes de femmes en costumes brillants, et tout cela inondé de lumière électrique. Vous savez qu'il y avait une entrée de seize femmes représentant les quatre éléments. Elles étaient presque toutes très jolies, très décolletées, avec des jupes fort courtes. Mme de Labédoyère et Mlle Errazu étaient à croquer. Seulement, les naïades étaient poudrées avec des paillettes d'argent qui, tombant de leurs épaules, ressemblaient à des gouttes d'eau. Les mauvaises vues, comme la mienne, les croyaient trempées de sueur et on avait envie de les bouchonner comme des chevaux de course. La comtesse Walewska avait beaucoup de perles et de diamants très beaux; Mme de Bourgoing était en Mme Polichinelle, la princesse Mathilde en Nubienne, peinte couleur de bistre, si bien que personne ne la reconnaissait. La fille cadette de lord Cowley était en Muse, en Grâce, ou je ne sais quoi. Il m'a semblé qu'on montrait bien des choses; surtout les pieds et les bas de jambes, qu'on n'avait pas vus depuis 1825, produisaient beaucoup d'impression. Après la réapparition des pieds, le fait le plus important me paraît être la niaiserie des dominos. Rarement savaient-ils dire autre chose que : « Je te connais ». Cette bêtise prouve en faveur des mœurs. Il y a eu un scandale, pourtant. Mme de S... a été embrassée par un domino mâle et s'est fâchée outrageusement en nommant le coupable. Heeckeren a été embrassé aussi, mais par sa fille, à ce qu'on prétend. Il y avait deux femmes en hommes, Mme C... et Mme W..., et, malgré des bottes à l'écuyère et des basques tombant jusqu'aux genoux, cela me semblait un peu scandaleux. J'ai causé un instant avec l'impératrice, très peu et très simplement déguisée, qu'on reconnaissait d'une lieue à sa main et à sa marche, ainsi qu'un domino bleu qui tortillait la barbe de son masque, quand il ne tenait pas son pouce dans sa main. Nieuwerkerke était un très vilain Henri IV, Edgar Ney un très beau Suisse, avec un pourpoint tailladé rouge, jaune et bleu, d'une exactitude à réjouir tous les antiquaires. Le plus amusant était le duc de Dino en arbre, accrochant tout le monde avec ses branches, et derrière lequel les gamins faisaient semblant de le prendre pour un vrai arbre. Il y avait aussi quelques Anglaises en nymphes, en Grecques et en marquises Louis XV, qui ressemblaient à des chiens savants. Je suis fâché de dire que miss B... était du nombre des plus cocasses. Somme toute, c'était très beau, très riche et très en train [1]. »

Peu à peu, à mesure que les années viennent, apportant avec elles les infirmités, sa plume se fait chagrine et boudeuse. Les couleurs du brillant tableau qu'il aimait tant à regarder et qu'il ne se lassait pas de décrire se brouillent et se ternissent sous l'ombre envahissante. Aux

---

1. Correspondance avec la comtesse de Montijo, 28 avril 1860.

Tuileries, sauf une figure, celle de l'impératrice, tout lui paraît changé. Il se plaint de mille petites choses. On mange trop, on se tient trop debout. Il y a trop d'Allemands. La cour n'est pas assez « littéraire » ; on y fait trop de farces. Il se plaint aussi de ne pas savoir les nouvelles : Biarritz, Fontainebleau, Saint-Cloud, lui semblent les lieux du monde où on est le moins au courant de la politique. Le reproche est amusant ; il surprendra tout le monde, excepté ceux qui ont vécu à la cour sous Napoléon III. Les personnes de l'entourage, auxquelles on supposait une familiarité et une influence de tous les instants, guettaient pendant des semaines l'occasion de placer un mot et quittaient leur service sans l'avoir placé. Ceux qu'on croyait des favoris tout-puissants, après avoir déjeuné, dîné, s'être promenés toute la journée avec le maître de la politique européenne, attendaient *le Figaro* pour savoir ce qui se passait.

Pendant longtemps, Mérimée fut le seul à voir des nuages à l'horizon politique. Il connaissait les rivalités implacables, les haines furieuses qui séparaient entre eux certains serviteurs de

Napoléon III. L'amitié de M. Fould le faisait pénétrer dans le secret des drames intérieurs du conseil. Tel ministre, hors de la présence de l'empereur, ne saluait plus un autre ministre, feignait de ne pas le connaître. Un jour, le duc de Morny, pour ne pas s'asseoir avec Walewski dans la même voiture, grimpait sur le siège à côté du cocher. Certains membres du cabinet gardaient toute leur sympathie aux dynasties déchues : « Si vous entreteniez une meute, écrivait-il à la comtesse de Montijo, aimeriez-vous avoir des chiens qui s'entre-battraient au lieu de poursuivre le gibier? Si vous aviez parmi eux des animaux sans nez, sans courage, sans autre goût que celui de grappiller, les garderiez-vous? Si vous chassiez ceux qui vous ont servi et si vous preniez ceux qui vous ont mordu, croyez-vous que ce serait un encouragement à vous bien servir? »

Peu à peu ces jalousies et ces haines se groupaient à l'abri de principes différents, et deux politiques se dessinaient autour de l'empereur, les uns le poussant à achever son œuvre en Italie, avec ou sans le concours de l'Angleterre, les autres à maintenir l'indépendance et la suprématie papale. Mérimée sympathisait avec les premiers, tout en reconnaissant que ses amis faisaient le jeu des révolutionnaires, comme les autres servaient, plus ou moins consciemment, les intérêts légitimistes. Il ne prit aucune part aux mémorables discussions du Sénat, si ce n'est celle d'un auditeur très pénétrant et très attentif. Le prince Napoléon, qui épuisa auprès de lui ses coquetteries sans l'entamer et à l'égard duquel il garda l'attitude d'une défiance admirative, lui semblait « un homme d'esprit qui casse des vitres pour s'amuser et qui se moque parfaitement de ses clients, italiens et polonais ». Sainte-Beuve prononçait des discours, où il épanchait sa bile et son mépris; il parlait non pour convaincre, mais pour blesser, faisant à chaque phrase une nouvelle victime et un nouvel ennemi. Seul, Dupin s'exprimait en homme politique et en juriste constitutionnel. Inutile de dire ce que Mérimée pensait des champions du parti adverse, des Ségur d'Aguesseau, des La Rochejaquelein et des Bonnechose.

Lorsqu'il proposait d'enfermer Pie IX et Garibaldi dans une île déserte, afin que « les deux vieux entêtés » pussent s'entre-manger comme les fameux chats de Kilkenny, dont on ne retrouva que les queues sur le champ de bataille, il n'imaginait pas, sans doute, que cette boutade fût une solution. Que souhaitait-il? Que l'empereur fît sentir sa volonté, comme autrefois. Mais les temps étaient changés; la politique de l'empereur était maintenant l'équilibre, l'immobilité qui résulte de deux forces égales, se mouvant en sens contraire. Au moment où parurent les décrets du 24 novembre, Mérimée était à Cannes : aucun renseignement, aucun commentaire ne l'aida à deviner la pensée impériale. Il crut d'abord que Napoléon III, en restituant le droit d'adresse aux corps délibérants, avait voulu montrer la France partagée, sur la question de Rome, entre deux opinions contraires et se faire conseiller par les uns comme par les autres la politique de non-intervention que les sourdes menaces de la Prusse et les criailleries anglaises rendaient opportune et prudente. Bientôt Mérimée reconnut qu'il s'agissait d'un plan plus vaste et qu'on était entré dans une phase nouvelle. Il eut horreur de cette chose qu'on appela l'empire libéral et dont le nom seul lui paraissait une antinomie. Il caractérisait la situation par une comparaison : « Arlequin donne à ses enfants un tambour et une trompette, en leur disant : « Amusez-« vous, mais ne faites pas de bruit. » Il prévoyait que le pays, après avoir reçu des libertés qu'il ne demandait pas, en réclamerait qu'on ne voudrait pas lui accorder.

Lorsque l'empereur voulut remplacer l'adresse par le droit d'interpellation et qu'un sénatus-consulte, en ce sens, fut présenté au Luxembourg, Mérimée vit dans cette mesure le retour aux pires errements du parlementarisme, sans aucune des précautions qui en limitent et en règlent le fonctionnement. Il mit ses inquiétudes raisonnées dans une lettre qu'il adressa à l'impératrice et attendit le résultat de sa hardiesse, qu'il jugeait grande. La lettre fut montrée à l'empereur qui semble en avoir tenu compte, car le sénatus-consulte fut profondément remanié. Bientôt M. Rouher fit savoir à Mérimée qu'on se disposait à lui offrir la croix de grand officier pour lui montrer le cas que l'on faisait de son indépendance et de sa franchise.

Il engagea M. Rouher à dissuader le souverain de cette largesse. « Cela ne changera rien à mon dévouement, disait-il, et cela pourra en donner à d'autres. D'ailleurs, je suis le plus oisif et le plus inutile des hommes. Je passe toutes mes soirées au coin du feu. Voulez-vous que je mette une plaque sur ma robe de chambre? » On ne l'écouta pas et il fut grand officier pour avoir critiqué une pensée de l'empereur. Mais il n'y avait point de plaque qui pût le réconcilier avec la liberté. Si, du moins, on était allé jusqu'à la responsabilité ministérielle, la dynastie, pensait-il, eût été hors de question. Il oubliait les souvenirs de 1848, qu'une autre révolution allait confirmer. Nous le savons aujourd'hui : chez nous, la responsabilité des ministres ne couvre pas le souverain; c'est tout juste si elle donne un peu d'ombre à un président de république. Lorsqu'enfin l'année 1870 apporta à la France pour ses étrennes la responsabilité ministérielle, Mérimée, ne se souvenant plus qu'il l'avait souhaitée, se voila la face.

Qu'aurait-on pensé de l'empereur s'il était parvenu à fonder en France la monarchie constitutionnelle? La question a dû tenter quelquefois ces calmes esprits pour qui le présent est déjà de l'histoire et qui ne demandent aux événements de la politique qu'un spectacle ou un problème. J'imagine qu'on trouverait aujourd'hui la seconde partie de son règne fort supérieure à la première. On louerait le prince d'avoir choisi pour commencer l'essai des libertés et l'éducation du peuple une heure de gloire et de paix, d'avoir compris que les seules réformes viables sont celles qui ne sont point arrachées par la menace et la violence. Les écrivains et les professeurs feraient ressortir cette patiente et quotidienne abdication d'un souverain absolu qui se dessaisit de ses droits pour les remettre à la nation, après lui en avoir appris l'usage : phénomène sans précédent, expérience unique, à moins qu'on ne la compare à l'œuvre imparfaite de Guillaume III. Celui-là a été, lui aussi, méconnu et abreuvé d'amertume. On a voulu le réduire au rôle humiliant de mari de la reine; il a vu sa parole reniée au bas d'un traité, ses meilleurs amis au pilori et ses idées combattues par ses propres ministres jusque dans le conseil. Mais la postérité lui a été clémente parce que son œuvre a réussi et vécu. Différent a été le sort de l'autre « Taciturne ». Il a eu le tort d'échouer dans un pays où le malheur est un crime. Ses ennemis n'ont pas désarmé, ses amis ne l'ont pas suivi; puis, quelqu'un est venu de l'autre côté du Rhin et, d'une main brutale, a renversé la table et les joueurs, avec leurs combinaisons, et nul n'a su qui aurait gagné la partie.

En cette hasardeuse entreprise, Mérimée pouvait, moins que personne, rendre justice à Napoléon III. Il était devenu le type du parfait réactionnaire, ou plutôt il constituait à lui seul une espèce à part, car il haïssait également l'Église et la Révolution. S'il ressemblait à quelqu'un, c'était aux grands seigneurs voltairiens d'autrefois, qui ne croyaient même pas à l'aristocratie et dont le nihilisme épouvante quand on vient à le regarder de près. Il prévoyait l'écroulement de tout, et rien au delà.

XIV

Les idées noires et la maladie. — Installation à Cannes. — Mérimée peint à l'aquarelle et tire de l'arc. — La colonie de Cannes (1860-1870). — Les bêtes de Mérimée. — Dernier amour. — Les approches de la fin.

Il était arrivé à cet état de corps et d'esprit où tout offusque, inquiète et déplaît. L'idée de la fin s'était déjà présentée à lui, d'abord comme un léger frisson, une douleur qui traverse et passe. C'était en voyage, le soir, dans la solitude maussade des chambres d'auberge, surtout quand un anniversaire importun, comme celui du 27 septembre (date de sa naissance), l'obligeait à compter avec le temps. Ces anniversaires, comme il les redoutait! Une fois, voyageant en Espagne, il revint en hâte à Carabanchel, se réfugia chez son amie. Il pensait que le bruit des violons, le salon plein de lumières, les femmes parées, au visage souriant, empêcheraient le fantôme d'entrer; mais le fantôme savait trouver son heure et se faisait escorter de douleurs chaque jour plus tenaces. Or, s'il voulait bien mourir, il s'efforçait de souffrir le moins possible. « Je suis, disait-il, comme un pendu pendant le premier centième de seconde de sa pendaison. » Il essayait toutes sortes de remèdes, tâtait de tous les docteurs et même des empiriques. Il avait un médecin à Londres et deux à Cannes, sans compter les sommités parisiennes. Il écrivait : « Trousseau me nourrit d'arsenic ». Plus tard, il se rendit à Montpellier pour prendre des bains d'air comprimé, mais il s'endormait sous la cloche, « malgré la précaution qu'il avait prise d'apporter un numéro de la *Revue des Deux Mondes* ». Puisqu'il ne pouvait éviter de souffrir, il eût souhaité de souffrir sans témoins. Il songeait à imiter l'exemple des chats (encore les chats!) qui, par une pudeur ou une vanité suprême, cherchent un coin de grenier inaccessible pour dérober leur agonie.

Lorsqu'il arriva à Cannes, dans l'automne de 1857, plus de vingt ans après sa première

visite en compagnie de Fauriel, il crut découvrir
le paradis. Il se persuada que, sous ce soleil, au
milieu de ces fleurs, on devait vieillir moins
vite, mourir plus tard. Je ne veux pas médire
du Cannes moderne, de ses hôtels, de ses villas
et de ses boulevards. Mais j'aime à me rappeler
l'ancien, que j'ai vu en 1865, huit ans après la
seconde visite de Mérimée. Un vieux village
provençal serrait ses rues étroites, pour s'abriter
du mistral, au pied de son promontoire dont le
profil seul est resté le même. A droite et à
gauche, deux plages de sable, deux golfes solitaires où le flot mourait doucement dans la langueur et le silence, comme aux premiers jours
du monde. Quant aux habitants du pays, comment ne pas se sentir porté à la confiance envers
des gens qui « vivent de parfums et de fleurs » ?
Depuis, ils ont appris d'autres industries; ils
s'y entendaient déjà. Ils expliquèrent à Mérimée
que, grâce aux hautes montagnes qui entou-
raient la plaine de Cannes, il n'y pouvait jamais
souffler qu'un vent tiède, venu de l'Est. Le premier jour de mistral dut le détromper. Lorsque
la pluie, la gelée, la neige firent leur apparition,

ils semblèrent plus étonnés que lui : « Il y avait cinquante ans qu'on n'avait vu pareille chose ». Il répéta d'abord ce mot, puis cessa d'y croire, en le voyant revenir d'année en année. Mais le pli était pris, et il était trop tard pour s'en dédire.

Cannes adopté, il s'agissait d'y trouver un « trou à lapin » pour s'y terrer, et passer, en se chauffant au soleil, les quelques années qui restaient. Les deux anciennes amies de sa mère, miss Lagden et mistress Ewers, dont l'une, si je ne me trompe, avait été l'élève de Léonor Mérimée et, par conséquent, un peu la camarade de Prosper, vinrent s'établir avec lui, chaque hiver, rue du Bivouac-Napoléon, veillèrent à sa vie matérielle, duvetèrent avec intelligence et dévoûment le nid du vieil oiseau frileux. Les fenêtres de Mérimée donnaient sur la mer. Il ne se contentait pas de la regarder et se laissait souvent tenter par des promenades sur le golfe. Son goût pour le dessin et la peinture s'était ranimé dans un pays qui offre de si beaux sujets d'étude. A plus de soixante ans, il ne désespérait pas de faire des progrès et prenait des leçons d'aquarelle avec un maître habile, frère d'Édouard Grenier, le poète délicat, avec lequel il entretenait, à Paris, des relations d'affectueux voisinage. Les ciels de Cannes, par leur beauté même, le désolèrent : ils n'avaient pas assez de nuages pour ses aquarelles. Ce n'est pas une palette, mais un écrin qu'il eût fallu pour rendre le coucher de soleil qu'il essaie de peindre avec sa plume dans une lettre à Mme de Beaulaincourt : « Prenez des turquoises et des lapis-lazuli : voilà pour le fond du ciel. Mettez-moi dessus de la poudre de diamants avec des feux de Bengale : ce sera pour deux ou trois petits nuages au-dessus de notre montagne. Quant à la mer, prenez... ou plutôt ne prenez pas autre chose que le chemin de fer pour venir la voir. »

Un médecin lui conseilla de tirer à l'arc, et il s'adonna à cet exercice avec une passion méthodique. Taine, qui l'a visité à Cannes dans les dernières années de l'empire, le vit avec étonnement se promener dans la campagne, suivi à quelques pas de ses fidèles Anglaises dont l'une portait la boîte à couleurs, l'autre l'arc et les flèches de leur ami. Minutieux en tout, curieux d'aller au fond des choses, il étudia l'histoire de l'arc, sa portée à diverses époques et chez différents peuples. Peu s'en fallut qu'il n'écrivît son *Toxophilites*, comme avait fait le bon Roger Ascham, le précepteur d'Élisabeth, entêté du même exercice. Ayant appris que les arcs les meilleurs dont se servissent les Anglais pendant la guerre de Cent Ans étaient faits d'un bois très dur que l'on tirait d'Espagne, il écrivit à Mme de Montijo pour se procurer des matériaux semblables. Il devint fort adroit à abattre des pommes de pin et voulut persuader à Cousin de se livrer au même passe-temps, mais ne put former en lui qu'un détestable élève.

Bien entendu, Cannes n'était qu'une fausse solitude, un « bout du monde » de fantaisie, à l'usage des ermites parisiens qui ne peuvent pas vivre vingt-quatre heures sans conversation et sans journaux. On trouvait à qui parler dans ce désert. C'était, outre Cousin, M. Barthélemy Saint-Hilaire, le docteur Maure, Édouard Fould, qui amenait avec lui sa cuisinière, « artiste du plus grand mérite »; c'était Panizzi, toujours entre ses deux patries, acceptant de l'une le titre de chevalier, de l'autre le poste et les émoluments de sénateur, et arrêté comme à mi-chemin entre le *British Museum* et les Cascines ; c'était la colonie anglaise, ayant à sa tête le vieux Brougham, enfoui dans sa cravate aux cent tours, et dont Mérimée célèbre chaque année, en termes nouveaux, la momification progressive, lord Brougham, qui se plaint de tout, des gens et des choses, jusqu'au jour où la seconde enfance lui rend la sérénité, et qui accueille la nouvelle de la mort de sa femme par cette parole optimiste : « Espérons que ce ne sera rien ». C'étaient aussi des passants curieux et illustres, oiseaux de passage qui se posaient à Cannes un instant avant de reprendre leur vol : la duchesse Colonna, le général Fleury, Cobden, Jenny Lind, qui chanta devant lui et lui rendit pour une heure des sensations oubliées, la princesse royale de Prusse, qui lui montra ses dessins et ses enfants, « fort bien faits les uns et les autres ».

Oserai-je dire, après avoir cité ces grands noms, qu'il s'intéressait encore, et plus que jamais peut-être, à ses humbles amis, à ses bêtes favorites? Il avait découvert, dans une masure déserte aux environs de Cannes, un chat abandonné, et fit tous les jours, pendant longtemps, un trajet considérable pour lui porter à manger. Le chat, du plus loin qu'il l'apercevait, bondissait à sa rencontre, et cet accueil le charmait, bien qu'il en connût la cause. Il éleva aussi un petit lézard, et lui qui trouvait « le monde tous les jours plus bête », il était émerveillé de l'intelligence et des progrès de son *pricadiou*. Il attrapait des mouches pour le nourrir, sans s'aviser que sa tendresse envers le lézard était cruauté envers les mouches. Mais les plus petites existences recevaient à leur tour une part d'attention et de sympathie : témoin le jour où, semblable à La Fontaine attardé chez les fourmis, il passa une demi-journée à suivre de microscopiques escargots à la recherche de la meilleure des carapaces. Il ne parlait pas de ces choses à Panizzi ni à la comtesse de Montijo. Mais il les contait avec une grâce charmante à Mlle Dacquin; avec elle, le vieillard osait être enfant. N'était-elle pas la seule avec laquelle il eût quelquefois rêvé?

C'est à ce moment que l'amour vint le tenter une dernière fois sous les traits d'une très jolie femme qu'il avait rencontrée à la cour en 1864. Cet été-là, on imagina de faire revivre les cours d'amour, de discuter des cas de conscience amoureuse et de rendre des arrêts, comme faisaient les belles précieuses du xive et du xve siècle. Le divertissement parut un peu froid et suranné à certaine partie de la jeunesse, qui fit un schisme et alla fonder sur une pelouse, au fond du petit lac de Fontainebleau, une colonie très « moderne », qu'on baptisa le Club des bébés. La cour d'amour n'en siégea pas moins avec Mme Przedziecka pour présidente et Mérimée pour secrétaire. Leurs relations continuèrent, et ce commencement leur imprima comme un caractère d'afféterie galante que je ne trouve pas dans les autres correspondances de Mérimée. Elle lui écrivait souvent, lui faisait de petits présents, venait le voir à Cannes, et il allait la voir à Nice. Elle ne voulait de lui qu'un flirt épistolaire, des « lettres d'homme célèbre » et peut-être un meilleur pied à la cour. Mais elle était coquette, même sans le vouloir. Elle

le consultait sur sa coiffure, sur la couleur de
ses bas. Lequel valait mieux, sur un bas de soie,
des raies verticales ou des raies horizontales?
Question étrange à discuter, entre deux spasmes.
Burns mourant faisait la cour à sa garde-malade,
mais Burns était jeune et la maladie d'un jeune
homme a encore des droits auxquels doit
renoncer l'infirmité du vieillard. Qu'y avait-il
de commun entre Mérimée et « ce beau papillon
fait pour le soleil », qui s'obstinait à venir battre
des ailes dans sa chambre de malade et à hanter
son insomnie? « Madame, j'ai peur de vous! »
Voilà le seul mot parfaitement vrai que j'aie
rencontré dans cette correspondance. Il ne
retrouvait son courage que quand elle était en
Podolie. A la fin, il se déroba.

Il ne dormait plus, ne mangeait plus, ne marchait plus. Le beau temps, qu'il avait longtemps
considéré comme un remède, n'apportait plus
aucun changement à ses souffrances. Dans
l'hiver de 1869, il eut une crise si terrible
que tous les journaux annoncèrent sa mort.
M. Guizot crut devoir en informer l'Académie
et prononça une sorte d'oraison funèbre. Ce

singulier plaisir d'assister à ses funérailles qu'une légende prêtait à Charles-Quint, il l'eut réellement; il sentit tomber sur le bout de son nez, à travers la banalité du drap mortuaire, la goutte d'eau bénite, encore plus banale. Cela le ranima : il écrivit à tous ses amis sur un ton assez gai. « Vous avez peut-être lu dans les journaux que j'étais mort. J'espère que vous n'en avez pas cru un mot, pas plus que moi, du reste.... Le fait est que, pendant quelques jours, j'ai pu donner de grandes espérances aux candidats à l'Académie, mais j'ai tenu bon, et me voici en convalescence. » — Ce mieux ne dura guère. L'hiver suivant, il crut mourir à Nice, où il était allé déjeuner chez un de ses amis, et, quand M. Émile Ollivier lui écrivit une lettre « fort bien tournée », pour lui demander sa voix à l'Académie, il lui répondit « qu'il n'était plus de ce monde ». Il se sentait perdu sans ressource lorsqu'il revint péniblement à Paris, au commencement de l'été de 1870. L'impératrice n'avait cessé de le combler de prévenances délicates. Elle le voulait, malade, à Saint-Cloud, promettant de soigner elle-même son vieil ami.

Comme il ne pouvait guère venir à elle, elle serait allée à lui; mais, en pareille circonstance, la visite des souverains, c'est l'extrême-onction des courtisans. Après eux, on n'attend plus qu'un hôte encore plus « royal », une majesté plus grande que les majestés de la terre. Songeant tristement à cette superstition, l'impératrice s'abstint. Mérimée en était là de son agonie lorsque la guerre éclata.

XV

Pressentiments. — Mérimée et Bismarck. — La déclaration de guerre. — Lettre du Prince impérial. — Premiers désastres. — Fausses espérances. — Deux agonies. — Mission auprès de M. Thiers. — La journée du 4 Septembre. — Départ pour Cannes. — Lettre à Mme de Beaulaincourt. — Mort, funérailles et testament de Mérimée. — Dernier coup d'œil sur son caractère et sur sa vie.

Cette guerre terrible, il l'avait confusément pressentie et la redoutait d'autant plus qu'il ne la séparait pas de la Révolution. Lui qui connaissait si bien les Anglais, les Espagnols, les Italiens et les Russes, il n'avait sur les Allemands que des idées vagues et, pour ainsi dire, de seconde main. A la veille de Sadowa, il répétait, sur le témoignage d'autrui, que la landwehr prussienne était une garde nationale et refusait de marcher. Combien fallait-il de pipes fumées ensemble et de verres de bière bus à la patrie pour que les Allemands se missent en branle? Vieilles plaisanteries qui dataient peut-être du temps de Pappenheim et de Montecuculli : nous y avions encore foi il y a trente ans!

Dès 1865, Mérimée avait connu personnellement Bismarck. Il était à Biarritz lors de ce fatal séjour où le ministre prussien vint étudier l'empereur, comme autrefois Cavour à Plombières, mais en sens inverse. Car l'un avait voulu savoir ce qu'on pouvait faire *avec* lui, l'autre ce qu'on pouvait faire *sans* lui et *contre* lui. Un matin, Mérimée se promena pendant trois heures sur la terrasse de Biarritz avec Bismarck, et il put prendre la mesure de l'homme. Après 1866, il ne faisait plus un projet à quelques mois de distance sans ajouter : « Si M. de Bismarck le permet ». Mais la puissance même et le génie du personnage le rassuraient. Il le croyait déjà repu de gloire et désireux d'assurer les résultats acquis; il comptait sur l'envie qu'ont les joueurs heureux de faire Charlemagne. Il avait comparé le vague malaise de la France, après Sadowa, à « l'angoisse étrange qui saisit les spectateurs du *Don Juan* de Mozart lorsqu'ils entendent les mesures qui préludent à l'entrée du commandeur ». Et, quand le commandeur parut, il eut envie de rire comme les autres : « Rien de plus comique, écrit-il en 1867, que M. de Bismarck en casque et en cuirasse! »

Le 7 juillet 1870, lorsqu'il apprit la candidature d'un prince de Hohenzollern au trône d'Espagne, il écrivit à Panizzi : « Il n'y aura point de guerre, à moins que M. de Bismarck ne le veuille absolument ». Pour lui, si on l'avait appelé au conseil, il eût proposé la dépêche suivante : « Si le prince de Hohenzollern est élu roi, je laisse entrer en Espagne alphonsistes et carlistes, fusils, poudre et chevaux ». Quelques jours se passent; la guerre est déclarée. Il sent la gravité de la partie. « Une défaite nous met en république d'un coup. » On répète autour de lui « que nous avons, pour l'armement, la même supériorité que les Prussiens en 1866 », mais il craint « que nos généraux ne soient pas des génies. Ils ont grande confiance : moi, je meurs de peur! Je viens de verser cinq cents francs pour les blessés, je vais en donner mille pour tuer des Prussiens. » L'empereur part pour l'armée. L'enthousiasme populaire se maintient, les hautes classes donnent l'exemple du dévoûment. Mérimée constate que les « cocodès » s'apprêtent à faire leur devoir : « Un Rothschild est parti, ces jours passés, avec son sac et son pain sur le dos, dans un wagon de troisième classe de ce chemin de fer du Nord dont sa famille possède 20 000 actions. Il s'est fait montrer par son valet de chambre comment on cire les souliers et on fait la soupe [1]. »

Dans cette même lettre, adressée à la comtesse de Montijo, il lui parle de son petit-fils, le Prince impérial, qui vient de recevoir à Sarrebrück le baptême du feu : « On me dit, ajoute-t-il, qu'il a envoyé à M. Filon une relation de l'affaire, très claire et très bien tournée ». Cette lettre fut, en effet, le dernier rayon de joie qui éclaira ce palais de Saint-Cloud, bientôt abandonné en hâte, dans la nuit, et voué à un sinistre destin. On y sentait — j'y cherche encore quelquefois, quand la vie m'accorde un répit pour relire et me souvenir — l'entrain,

---

1. Correspondance avec la comtesse de Montijo, 6 août 1870.

tout français, et comme le battement de cœur du brave petit soldat de quatorze ans qui croyait revenir d'un vrai champ de bataille. Joie courte et payée bien cher. La balle ramassée à Sarrebrück devait, pendant près de dix ans, lui être rejetée à la tête par certains journaux français avec ces gaîtés de bourreaux ivres qui caractérisent chez nous la basse presse. Oh! cette balle funeste, comme elle pénétra profondément en lui! C'est elle qui l'a tué. Il a fallu qu'il allât mourir au bout du monde pour les faire taire!

Mérimée eut une syncope en apprenant le combat de Wissembourg. Le double coup de Wœrth et de Freschwiller dut l'écraser. Le 9 août, il se traîna aux Tuileries et vit l'impératrice. « Elle est ferme comme un roc, écrivait-il à Panizzi, bien que, certes, elle ne se dissimule pas l'horreur de sa situation. Je ne doute pas que l'empereur ne se fasse tuer, car il ne peut rentrer que vainqueur, et une victoire est impossible!... Rien de prêt chez nous. Tout manque à la fois.... Si nous avions des généraux et des ministres, rien ne serait perdu, car il y a bien de l'enthousiasme, mais, avec l'anarchie, les meilleurs éléments ne servent de rien. » Un seul mot sur sa santé : « Je suis retombé pour être allé au sénat hier et avant-hier ». Dans la lettre suivante, il s'écrie : « C'est une agonie ! » Ce n'est pas de la sienne qu'il parle, mais de celle de la France. Il revient sans cesse sur l'énergie de l'impératrice. Sa consolation est de l'admirer. Il répète à Mme de Montijo le mot qu'il a écrit à Panizzi : « Ferme comme un roc ! » — « Elle m'a dit qu'elle ne sentait pas la fatigue. Si tout le monde avait son courage, le pays serait sauvé. Malheureusement il y a la quatrième armée de M. de Bismarck, et celle-là est à Paris. » Cependant Mérimée essayait de croire à un retour de fortune; il recueillait avidement ces folles rumeurs de victoire qui couraient dans l'air, déchirant le cœur à ceux qui savaient, et préparant un furieux réveil pour le moment de la désillusion. C'était Bazaine qui avait « donné la main » à Mac-Mahon; c'était Canrobert qui avait jeté les Prussiens dans les carrières, tristement légendaires, de Jeumont et en avait fait un carnage terrible. Mérimée questionnait et l'impératrice secouait la tête. Le dernier jour qu'elle le vit, elle lui dit : « J'espère que mon fils n'aura pas d'ambition et qu'il vivra heureux dans l'obscurité [1] ».

C'est ici que se place la démarche ou, si l'on veut, la mission de Mérimée auprès de M. Thiers. Il était resté en relations amicales avec celui qu'il appelle, dans une de ses lettres, « le futur président de la République ». Les discours de M. Thiers lui semblaient impolitiques et passionnés, mais il l'avait quelquefois trouvé un peu plus sage dans ses conversations particulières. Il risqua donc un suprême effort, non pour émouvoir sa pitié, mais pour tenter à la fois son ambition et son patriotisme.

M. Thiers a raconté cette entrevue aux membres de la commission d'enquête sur le 4 septembre. Il s'était, leur dit-il, promené sur les quais et sur le pont de Solférino jusqu'à une heure avancée de la nuit en compagnie de M. Jérôme David, qui sortait avec lui du comité de défense et qui l'avait mis au courant de la capitulation de Sedan. Après un court repos, il était parti à

---

1. Correspondance avec Mme de Montijo, 8 septembre 1870.

cinq heures du matin pour aller visiter les fortifications de Paris et n'était rentré qu'à midi. C'est alors qu'il lut une lettre de Mérimée, apportée dans la nuit, et qui lui annonçait sa visite pour le jour même. En effet, il parut peu après. « Il était mourant », dit M. Thiers, et on peut facilement s'imaginer l'entrée de ce tragique orateur pour qui toute parole était une souffrance, de ce moribond qui apportait le message d'une souveraine déjà à demi détrônée. Je laisse parler M. Thiers :

« Vous devinez pourquoi je viens, me dit-il.

« — Oui, je le devine.

« — Vous pouvez nous rendre un grand service.

« — Je ne puis vous en rendre aucun.

« — Si, si.... Je connais votre manière de penser. Les questions dynastiques ne vous occupent pas. Vos pensées sont tournées surtout vers l'état des affaires. Eh bien, l'empereur est prisonnier; il ne reste qu'une femme et un enfant. Quelle belle occasion de fonder en France le gouvernement représentatif!

— Après Sedan, il n'y a plus rien à faire, absolument rien. »

Mérimée n'insista pas. Il demanda seulement à M. Thiers s'il refuserait ses conseils à l'impératrice. M. Thiers répondit, « avec tout le respect dû à la situation et au malheur de la princesse au nom de laquelle parlait M. Mérimée », qu'il n'avait pas de conseil à donner. Soutenir ou remplacer le ministère, il ne le voulait à aucun prix. Quant à l'abdication de l'empereur, c'était à un serviteur dévoué comme l'était Mérimée qu'il appartenait de prendre l'initiative d'un pareil avis. Restait la direction à donner aux affaires militaires : « Si j'en étais chargé, je tâcherais de me mettre en rapport avec le maréchal Bazaine, de lui demander son avis, de lui donner le mien ; et, si nous n'étions pas d'accord, c'est son opinion que je suivrais, parce qu'il est sur les lieux, et chargé d'exécuter les opérations que je pourrais ordonner.... »

« M. Mérimée me quitta fort malheureux. Quelques heures après, il m'écrivit que l'impératrice appréciait ma réserve respectueuse, mais ne renonçait pas à mes conseils. Le lendemain, le prince de Metternich vint faire auprès de moi une démarche à peu près pareille à celle qu'avait faite M. Mérimée.... Je répétai qu'après Sedan, je ne savais quels conseils donner. »

Tel est ce récit, dont j'ai abrégé la prolixité. Je ne m'arrêterai pas aux niaiseries que M. Thiers met sur les lèvres de Mérimée, pas même à ce lendemain de Sedan qui était une si magnifique occasion de fonder la liberté. Une question impérieuse, vitale, domine tout. Quel jour a eu lieu cet entretien? M. Daru, présent à la déposition de M. Thiers, insistait pour qu'on précisât les heures, et, chose incroyable, la date du jour resta incertaine. M. de Loménie affirme bravement que l'entrevue de Thiers et de Mérimée est du 4 septembre. Il n'a donc lu ni ce qui précède ni ce qui suit. Tout le monde sait que le 3 septembre au soir, M. Thiers n'était pas au comité de défense, mais à la Chambre; qu'après la séance de nuit, il ne s'est pas promené à pied avec Jérôme David, mais qu'il est retourné chez lui, dans sa voiture, avec Jules Favre. Qui croira que Mérimée ait pu écrire le soir du 4 septembre à M. Thiers, pour le « remercier », au nom de l'impératrice, et lui dire qu'elle ne renonçait pas à ses conseils? Qui croira que, le lendemain 5 septembre, l'ambassadeur d'Autriche soit venu implorer M. Thiers en faveur d'une dynastie renversée depuis vingt-quatre heures? Donc, l'entretien a eu lieu le 2 ou le 3. Mais ni dans la nuit du 1er au 2, ni dans celle du 2 au 3, Jérôme David ne pouvait annoncer à M. Thiers la capitulation de Sedan, que les députés de la gauche soupçonnèrent seulement le matin du 3 et que Jérôme David, comme tous les autres ministres, connut par voie indirecte dans l'après-midi du même jour, entre trois et cinq heures. Je dis : par voie indirecte, car la dépêche officielle de l'empereur à l'impératrice m'a été remise, le 4, à quatre heures moins dix, alors que la souveraine avait déjà commencé la première étape de l'exil. Je suis sorti des Tuileries, avec cette dépêche dans ma poche, sans avoir eu le temps de la déchiffrer.

Ainsi, M. Thiers n'a pu parler de Sedan à Mérimée; il n'a pu lui opposer cette insurmontable fin de non-recevoir. Que reste-t-il de sa déposition? Rien que ce fait : l'impératrice l'a appelé à son secours, et il lui a « respectueusement » tourné le dos. Elle lui a dit : « Que faut-il faire? » et il a répondu par cette plaisanterie cruelle : « Entendez-vous avec Bazaine! » Je ne crois pas que M. Thiers eût consenti à lever le petit doigt pour sauver l'empire. L'eût-il voulu, il ne le pouvait pas. Il ne pouvait rien. Un courant plus fort que toutes les volontés emportait les hommes et les événements.

Le soleil du 4 septembre se leva, un de ces beaux soleils qui mettent Paris en joie quand ils éclairent un dimanche d'été. Je le vois encore, caressant, à travers la brume du matin, les cimes bleues des marronniers, dans le jardin des Tuileries, d'où montait, allègre et pure, la chanson des nids. Ce soleil-là devait voir la fin de la féerie dont Mérimée avait tant aimé les premières scènes, et dont le dénoûment lui brisait le cœur. Il alla, péniblement et silencieusement, prendre sa place au Luxembourg. Il ne lui eût pas déplu peut-être de mourir sur sa chaise curule, mais l'émeute dédaigna le Sénat. On s'ajourna au lendemain, un lendemain qui n'est jamais venu.

Quatre jours après, Mérimée partait pour Cannes. Avec quelle difficulté et au prix de quelles souffrances, les amies dévouées qui veillaient sur lui, jour et nuit, auraient seules pu le dire [1]. Croyant Panizzi capable d'aimer encore des vaincus, il le pria de se mettre à la disposition de l'exilée qui venait d'atteindre, après de terribles épreuves, le sol anglais. Il songeait sans cesse à elle ; il la voyait « avec une auréole », telle qu'il l'avait vue pour la dernière fois et il se disait que la postérité la verrait ainsi. Un jour viendrait où des hommes qui n'étaient pas encore nés auraient le cœur rempli d'elle et rendraient à son souvenir un culte passionné [2]. Mais il songeait encore plus à la France, et, de cette plume sceptique qui allait bientôt tomber de ses mains, s'échappait un étrange aveu : « J'ai toute ma vie cherché à me dégager des préjugés, à être citoyen du monde avant d'être Français, mais tous ces manteaux philosophiques ne servent de rien. Je saigne aujourd'hui des blessures de ces imbéciles de

---

1. La dernière survivante, Mrs Ewers, est morte quelques jours avant que ces études sur Mérimée commençassent à paraître dans la *Revue*.
2. Correspondance avec la comtesse de Montijo, 8 septembre 1870.

Français, je pleure de leurs humiliations, et, quelque ingrats et absurdes qu'ils soient, je les aime toujours.... » C'est le 13 septembre qu'il écrivait ces lignes à Mme de Beaulaincourt. Par elles, Mérimée conclut lui-même l'étude de sa vie et avoue une âme qu'il avait cachée pendant soixante ans. Ce fut sa dernière ou, si l'on veut, son avant-dernière pensée. Jenny Dacquin reçut la lettre que sa main traçait deux heures avant la mort, et elle avait droit à ce triste bonheur. Il expira le 23 septembre, presque subitement, si un tel mot ne surprend pas, appliqué à un homme que la maladie avait ruiné jusqu'au fond.

Deux jours après, il fut enterré au cimetière de Cannes, où il repose encore. Les rares spectateurs qui assistaient à cette cérémonie funèbre — toutes les pensées étant tournées ailleurs — furent surpris de voir s'approcher de la fosse un pasteur protestant qui dit un service et prononça un discours. Ce pasteur, M. Napoléon Roussel, se trouvait être un fougueux, un militant. Ses paroles agressives, en prenant possession du corps et de l'âme de Mérimée, ajoutèrent, si j'en crois un témoin oculaire [1], à la surprise dont je viens de parler et la changèrent en je ne sais quel sentiment indécis et pénible. On interrogea les deux dames anglaises. Peut-être leur imputait-on déjà un excès de zèle ; peut-être croyait-on, aussi, à une de ces faiblesses de la dernière heure qu'il plaît à certains chrétiens étroits d'appeler des conversions. Rien de tel ne s'était passé. Miss Lagden et Mrs Ewers se retranchèrent derrière « la volonté écrite » de leur ami, et cette volonté s'était manifestée près de dix-huit mois avant le moment fatal.

En effet, dans le testament de Mérimée, daté du 30 mai 1869, on lit ces lignes très claires : « Je désire qu'on appelle à mon enterrement un ministre de la confession d'Augsbourg ».

Je ne veux point commenter cette phrase. Placez-la en balance avec toute la vie et toute l'œuvre de Mérimée ; puis, pesez-la et voyez si elle leur fait équilibre. Quelques-uns imagineront qu'il ne fut pas insensible au plaisir de

---

1. M. le docteur Buttura, ancien maire de Cannes, lui-même en relations fréquentes, sinon intimes, avec Mérimée. Quant au médecin qui soignait Mérimée dans ses derniers jours, c'est M. le docteur Gimbert.

jouer un dernier tour aux prêtres catholiques en léguant sa dépouille à leurs rivaux. Beaucoup penseront que chez cet homme, toujours correct et mesuré, ennemi du scandale et des manifestations qui ressemblent à des défis, ce codicille fut un acte de suprême décence, qu'il voulut éviter une blessure posthume et un sujet d'attaques, après tant d'autres, à ses amis des Tuileries. D'autres, enfin, se diront avec émotion que la souffrance avait ouvert cette âme, si longtemps close et rebelle, à des espérances qu'elle avait dédaignées. Je ne puis ni troubler ni partager leur joie, mais j'ai le devoir d'effacer cette ligne que j'avais écrite : « Mérimée est mort comme il avait vécu, hors du christianisme ».

Dans ce même testament, il exprimait le désir que ses funérailles fussent très simples. Il ne voulait point un enterrement de sénateur, mais acceptait une députation de l'Institut. Les circonstances décidèrent qu'il n'y aurait autour de sa tombe ni Sénat, ni Institut. En réalité, sa mort passa presque inaperçue. Vivant, tous les journaux de l'Europe avaient annoncé sa fin;

mort, Paris ignora longtemps sa disparition. L'Académie recula jusqu'aux dernières limites du possible et du décent, peut-être un peu au delà, le jour où il lui fallut entendre son éloge; soit timidité, soit rancune envers un homme qui avait vu des personnages très vains en de très humbles postures. Dans un discours qui rendait mal justice aux mérites littéraires de Mérimée, M. de Loménie se fit pardonner sa tiède bienveillance envers le mort par un brûlant panégyrique de M. Guizot et de M. Thiers. On loua sur sa dépouille les ennemis implacables de ceux qu'il avait aimés, et on jeta en rougissant un voile sur cette partie de sa vie qui l'honore le plus, parce qu'elle montre la hauteur et la constance de son caractère.

Je ne sais si les impressions de lecture, semées dans ces pages, pourront aider en quelque chose les historiens de la littérature à préparer les considérants d'un jugement définitif. C'est surtout la psychologie de Mérimée que j'ai éclairée de mon mieux. Je ne pense pas être tombé dans le défaut ordinaire des biographes qui admirent et justifient tout de leur héros. Je me demande même si je n'ai pas quelquefois abusé de la liberté que ce grand railleur nous a laissée de le railler à notre tour. Mais j'ai prouvé, je crois, qu'il possédait, au plus haut degré, la franchise, l'unité de vouloir, la fidélité à soi-même et à ses amis.

L'impression qui domine, quand on le quitte, c'est celle de l'élégance. Élégance de mœurs, d'esprit, d'expression. Cousin disait de lui que « c'était un gentilhomme ». Or Cousin s'y connaissait; il comprenait et aimait les gentilshommes pour avoir beaucoup pratiqué les cuistres. Quand on y songe, la vie intellectuelle et l'intimité avec les idées devraient faire naître une aristocratie; c'est l'homme de lettres qui devrait être le gentilhomme moderne. Par malheur, il n'en est rien. Mérimée est un des rares qui donnent l'idée d'un marquis de la plume. Il est gentilhomme par les petits et par les grands côtés. Il en a les préjugés, les affectations, les dédains; il a aussi la simplicité de manières, la bonté envers les petits et ce délicat sentiment de l'honneur, parfum qui survit à une société évanouie. Il était très fier; je souhaite à ceux qui servent aujourd'hui la majesté populaire de ne jamais se courber plus bas que n'a fait ce courtisan et de ne point placer plus mal que lui leurs respects et leur dévouement. Enfin, il a aimé, à la façon de jadis, la bravoure, l'esprit, le plaisir et l'art. En sorte que cet homme qui s'est tant moqué des Français, demeure le type des Français d'autrefois.

Je devrais m'arrêter ici et le laisser sous le double bénéfice de cette conversion possible, et de cette phrase attendrie qui nous l'a montré, à quelques jours de sa mort, pleurant sur les malheurs de la patrie. Mais je crains de fausser son portrait et presque d'offenser sa mémoire en lui attirant soit des hommages, soit des pitiés dont il n'eût pas voulu. Ne pensez-vous pas qu'il vaut mieux lui laisser l'attitude qu'il avait choisie et qu'il a gardée toute sa vie? Ceux qui l'ont le mieux connu ont pu me dire que c'était un « faux sceptique ». Faux sceptique en amour : je l'ai prouvé; mais, en tout le reste, sceptique véritable, sans atténuation et sans compromis. Qu'on y prenne bien garde : l'absoudre d'athéisme, c'est l'accuser de mensonge. Or il a été sincère, envers tous, dans un temps où la plupart des hommes se mentent à eux-mêmes. C'est là son mérite, j'oserai dire sa grandeur s'il en eut une.

Veut-on savoir sa conception de la vie? Il l'enfermait dans une farce profonde qu'il a répétée plusieurs fois dans ses lettres. « Arlequin tombait du cinquième étage. Comme il passait à la hauteur du troisième, on lui demanda comment il se trouvait. — « Très bien, « pourvu que cela dure. » La vie est une chute. D'où tombons-nous et où tombons-nous? On ne sait. Dans une seconde, nous aurons les reins cassés, mais on est si bien en l'air!

C'est là une dure philosophie : souhaitons que l'humanité en trouve une meilleure. Quoi qu'il en soit, Mérimée est à peu près le seul, dans notre pays et dans notre siècle, qui, loin de s'envelopper de réticences et de métaphores, ait voté la mort de l'Être suprême, « sans phrase », avec la destruction de tous les systémes idéalistes qui s'y rattachent. Nihiliste sans défaut, il n'a eu ni un mot de regret pour les doux symboles du passé, ni une parole d'admiration pour le *magnum opus* de la science, pour le temple immense de l'avenir qu'il voyait sortir de terre autour de lui. Il s'est tenu droit et debout, toute sa vie, sur cette crête étroite et vertigineuse de la négation absolue où il est affreux de monter. Toute sa vie? Pas tout à fait. Vers la fin, on le vit s'incliner. Fut-ce un acte de foi ou un acte de convenance? Un geste de soumission et d'adoration, ou le salut courtois qu'on adresse, de loin, à son adversaire en quittant le champ du combat? En tout cas, il est permis de conclure qu'après avoir dit « non » pendant plus de soixante années, ses lèvres mourantes ont murmuré : « Peut-être! »

APPENDICES

I

Premières relations de Mérimée avec l'Angleterre.

Dès les premières années du siècle, Leonor Mérimée était en rapport avec le peintre anglais Holcroft. A la fin d'octobre 1802, cet artiste adressa à son confrère de Paris, avec une lettre de recommandation, le jeune William Hazlitt qui, alors, étudiait la peinture et se proposait de faire des copies au Louvre, d'après les maîtres italiens. Leonor Mérimée aida le jeune Anglais à obtenir l'autorition et les facilités nécessaires. Il poussa plus loin l'hospitalité et invita probablement l'étranger à venir le voir chez lui. Hazlitt demeura quatre mois à Paris et parlait de cette période, longtemps après, comme du plus beau temps de sa vie. Il dut avoir de nombreuses conversations sur l'art avec le père de Mérimée et il nous en laisse entrevoir une qui est assez caractéristique. M. Mérimée (Hazlitt écrit invariablement Merrimée) lui ayant montré un paysage peint par un artiste français, lui demanda ce qu'il en pensait. Le jeune homme répondit qu'il était, à son goût, trop distinct, que les détails lointains s'y voyaient trop bien, avec trop de relief et de netteté. Puis, généralisant sa critique, il y mêla un peu d'esthétique qui fit hocher la tête à M. Mérimée. A cette occasion, Hazlitt paye sa dette de reconnaissance à cet excellent homme dont il avait reçu, nous dit-il, « mainte attention amicale et maint conseil utile ». Il ajoute : « J'apprends qu'il est encore vivant ». Il est permis de croire qu'il avait reçu, à Londres, la visite de Prosper Mérimée, lors de son premier séjour en Angleterre.

Cette visite avait dû l'intéresser d'autant plus que Mme Mérimée était enceinte de Prosper au moment où le jeune Hazlitt avait quitté ses hôtes.

C'est M. George Saintsbury, l'éminent écrivain anglais et le plus récent traducteur de la *Chronique de Charles IX*, qui a bien voulu appeler mon attention sur les relations de la famille Mérimée avec le célèbre critique. (Voir *The Memoirs of Wm. Hazlitt*, by W. C. Hazlitt, 2 vols in-8, London, 1867.)

II

A propos de *la Vénus d'Ille*.

Romae quidam erat juvenis, dives valde, Rothgerus nomine, nobilis et notabilis.... Qui noviter uxorem duxerat et cum sodalibus suis frequenter convivia facere solebat. Hic, una dierum, post convivium habitum, transivit in campum, spatiandi causa, cum convivis suis et coepit ludere cum eisdem ad pilam; in quo quidem ludo ut magis expedite se disponeret, annulum suum desponsationis transactae de suo digito detraxit et digito imaginis Veneris in statua deprope stantis extenso imposuit. Ludo vero peracto, adolescens, repetere volens annulum, invenit digitum imaginis praedictae, prius extensum, jam curvatum usque ad volam. Diu ergo luctans Rothgerus...

nec annulum extrahere nec digitum frangere potuit. Tacitus ergo recessit nec sodalibus suis hoc revelavit, sed nocte intempesta cum famulo rediit et invenit digitum imaginis erectum et extensum, ut prius, et annulum subreptum. Dissimulato ergo damno, rediit ad nuptam suam, et quum esset in lecto cum ea, sensit quiddam nebulosum et densum, tangibile quidem et audibile, sed minime visibile, inter se et uxorem suam volutari. Qui quum vellet uxorem alloqui, dixit phantasma : « Concumbe mecum, quia hodie me desponsasti. Ego sum Venus cujus digito annulum imposuisti; illum nec reddam. » Territus valde juvenis et longo tempore sensit ludibrium illud, quandocumque vellet cum uxore sua coire. Tamdem uxor, sibi molesta pro defectione concubitus, rem detulit ad parentes suos. Qui Palumbo, presbytero suburbano, nigromantice magno, negotium aperuerunt. Qui quidem Palumbus, multis promissis allectus, compositam epistolum dedit Rothgero, dicens : « Vade illa hora noctis per quadrivium viarum et stans tacite considera; transientque ibi filii hominum utriusque sexus, omnisque aetatis, status et conditionis, equites et pedites, quidam laeti et quidam tristes; sed, quidquid audieris ac videris, non loquaris. Sequetur autem illam turbam qui statura procerior, forma corpulentior, curru sedens. Huic tacitus trades epistolam legendam, et statim erit quod postulas. »

« Quae omnia, sicut presbyter dixit, juveni evenerunt. Inter coeteros namque transeuntes vidit ibi mulierem in ornatu meretricis, crine soluto et per humeros sparso, vitta aurea constricto, virgam auream et manu tenentem qua mulam regebat in qua sedebat, et prae tenuitate vestium quasi nuda apparebat, gestus ostentans impudicos. Ultimus autem turbae dominus terribilis, oculos in

Rothgerum acuens, causam viae suae ab eo requisivit. Sed ipse, nihil respondens, extensa manu epistolam ei porrexit. Daemon autem, notum sibi sigillum non audens contemnere, legit scriptum, moxque, brachiis in caelum elevatis : « Deus, inquit, omnipotens, quamdiu patieris nequitias Palumbi presbyteri? » Nec mora facta : satellites a latere suo misit ut annulum a Venere extorquerent. Illa, diu tergiversata, tandem annulum reddidit. Et sic Rothgerus, mentis compos, uxori suae se miscuit ad libitum. Palumbus autem, ut Daemonis clamorem ad Deum audivit, mox moriturum se intellexit. Inde truncatis omnibus membris, miserabiliter morte interiit.

(Hermanni Corneri *Chronicon* III ap. Eccardum, *Corpus historicum medii aevi*, Lipsiae, 1723, t. II, p. 587.)

III

Fragment d'une lettre de M. E. Bœswillwald.

Paris, 21 janvier 1894.

« ... Vous avez lu les notes des voyages faits par Mérimée, de 1835 à 1840, dans le Midi, l'Ouest, l'Auvergne et en Corse, notes devenues classiques. Mais, pour bien connaître la part qu'il a prise dans la restauration et la conservation de nos richesses artistiques, il faut vous reporter aux rapports, généraux et particuliers, présentés par Mérimée, au nom de la Commission des monuments historiques, aux divers ministres qui se sont succédé de 1837 à 1855 et à ses circulaires aux préfets des départements. La Commission des monuments a été formée en 1837. Elle était présidée, comme elle l'est encore aujourd'hui, par le directeur des Beaux-Arts. Mérimée en faisait partie comme inspecteur général et comme secrétaire.

« Or, par ses travaux littéraires et administratifs, par ses longues et fréquentes tournées d'inspection, par sa connaissance des monuments et de leurs besoins, par ses rapports sur les affaires soumises a son examen, il avait acquis une influence prépondérante sur la direction des travaux de la Commission.

« Ses conseils étaient acceptés, ses rapports suivis d'effet, soit dans la mesure des crédits disponibles, affectés au service des monuments historiques, soit par l'allocation de crédits extraordinaires lorsqu'il s'agissait de travaux de consolidation et de restauration importants et urgents, destinés à conserver des monuments d'un intérêt artistique majeur ; soit, enfin, quand il fallait désigner des architectes consciencieux et compétents pour la direction des travaux.

« Après tant d'années écoulées, pendant lesquelles la Commission a été reconstituée à plusieurs reprises, on ne peut aujourd'hui, dans l'œuvre totale de cette époque, discerner l'initiative, l'influence directe et personnelle de Mérimée parmi celle de ses collègues qu'en ayant recours à ses rapports aux ministres.... Les grands et multiples monuments, tels que les théâtres d'Orange et d'Arles, l'amphithéâtre d'Arles, les églises de la Madeleine à Vézelay, de Saint-Julien à Tours, dégagés, restaurés à la suite des rapports de Mérimée, présentent aujourd'hui un état de conservation qui ne laisse pas soupçonner leur état de ruine antérieur.

« On peut discerner encore aujourd'hui l'initiative particulière de Mérimée dans la restauration de l'ancienne cathédrale de Laon dont les travaux, entrepris en 1853, sont encore en cours d'exécution.

« C'est à la suite d'une démarche personnelle de Mérimée qu'en 1851 M. le ministre de l'Intérieur, accompagné du directeur des beaux-Arts et de l'inspecteur général, visita ce monument de la base au faîte et en décida la restauration.

« La compétence de Mérimée en matière d'architecture historique ressort de la lecture de ses rapports. Elle ne s'étendait pas seulement à la connaissance des dispositions et des diverses époques de construction des monuments, à celle des formes et des décorations caractéristiques des divers membres qui les composent et qu'il dessinait exactement d'après nature, mais elle allait jusqu'à comprendre la technique de l'architecture qu'il avait étudiée sur place, dans ses tournées d'inspection.

« Mérimée n'était pas un amateur intelligent; c'était un savant, à l'esprit ouvert à tout ce qui avait trait à l'art et ayant rendu des services exceptionnels à la conservation de nos richesses artistiques.... »

IV

REPRÉSENTATION DU *Carrosse* AU THÉATRE-FRANÇAIS.

1. — *Extrait d'une lettre de M. Arsène Houssaye.*

« ... La pièce avait été très bien montée. Augustine Brohan espérait y trouver un petit triomphe, mais le public prit la chose de travers et se mit à siffler, sans respect pour le nom de Mérimée comme pour les artistes. Mérimée ne vint qu'une fois aux répétitions et s'en alla content. Mais il fut bien étonné, quand il vint à la représentation avec deux dames qui l'accompagnaient, d'entendre siffler même avant d'entrer dans sa loge. Il ne pouvait croire qu'on sifflait ainsi sa pièce, lui qui n'avait jamais été sifflé dans sa vie ni dans son œuvre. Il me demanda quelle pièce on sifflait, ne pouvant croire que ce fût la sienne. Il me dit comme Pradon : « Je vais siffler avec tout le monde »; mais il eut beau faire semblant de rire, il était atteint et m'en voulut toute sa vie de cet échec imprévu. Si l'on remonte la pièce, je crois qu'il sera vengé.

« P.-S. — Ce qui avait décidé Mérimée à faire jouer *le Carrosse*, c'est qu'il était amoureux d'Augustine Brohan. »

2. — *Extrait d'une lettre de M. Edmond Got.*

« Paris-Passy, hameau Boulainvilliers, 11,
25 novembre 1893.

« ... On a joué *le Carrosse du Saint-Sacrement* à la Comédie-Française, au mois de mars 1850. M. Arsène Houssaye, alors administrateur général, avait voulu faire jouer un rôle nouveau à Mlle Augustine Brohan, trop étroitement confinée, à son avis, dans les soubrettes de l'ancien répertoire. Ayant donc pensé à cette œuvre de Mérimée, il avait fait une première démarche, mais il ne put l'obtenir qu'après beaucoup d'insistance. Car Mérimée hésitait beaucoup, répondant, de sa façon hautaine, *qu'il ne croyait pas son talent approprié au théâtre, pour lequel, d'ailleurs, il ne s'était jamais senti aucun goût.*

« Il ne voulut donc pas même assister à une seule répétition et la pièce, où l'on n'osa, conséquemment, presque rien modifier, n'eut, en somme, qu'un succès médiocre.

« Les deux principaux rôles étaient joués, *le Vice-Roi* par M. Brindeau et *la Périchole* par Mlle Augustine Brohan dont une photographie dans ce costume existe encore aux archives du théâtre. »

3. — *Extrait d'une lettre de M. Jules Claretie.*

« ... Vous savez l'histoire de Mérimée arrivant à la Comédie, suivi de ses amies anglaises et demandant en entendant du bruit : « Quel est donc l'auteur qu'on siffle? » — Je crois bien que M. Arsène Houssaye a raconté l'histoire dans ses *Confessions*. Augustine Brohan, qui était en scène, l'a répétée à un de mes amis.

« C'était *le Carrosse* qu'on représentait, — *le Carrosse* et non *le Carrosse du Saint-Sacrement*. — Ceci se passait le 14 mars 1850 et le théâtre donnait, avec la comédie de P. Mérimée, une pièce d'Émile Augier (*la Ciguë*) et une pièce d'Alfred de Musset (*Louison*).... Je n'ai pas trouvé trace de la lecture de la pièce devant le Comité et ne puis vous dire qui avait voté pour ou contre elle. »

Quelques jours plus tard, M. Claretie écrivait :

« ... Je me rappelle avoir vu une lithographie coloriée, représentant Augustine Brohan dans le rôle de *la Périchole*. Nous ne l'avons pas. Nous avons une photographie (celle dont parle M. Got) : Mlle Brohan est en soubrette du répertoire, probablement *Dorine* dans *le Légataire*.

« Quant aux droits de P. Mérimée, l'auteur du *Carrosse* n'a rien touché. Voici le relevé des droits perçus pour les six représentations. Ils n'étaient pas bien gros. Auteurs et comédiens devaient alors se contenter de peu, et pour cause.

Six représentations :

Le 13 mars, Augier touche 17 fr. 13; Musset, *id*.
Le 14 mars, Augier touche 39 fr. 05.
Le 17 mars, Augier touche 161 fr. 18; les héritiers Vial, 88 fr. 99.
Le 20 mars, Racine et Mérimée (pas de droits perçus).
Le 8 avril, *id*.
Le 14 avril, Barbier touche 49 fr. 83 c.; Fulgence, 22 fr. 01.

« Mérimée, rien, pendant les six représentations. Il n'a donc pas donné ses droits aux pauvres.

« Les changements indispensables à la mise au point, qui les a faits? Personne, aujourd'hui, ne saurait le dire. La comédienne ou l'administrateur. La comédienne, probablement. »

ŒUVRES COMPLÈTES
DE PROSPER MÉRIMÉE

De l'Académie française,

Inscrites dans leur ordre chronologique de publication

1825

La Bataille. (*Prosper Mérimée*, par M. Maurice Tourneux, 5ᵉ livraison de l'*Age du Romantisme*, 1888.) — 1825.

* **Théâtre de Clara Gazul** (nᵒ 1). 1 vol., 1825, 1830.
Contient :

LES ESPAGNOLS EN DANEMARK.	
UNE FEMME EST UN DIABLE.	
L'AMOUR AFRICAIN.	1 vol.,
INÈS MENDO, OU LE PRÉJUGÉ VAINCU.	1825.
INÈS MENDO, OU LE TRIOMPHE DU PRÉJUGÉ.	
LE CIEL ET L'ENFER.	
L'OCCASION (*Revue de Paris*, novembre 1829).	Ajouté
LE CARROSSE DU SAINT-SACREMENT (*Revue de Paris*, juin 1829).	à la 2ᵉ édit., 1830.

---

1. L'astérisque placé *avant le titre*, indique que l'œuvre est réimprimée dans les volumes de Prosper Mérimée publiés en format in-12, dont nous donnons la liste à la suite de ce travail. Les numéros placés *après le titre*, se rapportent à ceux de cette liste.

Tout ce qui n'est accompagné ici ni d'astérisque ni de numéro, n'existe donc qu'en volumes format in-8, ou n'a jamais été réimprimé dans les œuvres de l'auteur.

1826

A propos de : Don Quichotte. (*Prospectus* anonyme de la traduction de Filleau de Saint-Martin [1].)
* **Cervantès** (n° 19). (*Préface* de cette traduction, 6 vol., in-8.)

} Janvier 1826.

1827

* **La Guzla** (n° 2). 1 vol., août 1827. Augmenté en 1842 de cinq morceaux, dont les trois premiers avaient reparu d'abord en 1833, dans la 1re édition de *Mosaïque* :

   * Le Fusil enchanté (n° 2). *Revue de Paris*, octobre 1829.
   * Le Ban de Croatie (n° 2). *Revue de Paris*, décembre 1829.
   * L'Heiduque mourant (n° 2). *Revue de Paris*, décembre 1829.
   * La Jeune fille aux enfers (n° 2). Ajoutée en note, en 1842, à l'*Heiduque mourant*.
   * Milosch Kobilitch (n° 2).

1828

* **La Jacquerie**, scènes féodales (n° 3).
* **La famille de Carvajal**, drame (n° 3).

} 1 vol., juin 1828.

1829

* **Quinze cent soixante-douze ; Chronique du règne de Charles IX** (n° 4). 1 vol., mars 1829.
* **Matéo Falcone** (n° 5). *Revue de Paris*, mai 1829.
* **Vision de Charles XI** (n° 5). *Revue de Paris*, juillet 1829.

---

1. Ce rarissime *prospectus* a été réimprimé dans la *Vie Littéraire* du 13 juillet 1876.

* **L'Enlèvement de la redoute** (n° 5). *Revue française*, n° 11, septembre-octobre 1829.
* **Tamango** (n° 5). *Revue de Paris*, octobre 1829.
* **Federigo** (n° 17). *Revue de Paris*, novembre 1829.
* **La Perle de Tolède** (n° 5). *Revue de Paris*, décembre 1829.

1830

* **Le Vase étrusque** (n° 5). *Revue de Paris*, janvier 1830.

Mémoires de lord Byron, publiés par **Th. Moore**, traduits par Mme Belloc. *Le National*, 7 mars 1830[1].

* **Les Mécontents**, proverbe (n° 5). *Revue de Paris*, mars 1830.
* **La Partie de trictrac** (n° 5). *Revue de Paris*, juin 1830.

Réclamations contre les Mémoires de lord Byron, publiés par M. Moore. *Le National*, 3 juin 1830.

* **Lettres adressées d'Espagne au directeur de la « Revue de Paris »** :

    I. LES COMBATS DE TAUREAUX (n° 5). *Revue de Paris*, janvier 1831. Note de 1842. Daté de Madrid, 25 octobre 1830.

    II. UNE EXÉCUTION (n° 5). *Revue de Paris*, mars 1831. Daté de Valence, 15 novembre 1830.

    III. LES SORCIÈRES ESPAGNOLES (n° 17). *Revue de Paris*, décembre 1833. Daté de Valence, novembre 1830.

    IV. LES VOLEURS (n° 5). *Revue de Paris*, août 1832. Note de 1842. Daté de Madrid, novembre 1830.

1831

Le Musée de Madrid. *L'Artiste*, mars 1831.

---

1. C'est à cet article, et à celui du 3 juin suivant, que Gustave Planche fait allusion, sans aucune indication de titre ni d'origine, dans son étude sur Mérimée, publiée dans la *Revue des Deux Mondes* en 1832, et réimprimée ensuite dans les *Portraits littéraires* de l'auteur.

1833

* Victor Jacquemont (n° 19). *Revue de Paris*, mai 1833.
* La Double Méprise (n° 6). 1 vol. Paru en septembre 1833.

1834

* Les âmes du Purgatoire (n° 7). *Revue des Deux Mondes*, 15 août 1834.

1835

* Henri de Guise, 1550-1588 (n° 19). *Le Plutarque Français*, t. IV. Paru en janvier 1835.

Notes d'un voyage dans le Midi de la France. 1 vol. Paru en juillet 1835.

1836

Notes d'un voyage dans l'Ouest de la France. 1 vol. Paru en octobre 1836. Contient :

> NOTE SUR UN MONUMENT DE L'ILE DE GAVR'INNIS, broch. in-4, 1836.

Embellissements de Paris ; la place de la Concorde. *Revue de Paris*, octobre 1836.

1837

* Essai sur l'Architecture religieuse, etc. (n° 20). *Annuaire historique pour l'année 1838, publié par la Société de l'Histoire de France* (1837). Daté de mai 1837.
* La Vénus d'Ille (n° 7). *Revue des Deux Mondes*, 15 mai 1837.

1838

Notes d'un voyage en Auvergne. 1 vol. Paru en octobre 1838.

1839

Monuments militaires des Gaulois, des Grecs et des Romains. *Instructions du Comité des Monuments historiques.* Broch. Paru en mars 1839.

Salon de 1839. *Revue des Deux Mondes*, 1ᵉʳ et 15 août 1839.

Rapport sur le Palais des Papes à Avignon. Lu le 8 août 1839.

1840

Notes d'un voyage en Corse. 1 vol. Paru en avril 1840.

Rapport au Ministre. Broch. Lu le 20 mai 1840.

Service des correspondants. (Adressé au Ministre.) Daté du 25 mai 1840.

⁎ **Colomba** (n° 7). *Revue des Deux Mondes*, 1ᵉʳ juillet 1840.

1841

⁎ **Constantinople en 1403** (n° 20). *Revue générale de l'architecture et des travaux publics*, n° d'avril 1841.

Études sur l'histoire romaine. 2 vol. 1844. Contient :

    T. I. *LA GUERRE SOCIALE (n° 8). ⎫ 1 vol., 1841.
        Appendice : SUR LES MÉDAILLES ITA- ⎬ Paru
        LIOTES. ⎭ en mai.

    T. II. *CONJURATION DE CATILINA (n° 8). 1 vol., mars 1844.

Édifices de Rome moderne, par P. Letarouilly. *Revue des Deux Mondes*, 1ᵉʳ septembre 1841.

1842

Monuments helléniques ; lettre au directeur. *Revue générale de l'architecture et des travaux publics*, novembre 1842.

Rapport au ministre. Broch. Lu le 24 novembre 1842.

1843

* L'Architecture au moyen âge (nº 20). } *Instructions du Comité des monuments historiques.* Broch. Paru en août 1843. *Le Moyen Age et la Renaissance*, t. V, 1851.

1844

* Arsène Guillot (nº 9). *Revue des Deux Mondes*, 15 mars 1844.

Inscriptions romaines de Baena. *Revue archéologique*, juin 1844.

De l'Architecture en France au XIXᵉ siècle. *Le Constitutionnel*, 4 juin 1844.

Un bas-relief du musée de Strasbourg. *Revue archéologique*, juillet 1844.

Nouvelles observations sur l'âge du porche de N.-D. des Doms. *Revue archéologique*, novembre 1844.

Tombeau de l'amiral Dumont d'Urville. *Le Constitutionnel*, 12 novembre 1844.

1845

Rapport sur l'amphithéâtre d'Arles. Lu le 27 janvier 1845.

Sur un fragment d'une des statues du Parthénon. *Le Constitutionnel*, 29 janvier 1845.

* Discours de réception à l'Académie française (nº 19), broch. Prononcé le 6 février 1845.

Le sens du mot : signa inferre. *Revue archéologique*, mai 1845.

* Carmen (nº 9). *Revue des Deux Mondes*, 1ᵉʳ octobre 1845.

* L'Église de Saint-Savin et ses peintures murales (nº 20). 1 vol., décembre 1845.

1846

Histoire de la poésie Provençale, par M. Fauriel. *Le Constitutionnel*, 17 février 1846.

* L'abbé Aubain (n° 9). *Le Constitutionnel,* 24 février 1846.
Notice sur un tombeau du moyen âge, au musée de Niort. *Revue archéologique,* avril 1846.
* Il Viccolo di Madama Lucrezia (n° 17). Dans *Dernières Nouvelles.* 1 vol. 1873. Posthume. Daté du 27 avril 1846.
Rapport au ministre. Lu le 15 mai 1846.
Premier rapport sur Notre-Dame de Laon. Lu le 27 juin 1846.
Les Gentilshommes de lettres. *Figaro,* 10 novembre 1870. Posthume. Daté de 1846.
Notice sur une statuette de la Bibliothèque Nationale de Madrid. *Revue archéologique,* juillet 1846.
Les Murailles de Sainte-Suzanne (Mayenne). *Mémoires de la Société des Antiquaires,* décembre 1846.

1847

Le Palais Mazarin, par le comte Léon de Laborde. *Revue des Deux Mondes,* 1ᵉʳ mars 1847.
Statue d'Hercule découverte à Dénia. *Revue archéologique,* mars 1847.
* De l'Histoire ancienne de la Grèce. I. Les Temps héroïques (n° 14). *Revue des Deux Mondes,* 1ᵉʳ avril 1847.
Vezelay. *Histoire des villes de France,* t. V. Paru en mars ou avril 1847.

1848

* Histoire de Don Pèdre Iᵉʳ, roi de Castille (n° 10). *Revue des Deux Mondes,* 1ᵉʳ décembre 1847 — 1ᵉʳ février 1848.
Études sur les Beaux-Arts :

    I. Des réformes a introduire dans la classification de nos collections nationales. *Le Constitutionnel,* 5, 12 mars 1848.

    II. Les nouvelles monnaies de la République. *Le Constitutionnel,* 30 mars 1848.

    III. L'Architecture. *Le Constitutionnel,* 22 avril 1848.

Restauration de la cathédrale de Laon. *Revue archéologique,* avril 1848.

⁎ **De l'enseignement des Beaux-Arts; l'École de Paris et l'Académie de Rome** (n° 14). *Revue des Deux Mondes,* 15 mai 1848.

⁎ **Réponse au discours de réception à l'Académie de J.-J. Ampère** (n° 19), broch. Prononcé le 18 mai 1848.

⁎ **De l'Histoire ancienne de la Grèce. II. La constitution de Solon** (n° 14). *Revue des Deux Mondes,* 1ᵉʳ août 1848.

Restauration de Saint-Denis. *Revue archéologique,* octobre 1848.

Les Arts en Espagne, par M. Stirling. *Revue des Deux Mondes,* 15 novembre 1848.

Rapport au ministre. Dans l'*Annuaire des Artistes,* 1 vol., 1861. Ecrit en 1848.

1849

Le Pont de Tolède, à Madrid. Anonyme. *Magasin pittoresque,* p. 8, janvier 1849.

⁎ **Restauration du Musée** (n° 14). *Revue des Deux Mondes,* 1ᵉʳ mars 1849.

Église de Germiny (Loiret). *Revue générale de l'Architecture et des travaux publics,* avril 1849.

Église de Saint-Thibault (Côte-d'Or). Anonyme. *Magasin pittoresque,* p. 145, mai 1849.

⁎ **Histoire ancienne de la Grèce. III. La guerre Médique. La guerre du Péloponèse** (n° 14). *Revue des Deux Mondes,* 1ᵉʳ juin 1849.

Bombardes à main. Anonyme. *Magasin pittoresque,* p. 228, juillet 1849.

Examen d'une dissertation de M. Delgado. *Revue archéologique,* juillet 1849.

Rapport sur l'église de Châteauneuf. Lu le 6 juillet 1849.

* **La Dame de Pique**, traduit de Pouchkine (n° 11). *Revue des Deux Mondes*, 15 juillet 1849.

Épigraphie du moyen âge. *Bulletin des Comités historiques.* Lu le 23 juillet 1849.

Rapport sur l'isolement de la Sainte-Chapelle. *Bulletin des Comités historiques.* Lu le 28 août 1849.

Statuette d'argent trouvée à Tintignac (Corrèze). *Revue archéologique*, décembre 1849.

1850

Note sur l'exemption du poinçonnage. *Bulletin des Comités historiques.* Daté du 28 janvier 1850.

Instructions données à M. Émile Anger. *Mémoires de l'Institut de France*, t. XVIII, première partie. Lues le 8 février 1850.

Deuxième rapport sur N.-D. de Laon. Lu le 3 mai 1850.

* **De l'Histoire ancienne de la Grèce. IV. La lutte d'Athènes et de Sparte. Le procès de Socrate** (n° 14). *Revue des Deux Mondes*, 15 mai 1850.

* **Les deux Héritages, ou Don Quichotte**, scènes (n° 13). *Revue des Deux Mondes*, 1er juillet 1850.

Rapport au Ministre. Broch. Lu le 19 juillet 1850.

Les quatre Arts libéraux ; peintures à l'église du Puy. *Le Moniteur*, 18 octobre 1850. La *Revue archéologique* du 15 novembre suivant a réimprimé ce rapport, et sa version est plus complète. Daté du 27 septembre 1850.

* **H. B. (Henri Beyle)** (n° 19), brochure anonyme. Paru en octobre 1850. Cette célèbre brochure a reparu presque tout entière dans les *Portraits historiques et littéraires* de l'auteur.

Deuxième rapport sur le Palais des Papes à Avignon. Lu le 3 octobre 1850.

* **Vie de César Auguste, fragment de Nicolas de Damas** (n° 14). *Le Constitutionnel*, 25 novembre 1850.

1851

Plaque de marbre gravée du musée de Narbonne. *Revue archéologique*, janvier 1851.

* Théodore Leclercq (n° 19). *Revue des Deux Mondes*, 1er mars 1851.
* De la Littérature espagnole (n° 14). *Revue des Deux Mondes*, 15 avril 1851.

Notice de M. Léouzon Leduc sur les Tchouds. *Mémoires de l'Institut de France*, t. XVIII, première partie. Lu le 16 mai 1851.

L'Architecture du Ve au XVIe siècle, par J. Gailhabaud. *Le Constitutionnel*, 12 juin 1851.

* Alexis de Valon (n° 19). *Revue des Deux Mondes*, 1er septembre 1851.

De la Peinture murale, etc. *Revue générale de l'architecture et des travaux publics*, septembre-octobre 1851.

* Nicolas Gogol (n° 11). *Revue des Deux Mondes*, 15 novembre 1851.

1852

Mémoires contemporains, etc., par M. Oustrialof. *Journal des Savants*, février-mars 1852.

Armand Marrast. *Figaro*, 10 novembre 1870. Posthume, daté de mars 1852.

Les Procès de M. Libri, avec une lettre publiée dans le *Journal des Débats*, du 27 avril. *Revue des Deux Mondes*, 15 avril, 1er mai 1852.

* Les Bohémiens (n° 11) ⎫ Traduit de Pouchkine, dans :
* Le Hussard (n° 11) ⎭ *Nouvelles*, 1 vol. Paru en mai 1852.
* De l'Histoire ancienne de la Grèce. V. La Retraite des Dix Mille (n° 14). *Revue des Deux Mondes*, 15 mai 1852.

Recherches sur les étoffes de soie, etc., par Francisque Michel. *Revue des Deux Mondes*, 15 juillet 1852.

* Les Romains sous l'Empire, par Mérivale (n° 14). *Revue contemporaine*, 15 juillet 1852.

Des monuments dits celtiques ou druidiques. L'*Athæneum français*, 11 septembre 1852.
Études sur la Russie, par A. de Haxthausen. *Le Moniteur*, 30 octobre 1852.
Sur le : Voyage en Chine, de M. Lavollée. *Le Moniteur*, 26 novembre 1852.
* Épisode de l'Histoire de Russie : Les faux Démétrius (n° 12). 1 vol. Daté 1853, paru en décembre 1852.
* Les Débuts d'un aventurier, scènes (n° 13). *Revue des Deux Mondes*, 15 décembre 1852.

1853

Des monuments de la France. *Le Moniteur*, 1er janvier 1853.
Voyage aux villes maudites, par Edouard Delessert. *Le Moniteur*, 19 janvier 1853.
Mémoires de Villebois. *L'Athæneum français*, 29 janvier 1853.
* Les Mormons (n° 14). *Le Moniteur*, 25, 26, 31 mars, 1er avril 1853.
De la Céramique. *Revue des Deux Mondes*, 1er avril 1853.
Sur les Antiquités prétendues celtiques. *Le Moniteur*, 14 avril 1853.
Salon de 1853. *Le Moniteur*, 16-17 mai, 5 juin, 8 juillet 1853.
* L'Inspecteur général, comédie, traduite de Gogol (n° 13). 1 vol., avec *les Deux Héritages*. Paru en juillet 1853.
Voyage autour de la mer Morte, par M. de Saulcy. *Le Moniteur*, 31 août 1853.
* Mémoires d'une famille huguenote (n° 14). *Revue des Deux Mondes*, 1er septembre 1853.
Page d'album. *Figaro*, 10 novembre 1870. Posthume. Daté de 1853.

1854

* **L'Hôtel de Cluny** (n° 14). *Le Moniteur,* 3 février 1854.
* **Inventaire des joyaux de Louis, duc d'Anjou** (n° 14). *Le Moniteur,* 22 février 1854.
Les Sleeb. *Le Moniteur,* 11 mars 1854.
* **Le Retable de Bâle** (n° 14). *Le Moniteur,* 20 juin 1854.
* **Les Cosaques de l'Ukraine et leurs derniers Atamans** (n° 14). *Le Moniteur,* 21, 22, 23 juin 1854.
La Littérature et le Servage en Russie. *Revue des Deux Mondes,* 1er juillet 1854.
Architecture et Sculpture peintes au palais de Sydenham. *Le Moniteur,* 2 septembre 1854.
Dictionnaire raisonné de l'architecture, par Viollet-le-Duc, t. I. Broch. *Le Moniteur,* 30 décembre 1854 et 3 janvier 1855.
De l'Origine des Albanais. *Revue contemporaine,* 31 décembre 1854.

1855

Contes et Poèmes de la Grèce moderne, par Marino Vreto. Préface du volume; datée de janvier 1855.
* **Sur un tombeau découvert à Tarragone** (n° 14). Dans : *Mélanges historiques et littéraires,* 1 vol. Paru en janvier 1855.
* **Notes et Souvenirs sur Stendhal** (n° 19). Préface de la *Correspondance* de Stendhal, 2 vol. Parus en mars 1855.
Louis David, par Delécluze. *Le Moniteur,* 26 mars 1855.
Athènes, par le comte Léon de Laborde. *Le Moniteur,* 2 avril 1855.
Un Faux Dauphin en Amérique. *Revue des Deux Mondes,* 1er mai 1855.
Poésies et Nouvelles, par Mme d'Arbouville. *Le Moniteur,* 26 juin 1855.

Instructions pour le voyage de M. Brasseur de Bourbourg. *Mémoires de l'Institut de France*, t. XX, première partie. Lu le 29 juin 1855.

Les Aventures du baron de Fœneste, par Agrippa d'Aubigné. Préface du volume. Paru en juillet 1855.

* **Alexandre du Sommerard** (n° 19). *Biographie Michaud*, t. XII, août 1855.

L'Espagne moderne, par Charles de Mazade. *Revue des Deux Mondes*, 15 octobre 1855.

Des mythes primitifs. *Revue contemporaine*, 15 octobre 1855.

1856

Ballades et Chants populaires de la Roumanie, traduction Alexandri. *Le Moniteur*, 17 janvier 1856.

* **Le Coup de pistolet, traduit de Pouchkine** (n° 17). *Le Moniteur*, 21 mars 1856.

Monuments historiques. *Dictionnaire de l'administration*, par M. Block. Livraison parue en avril 1856.

Dictionnaire raisonné de l'Architecture, par Viollet-le-Duc, t. II. *Le Moniteur*, 30 mai 1856.

Baptême du Prince Impérial : Décoration de Notre Dame. *Le Moniteur*, 13 juin 1856.

Histoire ancienne de la Grèce. VI. La fin de l'autonomie grecque. Philippe et Alexandre. *Revue des Deux Mondes*, 15 juillet 1856.

* **Froissart** (n° 19). *Mémoires de l'Institut de France*, t. XX, première partie. Discours prononcé au nom de l'Académie française, à Valenciennes, le 21 septembre 1856.

1857

Exposition de Manchester. *Le Moniteur*, 9 juillet 1857. Daté du 27 juin 1857

Nouvelle Salle de lecture au British Museum. *Le Moniteur*, 26 août 1857.

Les Beaux-Arts en Angleterre. *Revue des Deux Mondes*, 15 octobre 1857.

1858

Rapport sur la Correspondance de Napoléon Ier. (Préface de l'édition in-4.) Daté du 20 janvier 1858.

Rapport sur les modifications de la Bibliothèque Impériale. Broch., in-4, 34 pages. *Le Moniteur*, 20 juillet 1858. Daté du 27 mars 1858.

* Branthôme (n° 19). *Préface* du tome I des œuvres de Branthôme. Paru en septembre 1858.

* Album de Villard de Honnecourt (n° 20). *Le Moniteur*, 20 décembre 1858.

1859

Dictionnaire raisonné du mobilier francais, par Viollet-le-Duc. Broch. *Le Moniteur*, 14 février 1859.

Philippe II et Don Carlos. *Revue des Deux Mondes*, 1er avril 1859.

Les Marbres d'Halicarnasse. *Gazette des Beaux-Arts* 15 juin 1859.

A propos de la nouvelle vente Libri. *Le Moniteur*, 1er août 1859.

Le Conservatoire des arts et métiers. *Paris dans sa splendeur*. Livraison parue en 1859.

1860

* Charles Lenormant (n° 19). *Le Moniteur*, 1er janvier 1860.

Dictionnaire raisonné de l'architecture, par Viollet-le-Duc, t. IV. *Le Moniteur*, 15 mars 1860.

Rapport sur les échanges entre les Bibliothèques. *Le Moniteur*, 30 décembre 1860. Daté du 10 juillet 1860.

1861

Discours au Sénat sur les encouragements à donner aux arts. *Le Moniteur*, 5 mars 1861.
* Les Couronnes du Musée de Cluny (n° 20). *Le Moniteur*, 27 mars 1861.

Discours au Sénat sur la pétition de Mme Libri. *Le Moniteur*, 11 juin 1861.
* Les Cosaques d'autrefois : Stenka Razine (n° 15). Broch., tirage à part. *Journal des Savants*, juillet 1861.

1862

Des applications de l'art à l'industrie à l'exposition de Londres. Ameublement et décoration à l'exposition de Londres. *Rapport sur l'Exposition*. Daté du 11 juin 1862.

1863

* Les Cosaques d'autrefois : Bogdan Chmielnicki (n° 15). *Journal des Savants*, janvier-juillet 1863.

Préface de : Pères et enfants, par I. Tourguéneff. 1 vol. Paru en mai 1863.
* Edward Ellice (n° 19). *Revue des Deux Mondes*, 15 octobre 1863.

1864

Peintures murales à Londres. *Revue des Deux Mondes*, 1er septembre 1864.

Histoire du règne de Pierre le Grand. I. Procès du Tsarévitch Alexis. Broch. Tirage à part. *Journal des Savants*, septembre 1864 — février 1865.

1865

Discours au Sénat et lecture du rapport sur les instruments de musique mécaniques. *Le Moniteur*, 8 juillet 1865.

Histoire de Jules César, par Napoléon III, t. I. *Journal des Savants*, septembre 1865.

1866

Discours au Sénat sur les instruments de musique mécaniques. *Le Moniteur*, 9 mai 1866.
* Apparitions, traduit de Tourguéneff (n° 16). *Revue des Deux Mondes*, 15 juin 1866.
Histoire de Jules César, par Napoléon III, t. II. *Journal des Savants*, juillet 1866.
* La Chambre Bleue (n° 17). *L'Indépendance belge*, 6, 7 septembre 1871. Posthume. Daté de septembre 1866.

1867

Correspondance complète de Mme du Deffand. *Le Moniteur*, 29 avril 1867.
Les Commentaires de César, édition Dubner. *Le Moniteur*, 17 juin 1867.
Histoire du règne de Pierre le Grand. II. La jeunesse de Pierre le Grand. *Journal des Savants*, juin 1867 — février 1868.
Le Victorial. *Le Moniteur*, 9 septembre 1867.
* Préface à la Nouvelle Correspondance de Victor Jacquemont (n° 19). 2 vol. Datée du 20 octobre 1867.
Poliorcétique des Grecs. *Le Moniteur*, 9 novembre 1867.

1868

* Alexandre Pouchkine (n° 19). *Le Moniteur*, 20, 27 janvier 1868.
* Ivan Tourguéneff (n° 19). *Le Moniteur*, 25 mai 1868.

1869

Journal de Samuel Pepys. *Le Moniteur* 12, 13 janvier 1869.

* **Le Juif,** ⎫ Traduit de Tourguéneff (n° 16). *Nouvelles*
* **Petouchkof,** ⎬ *Moscovites* par Tourguéneff, 1 vol. Paru
* **Le Chien,** ⎭ en mai 1869.

Histoire de la fausse Élisabeth II. *Journal des Savants*, juin, juillet 1869.

* **Lokis** (n° 17). *Revue des Deux Mondes*, 15 septembre 1869.

1870

Étrange Histoire, traduit de Tourguéneff. (Non signé dans la *Revue des Deux Mondes*. D'une authenticité certaine néanmoins. Lire la lettre de Prosper Mérimée à l'*Inconnue*, datée du 10 février 1870.) *Revue des Deux Mondes*, 1ᵉʳ mars 1870 et *Étranges Histoires*, par Tourguéneff, 1 vol. in-12, 1873.

POSTHUME

1873

* **Djoumane** (n° 17). *Le Moniteur Universel*, 9 au 12 juillet 1873.
* **Lettres à une Inconnue.** 2 vol. Parus en 1873, datés 1874.

1875

* **Lettres à une autre Inconnue.** 1 vol. 1875.

1877

La Vie et l'Œuvre de Cervantès (préface de la traduction in-12 de M. Lucien Biart). *Revue des Deux Mondes*, 15 décembre 1877.

1881

Lettres à M. Panizzi. 2 vol. 1881.

Tous les Rapports, rédigés par Prosper Mérimée comme membre de la Commission des Monuments historiques, indiqués dans ce travail sans autre renseignement que leur date de lecture, ainsi que sa Note du 25 mai 1840 sur le *Service des Correspondants*, ont paru, en 1876, dans le volume petit in-4 de M. E. du Sommerard, imprimé à l'Imprimerie Nationale et non mis dans le commerce, intitulé : *les Monuments historiques de France à l'Exposition universelle de Vienne*. Ce volume contient encore quelques autres fragments de Rapports inédits de notre auteur.

De nombreuses lettres inédites de Mérimée ont été publiées soit dans certains volumes, soit par des journaux ou par des revues. Leur indication nous aurait entraîné trop loin.

Un morceau signé du même nom et intitulé : l'*Étude du dessin* fait partie de l'*Encyclopédie morale*, ou *Dictionnaire d'éducation*, de M. Loubens, dont la première édition date de 1864. Nous ignorons s'il s'agit d'un travail original, ou seulement d'un extrait de quelque article d'art de l'auteur de *Colomba*. Nous penchons pour cette dernière hypothèse, car le texte du *Dictionnaire d'éducation* est presque entièrement composé d'emprunts. L'*Étude du dessin* reparut encore à la page 35 du tome XV du *Magasin d'éducation* d'Hetzel, première livraison du tome I de l'année 1871-1872.

Plusieurs travaux publiés par le père de Prosper Mérimée lui ont été souvent attribués, entre autres une brochure : *Rapport sur des échantillons de bleu de Prusse*, 1821, et un volume : *De la peinture à l'huile*, 1830. De plus, les articles de l'*Encyclopédie moderne* éditée par Firmin Didot, intitulés : *Sculpture*, *Vernis* et *Peinture sur verre* sont dus aussi à la plume de Mérimée père.

La biographie de notre écrivain par Eugène de Mirecourt, parue en 1857, contient le passage suivant :

« Mérimée imprima sur les poésies de Guin Clov,

barde breton du vi[e] siècle, un autre ouvrage plein d'une érudition remarquable.

« Seulement il eut le tort de s'attribuer la découverte de ces poésies, malgré les réclamations de M. de la Villemarqué, leur véritable Christophe Colomb. »

Ensuite, dans : *les Noms aimés*, un volume de M. de la Brizolière paru en 1865, nous voyons encore annoncer, parmi les travaux de Mérimée : « une annotation très érudite des *Poésies de Guin Clov*, barde breton du vi[e] siècle ». Ce renseignement est emprunté sans doute à la biographie de Mirecourt.

Toutes ces affirmations nous semblant en opposition absolue avec le caractère loyal et sûr de Mérimée, sans le connaître, nous lui avions adressé jadis à ce sujet une question écrite. Voici sa réponse : « Je n'ai rien écrit sur Guin Clov ». Ceci tranche la question. D'ailleurs, nous n'avons jamais trouvé aucune autre trace quelconque de ce travail soi-disant rédigé par lui.

Les fragments inédits de la *Vie de César*, remis jadis par Mérimée à l'empereur Napoléon III, dont M. de Loménie a parlé dans son discours de réception à l'Académie française, sont aujourd'hui, paraît-il, entre les mains du colonel Stoffel. On sait que M. de Loménie fut, à l'Académie, le successeur de Mérimée.

Enfin, il est bien entendu que nous avons uniquement voulu donner ici la liste chronologique des œuvres complètes de Prosper Mérimée. Pour tous les détails relatifs aux différentes éditions de ses ouvrages, nous renvoyons le lecteur à la très intéressante et très complète *Bibliographie* de l'écrivain, par M. Maurice Tourneux, un volume in-12, Baur, 1876.

ŒUVRES DE PROSPER MÉRIMÉE

Imprimées aujourd'hui en format in-12.

---

1. **Théâtre de Clara Gazul.** 1825 et 1830.
2. **La Guzla.** 1827.
3. **La Jacquerie; La Famille de Carvajal.** 1828.
4. **Chronique du règne de Charles IX.** 1829.
5. **Mosaïque.** 1833.
6. **La Double Méprise.** 1833.
7. **Colomba** (suivi de la **Vénus d'Ille**, et de **les Ames du Purgatoire**). 1841.
8. **Études sur l'Histoire romaine.** 1841 et 1844.
9. **Carmen** (suivi de **Arsène Guillot**, et de **l'Abbé Aubain**). 1846.
10. **Histoire de Don Pèdre Ier.** 1848.
11. **Nouvelles** (Carmen, etc.). 1852.
12. **Les Faux Démétrius.** 1852. Daté de 1853.
13. **Les deux Héritages.** 1853.
14. **Mélanges historiques et littéraires.** 1855.
15. **Les Cosaques d'autrefois.** 1865.
16. **Nouvelles moscovites** (de Tourguéneff). 1869.
17. **Dernières Nouvelles.** 1873.
18. **Lettres à une Inconnue.** 2 vol., 1873. Datés de 1874.
19. **Portraits historiques et littéraires** (deux éditions la même année, la première très incorrecte). 1874.
20. **Études sur les arts au moyen âge.** 1875.
21. **Lettres à une autre Inconnue.** 1875.

VICOMTE DE SPOELBERCH DE LOVENJOUL.

Février 1894.

TABLE DES MATIÈRES

Préface... VII

I

Les parents de Prosper Mérimée. — Enfance et éducation. — Débuts dans le monde. — La chambre d'Étienne Delécluze. — Beyle et Jacquemont......... 1

II

Lecture chez Delécluze : le *Cromwell* de Mérimée. — *Théâtre de Clara Gazul* (1825). — Mérimée dans les salons de la Restauration. — Premier tour en Angleterre. — La *Guzla* (1827) : effet produit à l'étranger ; Pouchkine et Goethe. — *La Famille Carvajal ; la Jacquerie* (1828). — La *Chronique de Charles IX* (1829). — Le prototype de la Turgis. — Voyage en Espagne. — La Révolution de 1830......................... 27

III

Fonctions officielles et vie mondaine. — Camarades de plaisir. — Les rats. — Liaison avec George Sand. — Théorie de l'adorable méchante. — La réalité : Mme ***. Le roman de Jenny Dacquin. — Amitiés féminines. — La comtesse de Montijo et ses filles. — Eugénie de Gusman et Henri Beyle. — Départ pour l'Espagne... 58

IV

Les courtes nouvelles de Mérimée. — Influence de Beyle. — *Les Ames du Purgatoire*. — *La Vénus d'Ille* et l'art de faire peur. — *Colomba*. — Tournées d'inspection générale. — Mérimée a-t-il été un bon inspecteur des monuments? — Dessins de Mérimée. — Relations avec les artistes; connaissances techniques et système critique. — Mérimée et l'art gothique. — Part qu'il a eue dans la préservation de nos monuments. — Mérimée et l'art ancien. — Voyages à Rome, en Grèce et en Orient... 92

V

Études sur l'histoire romaine : la *Conjuration de Catilina* et la *Guerre sociale*. — Passion de Mérimée pour César. — Élection à l'Académie des Inscriptions; à l'Académie française. — Intrigues de salon. — Le scrutin académique et ses suites. — Le scandale d'*Arsène Guillot*. — Fabrication de l'éloge de Nodier. — La séance et le discours... 131

VI

Préparation de *Don Pèdre*. — Voyages à Madrid; l'Olympe de la comtesse de Montijo. — Séjour à Barcelone; M. de Lesseps; les gitanos. — La camarera mayor. — La société française à la fin du règne de Louis-Philippe. — Les tristesses de l'année 1847. — Affaire Praslin... 151

VII

Pressentiment d'une catastrophe. — Précis de la révolution de Février dans une lettre inédite de Mérimée. — Le Gouvernement provisoire et la Constituante. — Dîner chez Monckton Milnes et rencontre avec George Sand. — Le 15 mai. — Une réception à l'Académie française. — Mérimée pendant les journées de Juin. 177

VIII

Mérimée reprend ses travaux. — Étude du russe. — Lettre à Augustine Brohan. — *Le Carrosse* joué et sifflé à la Comédie-Française. — A Londres, pendant l'Exposition universelle. — Mort de Mme Mérimée. — L'affaire Libri. — Mérimée devant la justice. — En prison. — Découragement. — Un coup de théâtre.... 202

IX

Le mariage de l'Impératrice. — Départ de Mme de Montijo. — Les débuts d'une souveraine. — Situation de Mérimée à la cour. — Rapports personnels avec Napoléon III. — La *Vie de César*. — Politique de Mérimée. 228

X

Bonnes actions. — On veut convertir Mérimée. — Et le marier. — Aventures galantes. — Le *home* de Mérimée. — Le thé jaune et celles qui le boivent. — Rôle de Mérimée à l'Académie pendant le second Empire. — Discours au Sénat. — Encore l'affaire Libri. — Les « scrinettes »... 252

XI

Voyages, amitiés exotiques. — Liaison avec Panizzi. — Caractère de l'homme; ses ambitions secrètes. — Séjour à Biarritz et négociations avec Napoléon III; leur résultat. — Mérimée parle en anglais au dîner du *Literary fund*; il est juré pour les papiers peints à l'Exposition de 1862. — Relations avec Palmerston et Gladstone. — Conclusion sur Mérimée diplomate... 272

XII

Travaux sur la littérature russe. — Articles sur Pouchkine, Gogol, Tourguénef. — Les épreuves de *Fumée*. — *Les Cosaques d'autrefois* et *le Faux Démétrius*. — La

Chambre bleue. — Composition et lecture de *Lokis* à Saint-Cloud. — Opinion de Mérimée sur les écrivains du Second Empire 294

XIII

Spectacles mondains. — Le bal de la duchesse d'Albe. — Changement de la politique impériale. — Mérimée et l'Empire libéral. — La croix de grand officier. — Mérimée cesse de comprendre Napoléon III........... 311

XIV

Les idées noires et la maladie. — Installation à Cannes. Mérimée peint à l'aquarelle et tire de l'arc. — La colonie de Cannes. — Les bêtes de Mérimée. — Dernier amour. — Les approches de la fin........................ 323

XV

Pressentiments. — Mérimée et Bismarck. — La déclaration de guerre. — Lettre du Prince impérial. — Premiers désastres. — Fausses espérances. — Deux agonies. — Mission auprès de M. Thiers. — La journée du 4 Septembre. — Départ pour Cannes. — Lettre à Mme de Beaulaincourt. — Mort, funérailles et testament de Mérimée. — Dernier coup d'œil sur son caractère et sur sa vie.......................... 335

APPENDICES

I. — Premières relations de Mérimée avec l'Angleterre. 357
II. — A propos de *la Vénus d'Ille*.......................... 358
III. — Extrait d'une lettre de M. Emile Bœswillwald. 360
IV. — Représentation du *Carrosse* au Théâtre-Français. 362

BIBLIOGRAPHIE des œuvres de Mérimée, par le vicomte E. de Spoelberch de Lovenjoul..................... 367

www.ingramcontent.com/pod-product-compliance
Lightning Source LLC
Chambersburg PA
CBHW071909230426
43671CB00010B/1539